Härting
Elektronischer Geschäftsverkehr aus der Sicht privater Haushalte

GABLER EDITION WISSENSCHAFT

Ralf-Christian Härting

Elektronischer Geschäftsverkehr aus der Sicht privater Haushalte

Mit einem Geleitwort
von Prof. Dr. Heinz Steinmüller

Deutscher Universitäts-Verlag

Die Deutsche Bibliothek - CIP-Einheitsaufnahme

Härting, Ralf-Christian:
Elektronischer Geschäftsverkehr aus der Sicht privater Haushalte
/ Ralf-Christian Härting. Mit einem Geleitw. von Heinz Steinmüller.
- Wiesbaden : Dt. Univ.-Verl. ; Wiesbaden : Gabler, 2000
(Gabler Edition Wissenschaft)
Zugl.: München, Techn. Univ., Diss., 1999
ISBN-13:978-3-8244-7050-1

Lektorat: Brigitte Siegel / Jutta Hinrichsen

Der Gabler Verlag und der Deutsche Universitäts-Verlag sind Unternehmen der Fachverlagsgruppe BertelsmannSpringer.

http://www.gabler.de
http://www.duv.de

Höchste inhaltliche und technische Qualität unserer Produkte ist unser Ziel. Bei der Produktion und Verbreitung unserer Werke wollen wir die Umwelt schonen. Dieses Buch ist deshalb auf säurefreiem und chlorfrei gebleichtem Papier gedruckt. Die Einschweißfolie besteht aus Polyethylen und damit aus organischen Grundstoffen, die weder bei der Herstellung noch bei der Verbrennung Schadstoffe freisetzen.

ISBN-13:978-3-8244-7050-1 e-ISBN-13:978-3-322-83458-4
DOI: 10.1007/978-3-322-83458-4

Geleitwort

Mit diesem Buch erhält die Diskussion um die atemberaubende Verbreitung des elektronischen Geschäftsverkehr einen wertvollen Beitrag. Dr. Ralf-Christian Härting gelingt es, wesentliche Bausteine eines speziell auf private Haushalte zugeschnittenen, elektronischen Marktes zu erarbeiten. Er geht dabei von einem sozio-ökonomischen Ansatz aus, der sich sowohl in der Theorie als auch in der unternehmerischen Praxis immer mehr durchsetzt. Ausgehend von diesem Ansatz leitet er ein Instrument zur Beurteilung und Gestaltung elektronischer Märkte ab. Ergebnis seiner Arbeit ist ein Realisierungsansatz für elektronische Marktsysteme, der neben technischen und rechtlichen Anforderungen die Konsumentenbedürfnisse in den Mittelpunkt stellt.

Der Autor überzeugt mit seiner Forderung nach einer sozio-ökonomisch ausgerichteten Strategie für elektronischen Geschäftsverkehr. Gleichzeitig verliert er den Anspruch nach einer systemischen, d.h. ganzheitlichen Sicht elektronischer Marktsysteme nicht aus den Augen. Dank zahlreicher Beispiele, Experteninterviews und einer eigenen empirischen Studie am Institut für Sozialökonomik des Haushalts der Technischen Universität München wird dieser Anspruch untermauert.

Von dieser Arbeit dürften sich Wissenschaftler, Studenten und Praktiker, die sich mit der Einführung oder Verbesserung von Systemlösungen für elektronischen Geschäftsverkehr befassen, angesprochen fühlen. Zu wünschen ist diesem Buch ein großer Leserkreis aus Theorie und Praxis.

Prof. Dr. Heinz Steinmüller

Vorwort

Die Diskussion über elektronischen Geschäftsverkehr wird von zwei Standbeinen getragen. Elektronischer Geschäftsverkehr schafft Effizienzvorteile gegenüber dem traditionellen Handel und erzeugt neue Märkte durch Zusatzdienste, z.B. Recherchedienste. Aus Konsumentensicht greift eine solch positive Einschätzung allerdings zu kurz. Die vorliegende Arbeit verläßt deshalb die bisherigen Diskussionsansätze und zeigt statt dessen auf, inwieweit elektronischer Geschäftsverkehr auch Beeinträchtigungen für private Haushalte beinhaltet. Daraus leitet sich ein Realisierungsansatz für elektronische Marktsysteme ab, der inhaltlich auf Konsumentenbedürfnisse fokussiert, konzeptionell aber eine unternehmerische Sicht einnimmt.

Die Arbeit entstand während meiner Tätigkeit als wissenschaftlicher Mitarbeiter am Institut für Sozialökonomik des Haushalts der Technischen Universität München. Eine Mehrzahl von Personen hat zum Gelingen dieser Arbeit beigetragen. Meinem Doktorvater, Herrn Prof. Dr. Heinz Steinmüller danke ich für die stets fürsorgliche Förderung dieser Arbeit. Herrn Prof. Dr. Georg Karg danke ich für die Zweitkorrektur und seine anregenden Denkanstöße. Außerdem möchte ich Herrn Prof. Dr. Michael Besch für den Vorsitz der Prüfungskommission danken.

Besonderer Dank gilt allen Mitarbeitern und Studenten am Institut, ohne deren aufmunternde, tatkräftige Unterstützung diese Arbeit in der vorliegenden Form nicht zustandegekommen wäre. Zu nennen sind hier insbesondere Herr Dipl.-Hdl. Hilmar Sturm und Herr Dr. Thomas Wißmann, die die Arbeit in der Schlußphase durchgesehen haben. Herrn Prof. Dr. Dieter Witt schulde ich Dank für die freundschaftliche Rückendeckung bei kritischen Fragestellungen. Besonders danke ich auch Frau Gerda Röske für die große Hilfsbereitschaft bei allen administrativen Angelegenheiten.

Darüber hinaus sei Frau Christiane Supit gedankt, die zum Gelingen dieser Arbeit wesentlich beigetragen hat.

Besonderer Dank gilt schließlich meinen Eltern, die mir stets mit Rat und Tat zur Seite standen. Diese Arbeit, die ich ihnen widme, ist auch ihr Erfolg!

Ralf-Christian Härting

Inhaltsverzeichnis

Abkürzungsverzeichnis

AGB	Allgemeine Geschäfts- und Lieferbedingungen
A-D-K	Anwendung-Dienst-Kombination
ADSL	Asymmetrical Digital Subscriber Line
AgV	Arbeitsgemeinschaft der Verbraucherverbände
AOL	America Online
ARD	Arbeitsgemeinschaft der öffentlich-rechtlichen Rundfunkanstalten der Bundesrepublik Deutschland
ARPA	Advanced Research Projects Agency
ASCII	American Standard Code for Information Interchange
ATM	Asynchronous Transfer Mode
Aufl.	Auflage
BayNet	Bayernnetz
B-ISDN	Broadband Integrated Services Digital Network
Bd.	Band
BIP	Bruttoinlandsprodukt
BIS	Berliner Institut für Sozialforschung und sozialwissenschaftliche Praxis
Bit	Binary digit
BK	Breitband-Koaxial
BMW	Bayerische Motoren Werke AG
BRD	Bundesrepublik Deutschland
BT	British Telecommunications PLC
BTX	Bildschirmtext
CASE	Computer Aided Software Engineering
CATS	Computer Assisted Trading System
CD	Compact Disc
CD-I	Compact Disc-Interactive
CD-ROM	Compact Disc-Read Only Memory
CEB	Consumer Electronic Bus
CPU	Central Processing Unit
c't	Computer & Technik
DAB	Digital Audio Broadcasting
Datex-L	Data Exchange Line-switched
Datex-M	Data Exchange Multimedia
Datex-P	Data Exchange Packet-switched
DBW	Die Betriebswirtschaft
DF	Digitales Fernsehen
DFÜ	Datenfernübertragung
DIW	Deutsches Institut für Wirtschaftsforschung
DM	Deutsche Mark
DSF	Deutsches Sport Fernsehen
DTB	Deutsche Terminbörse
DV	Datenverarbeitung
DVB	Digital Video Broadcasting

DVD	Digital Versatile Disc
DVI	Digital Video Interactive
E	Electronic
E/A	Eingabe/Ausgabe
E-Cash	Electronic Cash
E-Mail	Electronic Mail
E-Markt	Elektronischer Markt
EDIFACT	Electronic Date Interchange for Administration, Commerce and Transport
EDTV	Extended Definition Television
EDV	Elektronische Datenverarbeitung
F&E	Forschung und Entwicklung
FTP	File Transfer Protocol
FTTH	Fibre to the Home
GSM	Global System for Mobile Communication
HBCI	Homebanking Computer Interface
HDTV	High Definition Television
HIPO	Hierarchy Plus Input Process Output
H.O.T.	Home Order Television
HTML	Hypertext Markup Language
HTTP	Hypertext Transfer Protocol
Hrsg.	Herausgeber
IDN	Integriertes Text- und Datennetz
IC	Integrated circuit oder "Chip"
IEC	International Electronical Commission
Internet	International Network
IP	Internet Protocol
ISDN	Integrated Services Digital Network
ISO	International Standards Organization
ITU	International Telecommunications Union
IuKDG	Informations- und Kommunikationsdienstgesetz (Multimedia-Gesetz)
IVI	Indeo Video Interactive
iwd	Institut der deutschen Wirtschaft
JPEG	Joint Photographic Expert Group
LAN	Local Area Network
MIPS	Million Instructions Per Second
MIS	Management Information System
MoD	Music on Demand
Modem	Modulator-Demodulator
MPEG	Moving Picture Expert Group
MS-DOS	Microsoft Disc Operating System
MSN	Microsoft Networks
NRW	Nordrhein-Westfalen
NVoD	Near Video on Demand
O.V.	Ohne Verfasser
OECD	Organisation for Economic Cooperation and Development
OS	Operating System

OSI	Open Systems Interconnection
PAL	Phase Alternative Line
PC	Personal Computer
PIN	Personal Identifikation Number
POI	Point of Information
POS	Point of Sale
PPP	Point to Point Protocol
RAM	Random Access Memory
RTL	Radio Television Luxemburg
SAT	Satelliten Fernsehen GmbH
SDTV	Standard Definition Television
SET	Secure electronic Transaction
SMTP	Simple Mail Transport Protocol
SOFFEX	Swiss Options and Financial Futures Exchange
Sp.	Spalte
STI	Science Technology Industry
SZ	Süddeutsche Zeitung
TAN	Transaktionsnummer
TCP/IP	Transmission Control Protocol / Internet Protocol
TeleCom	Telecommunication
Telnet	Teletype Network
TIME	Telekommunikation, Informationstechnologie, Medien, Elektronik
TKG	Telekommunikationsgesetz
T-Online	Telekom Online
TOP	Technical and Office Protocol
TSS	Telecommunications Standards Sector
TV	Television
UNIX	Uniplexed Information and Computing System
URL	Uniform Resource Locator
US	United States (of America)
Usenet	Use Network
V.	Von
VDMA	Verband Deutscher Maschinen- und Anlagenbau e.V.
Vg.	Verbrauchsgüter
VGR	Volkswirtschaftliche Gesamtrechnung
VHDSL	Very High Bit Rate Digital Subscriber Line
VHS	Video Home System
VoD	Video on Demand
WAN	Wide Area Network
WiSt	Wirtschaftswissenschaftliches Studium
WWW	World Wide Web
ZDF	Zweites Deutsches Fernsehen
ZfB	Zeitschrift für Betriebswirtschaft
zfbf	Zeitschrift für betriebswirtschaftliche Forschung
zfo	Zeitschrift Führung + Organisation
ZVEI	Zentralverband Elektrotechnik- und Elektronikindustrie e.V.

Abbildungsverzeichnis

I. Einleitung

1. Begriffsklärung

Kommunikation ist mehr als der Austausch von Daten, Zeichen und Informationen. Sie ist ein zentraler Bestandteil im Leben bzw. Überleben der Menschheit. Der zwischenmenschliche Informationsaustausch hat sich im Laufe der Zeit von vitalen Mitteilungsformen (Zeichen, Symbole, Laute und Gesten) bis hin zu komplexen Kommunikationsbeziehungen in Form von digitalen Daten entwickelt.

Ein großer Fortschritt in der Entwicklung der menschlichen Kommunikation war die Erfindung der Schrift. Sie fand jedoch bis ins Mittelalter nur begrenzt Anwendung. Es fehlte an ausreichender Bildung und an geeigneten Technologien zur Vervielfältigung der Schriftstücke. Erst im Jahre 1450 eröffnete sich durch die Entwicklung des Drucks mit beweglichen Lettern die Möglichkeit zur Massenproduktion von Schriftstücken, gekoppelt mit einer deutlich besseren Qualität (Lesbarkeit). Abbildung I-1 zeigt, wie sich die Kommunikationstechnologie ausgehend vom Buchdruck bis heute weiterentwickelt hat.

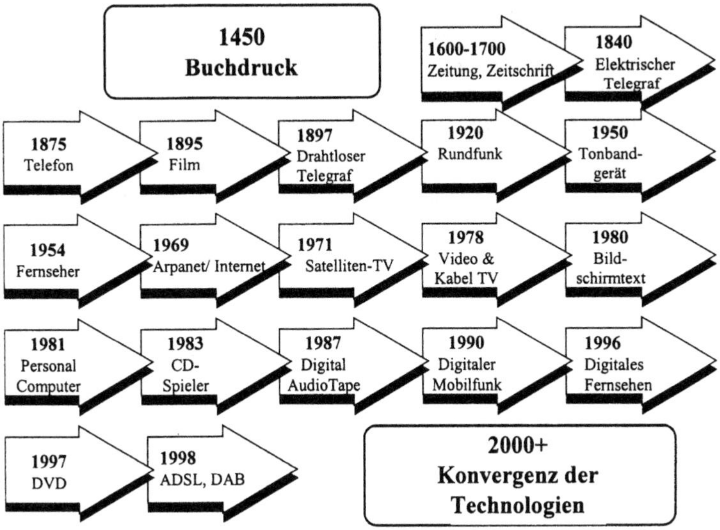

Abbildung I-1 Historische Entwicklung der Kommunikationstechnologie
Quelle: In Anlehnung an Weiber (1992) S. 46

1.1. Elektronischer Geschäftsverkehr und Marktsysteme

Die vorerst letzte Stufe in Abbildung I-1 sind konvergierende Technologien, die im weiteren Verlauf der Arbeit im Zentrum der Betrachtung stehen. Angetrieben von der Digitaltechnik, stehen sie für neue Produkte (z.B. Mutimedia-PC oder Internet-Terminal) aus den zusammenwachsenden Welten der Telekommunikation, Informatik, Unterhaltungselektronik und Medienindustrie. Die Konvergenz dieser Welten führt zu einer globalen Kommunikationsinfrastruktur und ermöglicht innovative Formen der technisch unterstützten Kommunikation.[1] Es steht nicht mehr nur die reine Verarbeitung und Übertragung von Informationen im Vordergrund, sondern die Anbahnung, Vereinbarung und Abwicklung von Leistungsbeziehungen. Aus Sicht privater Haushalte manifestiert sich diese Entwicklung vor allem in neuen Beziehungsmustern zu Anbietern von kommerziellen Informations-, Dienst- und auch Sachleistungen. Das wirtschaftswissenschaftliche Schrifttum diskutiert die kommerzielle Neuausrichtung von Kommunikationsprozessen unter dem Begriff "Elektronischer Geschäftsverkehr" bzw. "Electronic Commerce". Allgemein ist darunter die elektronische Unterstützung oder Abwicklung von wirtschaftlichen Aktivitäten zu verstehen.[2] Eine inzwischen weit verbreitete Definition ist der Initiative "Elektronischer Geschäftsverkehr" der deutschen Bundesregierung zu entnehmen:

> „Elektronischer Geschäftsverkehr ist jede Art geschäftlicher Transaktion, bei der die Beteiligten auf elektronischem Wege Geschäfte anbahnen, abwickeln oder elektronischen Handel mit Gütern und Dienstleistungen betreiben.“[3]

In Anlehnung an dieses Begriffsverständnis läßt sich für diese Arbeit unter Berücksichtigung privater Haushalte "Elektronischer Geschäftsverkehr" wie folgt definieren:

„Elektronischer Geschäftsverkehr steht für die elektronische Unterstützung oder Abwicklung von Leistungsbeziehungen mit Anbietern unter Verwendung konvergierender Technologien aus Telekommunikation, Informatik und Unterhaltungselektronik.“

---

[1] Vgl. Fournier (1994) S. 50 ff.

[2] Vgl. OECD (1997c) S. 11; Picot u.a. (1998) S. 317; Fachverband Informationstechnik im VDMA und ZVEI (1998b) S. 9.

[3] Bundesministerium für Wirtschaft (1997) S. 7.

Eine Betrachtung des elektronischen Geschäftsverkehrs darf sich nach dem Verständnis obiger Definition nicht nur auf konvergierende Technologien und deren Potential für ökonomische Leistungsbeziehungen reduzieren, sondern muß auch Eigenschaften von Geschäftspartnern, Handelsmittlern sowie Rahmenfaktoren aus dem sozialen und rechtlichen Umfeld einbeziehen. Um diese Faktoren möglichst vollständig zu berücksichtigen, ist elektronischer Geschäftsverkehr aus ganzheitlicher, systemischer Perspektive zu betrachten.

Unter einem System versteht man eine Menge von Elementen, zwischen denen Wechselbeziehungen bestehen.[4] Kernelemente, d.h. die Infrastruktur für elektronischen Geschäftsverkehr, ergeben sich aus Informations- und Kommunikationstechnologien sowie Kommunikationsdiensten mit kommerziellen Anwendungen. Das Schrifttum spricht in diesem Zusammenhang von elektronischen Marktsystemen bzw. verkürzt von elektronischen Märkten, die zur Unterstützung aller oder einzelner Phasen von marktmäßig organisierten Leistungsbeziehungen eingesetzt werden.[5] Unter dem Begriff "*E-Markttechnologie*" werden im folgenden alle für solche Systeme relevanten Komponenten der elektronischen Datenverarbeitung und Datenübertragung subsumiert. Kommunikationsdienste und deren Vermittlungsleistungen, verfügbar über periphere Geräte einer Datenverarbeitungsanlage oder über Telekommunikationsnetze, werden als elektronische Marktdienste (verkürzt: "*E-Marktdienste*") bezeichnet. Sie bieten über den Kommunikationsaspekt hinaus eine Vielzahl geschäftsorientierter Anwendungen aus dem Handels-, Dienstleistungs- oder Ausbildungssektor.[6] In einer engen Begriffsauslegung sind elektronische Marktsysteme als technische Systeme zu verstehen. In einer weiten Begriffsauslegung können sie als sozio-technische Systeme betrachtet werden, die unter dem Einfluß zusätzlicher Faktoren aus dem ökonomischen (z.B. Kaufkraft), sozialen (z.B. Bildung, Kultur, Verhalten) und rechtlichen (z.B. Datenschutz-, Rundfunk- und Medienrecht) Umfeld stehen.[7]

---

4 Vgl. Bertalanffy v. (1972) S. 18.

5 Vgl. Krcmar (1997) S. 211; Langenohl (1994) S. 21 f.; Müller u.a. (1997) S. 299; Picot u.a. (1998) S. 319; Schmid (1993) S. 465.

6 Vgl. Reichwald u.a. (1998) S. 171 ff.

7 Der Begriff "*sozio-technisches System*" bezeichnet nicht nur das Zusammenwirken von sozialen und technischen, sondern auch von rechtlichen und ökonomischen Elementen.

Die interdisziplinäre Systemtheorie unterscheidet grundsätzlich zwischen geschlossenen und offenen Systemen.[8] Während bei geschlossenen Systemen ausschließlich Beziehungen zwischen definierten (oft technischen) Elementen bestehen, sind letztere wesentlich komplexer. Sie stehen unter dem Einfluß der sozialen Umwelt und beeinflussen ihrerseits die Umwelt, so daß die Kette der Beziehungen in sich nicht geschlossen ist. Nach der weiten Begriffsauslegung liegen dem elektronischen Geschäftsverkehr offene (sozio-technische) Marktsysteme zugrunde, die ökonomische Beziehungen in Form von Informationsübertragungen nach außen ermöglichen. Liegt der Fokus z.B. auf einer "Datenverarbeitungsanlage mit Anschluß an Internetdienste", so bestehen vielfältige Verbindungen zur Außenwelt. Es können damit auf elektronischem Wege Leistungsbeziehungen nicht nur mit Unternehmen, sondern auch mit Teilnehmern aus anderen Wirtschaftssektoren (z.B. öffentliche Institutionen) abgewickelt werden. Die Offenheit gilt grundlegend auch für offline betriebene Marktsysteme. Bei ihnen beschränkt sich die geschäftliche Kommunikation zunächst auf Mensch-Maschine-Interaktionen. Eine zusätzliche Einbindung von herkömmlichen Kommunikationsmitteln (z.B. Telefon, Telefax oder Brief) ermöglicht jedoch die Überbrückung der technisch bedingten Medienbrüche.[9] Wegen der abnehmenden Bedeutung von Offline-Lösungen für elektronischen Geschäftsverkehr ist die vorliegende Arbeit überwiegend auf vernetzte Marktsysteme ohne Medienbruch ausgerichtet.

---

8 Die interdisziplinäre Systemtheorie geht auf *Bertalanffy v.* zurück, der die terminologische Annäherung von Systembeschreibungen aus verschiedensten Disziplinen (z. B. aus Biologie, Maschinenwesen oder Soziologie) konstituierte. Vgl. Bertalanffy v. (1972).

9 Medienbrüche entstehen, wenn Transportmedien der elektronischen Datenübertragung nicht durchgehend verfügbar sind.

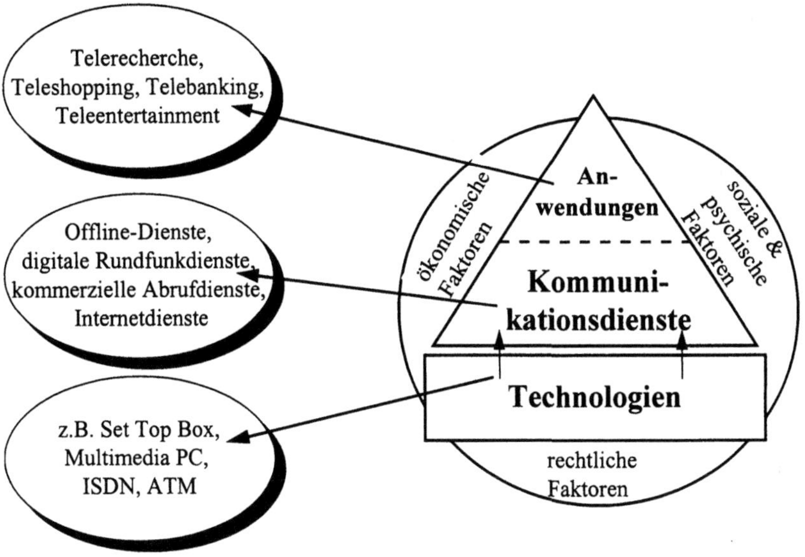

Abbildung I-2 Elemente elektronischer Marktsysteme mit Beispielen

Abbildung I-2 verdeutlicht den Systemgedanken für elektronischen Geschäftsverkehr und gibt einen ersten Überblick über relevante Technologien, Kommunikationsdienste und deren Geschäftsanwendungen. Informations- und Kommunikationstechnologien sind gekennzeichnet durch die Digitalisierung, die eine elektronische Übertragung von kleinsten Informationseinheiten (Datenbits) ermöglicht. Im Gegensatz zu der analogen Technik führt *digitale Technik* – quantitativ betrachtet – immer zu einer Leistungssteigerung der Informationsübertragung. So erlaubt sie z.B. die parallele Nutzung mehrerer Endgeräte an einem Netzanschluß und ermöglicht den Aufbau von Kommunikationsdiensten, die sich durch die integrative Verwendung verschiedener Medientypen und Interaktivität auszeichnen. *Medienintegration* bedeutet, daß dynamische Medien (Video- und Audiosequenzen) mit statischen Medien (z.B. Text und Daten) kombiniert werden. Bei *interaktiver* Nutzung ist der Endanwender nicht nur Empfänger, sondern er kann selbst Inhalte verändern bzw. Aktionen auslösen. Vor allem dieses Merkmal der maschinellen Interaktivität bedingt neue, elektronisch unterstützte oder abgewikkelte Leistungsbeziehungen zwischen Anbietern und privaten Haushalten. Wird noch berücksichtigt, daß nicht der technische Datentransfer, sondern *kommerzielle* Informations-, Dienst- oder Sachleistungen im Vordergrund stehen, so ergeben sich für den elektronischen Geschäftsverkehr vier wesentliche Merkmale:[10]

- **Digitale Technik**
- **Medienintegration**
- **Interaktivtät**
- **Kommerzialität**

1.2. Zum Begriff "privater Haushalt"

Im Zentrum der folgenden Ausführungen steht der "private Haushalt" (kurz: Haushalt). In der Literatur finden sich zu diesem Begriff zahlreiche Definitionen, die sich durch Entstehungsgeschichte und wissenschaftstheoretischen Bezugsrahmen unterscheiden[11]. Mit Etablierung der modernen Haushaltswissenschaft als Sozialwissenschaft setzte sich auch die umfassende Definition nach Egner durch. Er definiert den Haushalt „... als die Einheit der auf Sicherung der gemeinsamen Bedarfsdeckung einer Menschengruppe im Rahmen eines sozialen Gebildes gerichteten Verfügung.“[12]

Der Haushaltsbegriff von Egner beinhaltet sowohl Großhaushalte als auch private Haushalte. Kennzeichnung beider Haushaltstypen ist die unmittelbare Bedarfsdeckung im Gegensatz zu der Erwerbswirtschaftlichkeit von Unternehmen.[13] Während Großhaushalte ihre Haushaltsführung grundsätzlich nach dem Bedarf größerer und oft außenstehender Personengruppen orientieren, richten sich private Haushalte vorwiegend nach dem individuellen Bedarf ihrer Mitglieder. Private Haushalte sind also eine gemeinsam wirtschaftende Personengruppe, bestehend aus bestimmten Mitgliedern, mit dem primären Ziel der Deckung des eigenen Bedarfs.[14] Zu den privaten Haushalten zählen nach Abgrenzung der amtlichen Bevölkerungsstatistik Einpersonenhaushalte

---

[10] Vgl. Booz Allen & Hamilton (1997b) S. 29.

[11] Vgl. Schweitzer v. (1991) S. 51 ff.; Fegebank (1994) S. 15 ff.

[12] Egner (1976) S. 34.

[13] Vgl. Bottler (1982) S. 5.

[14] Vgl. Steinmüller (1991) S. 53. Bestimmte Mitgliedschaft bedeutet, daß die Existenz des privaten Haushalts von den Mitgliedern abhängt. Großhaushalte dagegen weisen oft unbestimmte Mitgliedschaft (z.B. Verbände) auf oder besitzen keine Mitglieder (Stiftungen, öffentliche Haushalte).

und Mehrpersonenhaushalte, die hinsichtlich des Familienstandes und der Form des Zusammenlebens weiter differenziert werden können (siehe Abbildung I-3).[15]

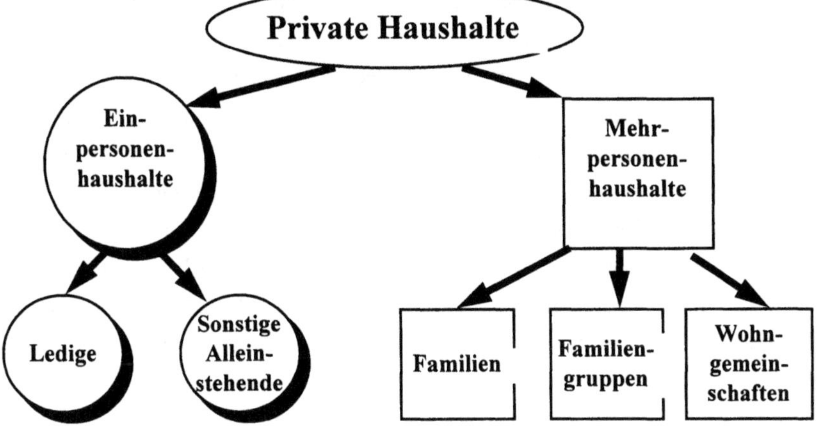

Abbildung I-3 Gliederung der privaten Haushalte in Haushaltsgruppen
Quelle: In Anlehnung an Piorkowsky (1997) S. 40

Die amtliche Bevölkerungsstatistik bildet Haushaltsgruppen nach der Zusammensetzung der Haushalte. Diese Gliederung dient häufig als Ausgangspunkt für empirische Analysen. Die Haushaltswissenschaft bietet darüber hinaus jedoch noch weitere Ordnungsmerkmale.[16] Je nach Zielsetzung kann bei der Differenzierung von Haushaltstypen der Schwerpunkt auf ein bestimmtes Merkmal gelegt werden:

- Entscheidungsbildung im Haushalt
- Finanzstruktur des Haushalts
- Sozialbeziehungen innerhalb eines Haushalts
- Rollenstruktur des Haushalts
- Ziele des Haushalts
- Produktionsstruktur in einem Haushalt

---

[15] Vgl. Statistisches Bundesamt (1997) S. 6 f.
[16] Vgl. Piorkowsky (1997) S. 35.

In dieser Arbeit liegt der Fokus auf der Entscheidungsbildung in privaten Haushalten. Dieser Ausrichtung liegt die Überlegung zugrunde, daß alle Handlungen, die sich auf den Einsatz des elektronischen Geschäftsverkehrs richten, im Vorfeld Gegenstand einer oder mehrerer Entscheidungen sind.[17] Ausgehend von der Psychologie hat es sich in der wirtschaftswissenschaftlichen Forschung bewährt, zur Analyse der Entscheidungsbildung von Individuen oder Gruppen neben Umweltfaktoren auch subjektive Persönlichkeitsmerkmale und daraus abgeleitete Entscheidungsprämissen heranzuziehen.[18] Vor allem bei Entscheidungen unter Unsicherheit sollte nicht nur der Auswahlprozeß an sich, sondern auch das Zustandekommen der Entscheidungsprämissen im Blickfeld der Analyse stehen. Nach diesem deskriptiven Verständnis sind Entscheidungen privater Haushalte abhängig von psychischen Merkmalen einzelner Haushaltsmitglieder.[19] Auch wenn individuelle Entscheidungen dem Haushalt als Ganzem, d.h. als sozio-ökonomischer Entscheidungseinheit, zugerechnet werden können, darf eine Berücksichtigung sozialer Faktoren der Entscheidungsbildung nicht ausgeklammert werden.[20] Vielmehr muß eine Analyse des elektronischen Geschäftsverkehrs aus Sicht privater Haushalte auch soziodemographische Merkmale, wie die Zusammensetzung (z.B. Mitgliederzahl) oder die Finanzstruktur (Vermögen und Einkommen) sowie soziokulturelle Merkmale, wie Sozialbeziehungen oder Rollenstrukturen, einbeziehen.

Private Haushalte treten nicht nur als Konsumenten mit bedarfswirtschaftlicher Zielsetzung, sondern auch als Produzenten in Erscheinung. Haushaltsproduktion dient größtenteils zur Vorbereitung des Konsums und zur unentgeltlichen Gemeinschaftsarbeit, wie z.B. Pflegedienste und ehrenamtliche Tätigkeiten.[21] In geringerem Umfang steht sie in Zusammenhang mit der Erwerbsarbeit, die den Wirtschaftssektoren "Staat" und "Unternehmen" zur Verfügung gestellt wird. In der *Volkswirtschaftlichen Gesamtrechnung* (VGR) wird die unentgeltliche Haushaltsproduktion bisher kaum ausgewiesen.[22] Das Statistische Bundesamt hat in einer Parallelrechnung für Westdeutschland eine Wertschöpfung von 1.051 Mrd. DM für das Jahr 1992 an unbezahlter Arbeit ermittelt. Im Bruttoinlandsprodukt (BIP) dagegen waren davon nur 118 Mrd. DM einge-

---

17 Vgl. Heinen (1991) S. 12.
18 Vgl. Piorkowsky (1997) S. 61; Weinberg (1981) S. 11 ff.
19 Vgl. zur deskriptiven Entscheidungstheorie Heinen (1991) S. 26.
20 Vgl. zum Haushalt als sozio-ökonomische Entscheidungseinheit Steinmüller (1991) S. 53; Streissler (1974) S. 5 f.; Wißmann (1997) S. 22.
21 Vgl. Piorkowsky (1997) S. 80.
22 Vgl. iwd (1995a) S. 8.

rechnet.[23] Durch elektronischen Geschäftsverkehr besteht die Möglichkeit, daß sich die hauswirtschaftliche Wertschöpfung in Zukunft weiter erhöht. Dazu beitragen kann die Einrichtung von Telearbeitsplätzen, die sich für unbezahlte Heimarbeit einsetzen lassen, oder spezielle E-Marktdienste mit Anwendungen aus dem Dienstleistungsbereich (z.B. Telebanking). Sofern jedoch von staatlicher Seite keine grundlegende Korrektur bei der Behandlung unentgeltlicher Haushaltsproduktion erfolgt, werden sich durch den Einsatz des elektronischen Geschäftsverkehrs in privaten Haushalten die Angaben zum BIP weiter verzerren.[24]

Der private Haushalt wird in seiner Eigenschaft als Produzent deutlich, wenn er vergleichbar mit erwerbswirtschaftlichen Betrieben als eine ökonomische Institution betrachtet wird, die aus den Faktoren Personal (Individuum), Kapital (Geld), Information (Nachrichten) und Material (Stoffe und Energie) besteht. Im Sinne der betriebswirtschaftlichen Funktionslehre resultiert aus jedem Faktor eine eigenständige Funktion. So entsteht aus dem Faktor "Kapital" die Funktion "Kapitalwirtschaft", die gedanklich als Teilbereich einer umfassenden Haushaltswirtschaft betrachtet werden kann.[25] Ausgehend von dieser funktionalen Sichtweise fordert Tschammer-Osten die Übertragung von betriebswirtschaftlichen Verfahren, wie z.B. Methoden aus dem Controlling oder Projektmanagement, auf den privaten Haushalt. Ein entsprechender Ansatz wird im Rahmen dieser Arbeit jedoch nicht weiter verfolgt. Da private Haushalte nur über eingeschränkte Informationsverarbeitungskapazität verfügen, sind der Entwicklung haushaltsgeführter Planungs- und Steuerungsinstrumente deutliche Grenzen gesetzt. Diese Beschränkungen beziehen sich nicht nur auf komplexe Wertschöpfungsaktivitäten, sondern auch auf Entscheidungen hinsichtlich neuer, innovativer Koordinationsformen zur Bedarfsdeckung, wie es der elektronische Geschäftsverkehr darstellt.

2. Elektronischer Geschäftsverkehr als Implementierungs- und Nutzungsproblem

Zahlreiche Unternehmensallianzen (siehe **Anhang A1**) im Umfeld der Telekommunikation sind Ausdruck der unternehmerischen Euphorie für elektronischen Geschäftsverkehr. Auch die Vielzahl von Veröffentlichungen, die sich mit diesem Thema beschäftigen und unter Begriffen wie z.B. *Datenautobahn*, *Information(Super-)Highway*, *Telematik*, *Neue (digitale) Medien*, *Multimedia* oder *Digitale Revolution* erscheinen,

---

23 Vgl. iwd (1995a) S. 8.
24 Vgl. zum Bedeutungswandel von privaten Haushalten Müller-Michaelis (1996) S. 111.
25 Vgl. Tschammer-Osten (1979) S. 33 und S. 126 ff.

unterstreichen die Bedeutung.[26] Im Zentrum der Aufmerksamkeit stehen jedoch meistens die Anbieter. Fragen hinsichtlich des Einsatzes, des Nutzens und der Akzeptanz des elektronischen Geschäftsverkehrs in privaten Haushalten werden vernachlässigt.

Eine Überforderung der privaten Haushalte konnte bereits mit der Einführung der elektronischen Datenverarbeitung Anfang der 80er Jahre beobachtet werden. Durch die Verbreitung konvergierender Technologien aus Telekommunikation, Informatik sowie Unterhaltungselektronik und deren Anwendungen werden die Möglichkeiten zur selbständigen Lösung sich anbahnender Informationsprobleme weiterhin abnehmen.[27] Besonders deutlich werden die Informationsprobleme in privaten Haushalten an der Marktentwicklung spezifischer Produkte der sog. TIME-Industrien.[28] So wurden die hochgesteckten Ziele für das neue Medium CD-ROM als Substitut für das traditionelle Buch bei weitem nicht erreicht. Deutschlands erster Pay-TV-Sender *Premiere* als Gemeinschaftsunternehmen von Bertelsmann und der Kirch-Gruppe verursachte nach zwei Jahren trotz über einer Million Kunden immer noch einen Verlust in zweistelliger Millionenhöhe.[29] Der Vertrieb des Decoders *Mediabox* der Multimedia-Vertriebsgesellschaft, einer Kooperation, bestehend aus Bertelsmann, Deutsche Telekom AG und fünf weiteren Partnern der Medienindustrie, wurde trotz der abgeschlossenen Entwicklung und Produktion von 90.000 Stück noch vor Verkaufsstart vollständig eingestellt.[30] Der kommerzielle Online-Dienst *Microsoft Networks (MSN)* stellte nach nur einem Jahr sein inhaltliches Angebot komplett ein. Grund für diese Aufgabe war die zunehmende Konkurrenz durch Internetdienste.[31] Analysiert man die genannten Beispiele für Fehlentwicklungen, so sind folgende kritische Fragen zu stellen:

1) Was hemmt bei privaten Haushalten den Einsatz des elektronischen Geschäftsverkehrs?
2) Unter welchen Bedingungen sind private Haushalte bereit, Technologien für elektronischen Geschäftsverkehr zu implementieren sowie darauf aufbauende Kommunikationsdienste und deren Anwendungen auch zu nutzen?

---

26 Vgl. zu *Datenautobahn*, *Telematik* und *Multimedia* das Begriffslexikon in **Anhang C**.

27 Vgl. Urbatsch (1985) S. 219.

28 Die Bezeichnung TIME-Industrien etablierte sich aus der Konvergenz von **T**elekommunikation, **I**nformatik, **M**edienbranche und (Unterhaltungs-)**E**lektronik. Vgl. Grauer / Merten (1997) S. 35.

29 Vgl. Judex (1996) S. 68.

30 Neben der Bertelsmann AG (einschließlich CLT) mit 22 % und der Deutschen Telekom AG (27 %) waren noch Canal Plus, RTL, ARD und ZDF mit jeweils 5,5 % beteiligt. Die *Mediabox* sollte (wie die *d-Box* der Kirch-Gruppe) als Decodiergerät von ca. 20 Fernsehkanälen dienen.

31 Vgl. Hightext (1997) S. 1 f.

3) Wie können Technologien für elektronischen Geschäftsverkehr konsumentengerecht entwickelt und Leistungsbeziehungen über elektronische Marktdienste effizient realisiert werden?

Diese drei Fragen sind im weiteren Verlauf der Arbeit von zentraler Bedeutung. Sie sind Ausgangspunkt für eine haushaltsbezogene Untersuchung des elektronischen Geschäftsverkehrs anhand sozio-technischer Faktoren. Wie aus Frage zwei bereits ersichtlich, beinhaltet der Einsatz des elektronischen Geschäftsverkehrs in privaten Haushalten sowohl Implementierungs- als auch Nutzungsvorgänge. Die vorausgehende Implementierung soll in erster Linie den Aufbau einer adäquaten technologischen Infrastruktur sicherstellen. In diesem Zusammenhang wird der Haushalt konfrontiert mit Entscheidungen hinsichtlich der Beschaffung und Installation alternativer hard- und softwaretechnischer Komponenten für elektronischen Geschäftsverkehr. Er befindet sich in dem Dilemma, daß sich der Nutzen von Informations- und Kommunikationstechnologien bei fehlender Vorinformation erst offenbart und ausschöpfen läßt, wenn der Kauf bereits abgeschlossen worden ist. In der Informationsökonomik werden solche Produkte als Erfahrungsgüter bezeichnet. Sie beinhalten Informationsasymmetrien und unterscheiden sich deutlich von Suchgütern, deren Qualitäten bereits vor dem Kauf durch klare Eigenschaften gekennzeichnet sind.[32] Die sich an die Implementierung anschließende Nutzung elektronischer Marktdienste manifestiert sich in spezifischen Geschäftsanwendungen. Diese dienen unmittelbar zur Unterstützung bzw. Abwicklung von unbezahlten, aber auch bezahlten Wertschöpfungsaktivitäten (Produktion) und mittelbar zur Bedarfsdeckung (Konsum).[33] Auch während der Nutzung elektronischer Marktdienste treten Bewertungsprobleme auf. So bestehen Informationsasymmetrien hinsichtlich der Nutzungsgebühren, der Datensicherheit oder der zusätzlichen Kostenbelastungen, die sich aus elektronischen Leistungsbeziehungen mit Anbietern ergeben können. Ferner existieren häufig Wissenslücken über die Anwendungsmöglichkeiten von Kommunikationsdiensten. Informationsasymmetrien können zu einem Prozeß der ständigen Qualitätsverschlechterung auf Märkten führen.[34] Dem Konsumenten bleibt nur noch das Vertrauen in die Qualität des Gutes. Man spricht in diesem Fall auch von sog. Vertrauensgütern.

---

32 Vgl. Kürble (1996) S. 112; Tolle (1994) S. 928.

33 Vgl. zu Produktion und Konsum in privaten Haushalten Karg (1999) S. 139.

34 Vgl. unveröffentlichte Schrift, Kürble (1995) S. 4.

Verbunden mit dem Dilemma der Erfahrungs- und Vertrauensgüter ist das Problem der stetig anwachsenden Informationsflut, wie zahlreiche Studien belegen.[35] Durch elektronische Medien, aber auch durch E-Marktdienste selbst wird der Wert von ungefilterten Informationen zunehmend in Frage gestellt. Diese Informationsflut kann schnell zu einer Überlastung der begrenzten menschlichen Fähigkeiten zur Informationsverarbeitung führen.[36] Verschärft wird das Problem der kognitiven Überforderung durch emotionalen Widerstand einzelner Haushaltsmitglieder gegen neue Technologien und durch soziale Restriktionen bestimmter Haushaltsgruppen.[37] Gemeinsam können diese hemmenden Faktoren zu Unsicherheit und dissonantem Verhalten gegenüber elektronischem Geschäftsverkehr führen. Mögliche Vorteile, wie Effizienzsteigerung in der Deckung bestehender Bedürfnisse und im Zeitmanagement, geraten dabei in den Hintergrund. Aus haushaltsökonomischer Sicht entstehen überhöhte Opportunitätskosten, d.h. der Nutzen herkömmlicher (alternativer) Formen der Leistungsabwicklung übersteigt den Nutzen neuer Formen des elektronischen Geschäftsverkehrs.[38]

Die mit elektronischem Geschäftsverkehr verbundenen Unsicherheiten und Opportunitätskosten sowie deren Ursachen werden in Wirtschaft und Gesellschaft bisher nur unzureichend berücksichtigt. Auch in den privaten Haushalten ist gegenwärtig keine Bewältigung dieser Probleme zu beobachten. Im Gegensatz zu Staat und Unternehmen besitzen sie jedoch weit begrenztere Lösungsmöglichkeiten. Sie müssen mit knapper Ausstattung an technischen Hilfsmitteln haushalten und verfügen nur über eingeschränkte Möglichkeiten zum Informationsmanagement. Lösungen für die genannten Probleme sind demnach der staatlichen und unternehmerischen Seite zuzuordnen. Unterstützung findet diese Sichtweise nicht nur bei Veröffentlichungen zum Thema "Elektronischer Geschäftsverkehr",[39] sie stellt sogar eine grundlegende Forderung der Haushaltswissenschaft dar.[40]

> „Der Familienhaushalt ist ein von Gefahren bedrohtes System. Bereits mit dieser Aussage ist die Sicherung des privaten Haushalts zu einem Problem erhoben, das es zu lösen gilt, zu einer Aufgabe vorrangig für den Haushalt selbst, aber auch für die Gemeinschaft / Gesellschaft und zwar dort, wo sich die Problemlösungskapazität des privaten Haushalts als unzureichend erweist."[41]

---

35 Vgl. Opaschowski (1995); IRES Expertenband (1995a).
36 Vgl. Backhaus / Glomb (1994) S. 5; vgl. auch Kroeber-Riel (1987) S. 257.
37 In der Kommunikationswissenschaft spricht man auch von struktur- und doktrinbedingten Informationspathologien.
38 Vgl. Kürble (1996) S. 112.
39 Vgl. Uhrig (1995) S. 25; Voigt (1995) S. 7.
40 Vgl. Wißmann (1997) S. 161.
41 Steinmüller (1985) S. 75 f.

3. Ziel und Vorgehensweise der Untersuchung

Es stellt sich zunächst die Frage, inwieweit der Staat regulierend und unterstützend eingreifen kann. Mit der Initiierung zahlreicher Pilotprojekte, der Verabschiedung des Telekommunikationsgesetzes (TKG) zur Deregulierung des Monopols auf Sprachübertragung der Deutschen Telekom AG und des Gesetzes zur Regelung der Rahmenbedingungen für Informations- und Kommunikationsdienste (IuKDG) wurden bereits erste Schritte eingeleitet.[42] Jedoch zeigt sich bereits heute, daß bedeutsame Entwicklungen, wie z.B. Telearbeit, „... an den Parlamenten vorbeilaufen, diese allenfalls noch dazu dienen, das angeblich Unaufhaltsame irgendwie zu beschleunigen."[43] Aus der alleinigen Betrachtung von staatlichen Regelungen kann deshalb kein zukunftsorientierter und der Problemstellung angepaßter Lösungsansatz entwickelt werden. Das Augenmerk muß sich auf unternehmerische Realisierungsansätze richten, die zu nutzungs- bzw. konsumentengerechten Lösungen für elektronischen Geschäftsverkehr führen.

Diese Zielsetzung erfordert erstens die Untersuchung elektronischer Marktsyteme hinsichtlich ihrer Effizienz in privaten Haushalten. Die daraus gewonnenen Erkenntnisse sind zweitens in die unternehmerische Planung und Realisierung solcher Systeme einzubeziehen.[44] Dazu werden im Verlauf dieser Arbeit die in Abbildung I-2 dargestellten Elemente elektronischer Marktsysteme aus Sicht der privaten Haushalte analysiert. Nach einer Charakterisierung relevanter Systemkomponenten erfolgt eine Betrachtung von sozialen sowie den damit eng verbundenen psychischen Gesichtspunkten. Sie sind Grundlage für die Erforschung informationsökonomischer Effekte. Rechtliche Probleme werden nur ansatzweise betrachtet, soweit es die ökonomische Analyse erfordert. Da das Thema "Elektronischer Geschäftsverkehr" bisher nur wenige Forschungsergebnisse aufweist, werden die Hypothesen dieser Arbeit durch einen theoriegeleiteten Bezugsrahmen untersucht. Begleitend werden empirische Ergebnisse aus Sekundäranalysen und Experteninterviews herangezogen.[45]

---

[42] Das TKG wurde am 5. Juli 1996 verabschiedet und wurde zum 1. Januar 1998 in Kraft gesetzt. Das IuKDG, auch Multimedia-Gesetz genannt, wurde am 4. Juli 1997 verabschiedet und trat am 1. August 1997 in Kraft. Vgl. Art. 11 IuKDG.

[43] Nürnberger (1996) S. 13.

[44] Die Realisierung elektronischer Märkte beinhaltet sowohl Maßnahmen der Entwicklung als auch der Konfiguration (Fertigstellung für die Inbetriebnahme).

[45] Zu den Experteninterviews vgl. **Anhang B.**

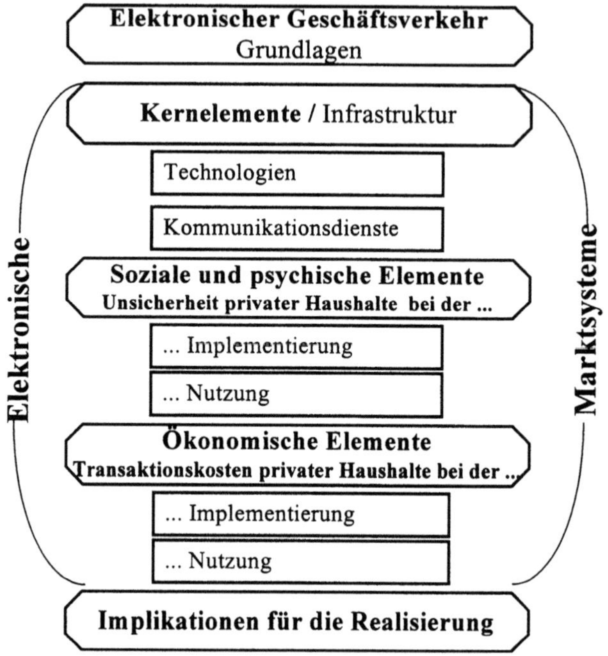

Abbildung I-4 Struktur der Forschungsarbeit

Die Arbeit gliedert sich, ohne Berücksichtigung von Einleitung und Schluß, in fünf Teile (siehe Abbildung I-4).

Gegenstand des ersten Teiles (**Kapitel zwei**) sind informationstheoretische und makroökonomische Grundlagen für die weitere Untersuchung des elektronischen Geschäftsverkehrs. Es werden Kommunikationsmodelle eingeführt, die ökonomische Bedeutung von *Information* und *Kommunikation* diskutiert sowie Tendenzen der Marktentwicklung des elektronischen Geschäftsverkehrs dargestellt.

In **Kapitel drei** wird die für elektronischen Geschäftsverkehr relevante Infrastruktur charakterisiert. Zunächst stehen Technologien der elektronischen Datenverarbeitung und Datenübertragung im Zentrum der Betrachtung. Darauf aufbauend wird die Verfügbarkeit von Informations- und Kommunikationstechnologien in privaten Haushalten untersucht, und es werden Einzeldienste der Telekommunikation (z.B. Fernsprechdienste, Telefaxdienste, analoges Fernsehen) von multimedialen Kommunikationsdiensten, den sog. elektronischen Marktdiensten, abgegrenzt. Die eigentliche Darstellung der elektronischen Marktdienste gliedert sich in transportorientierte Offline- und Online-Dienste sowie deren Geschäftsanwendungen. Dabei werden in erster Linie Anwendungsbeispiele für den privaten Haushalt diskutiert. Eine Betrachtung technischer Grenzen der Anwendungsmöglichkeiten multimedialer Kommunikationsdienste schließt Kapitel drei ab.

Kapitel vier widmet sich der Bedeutung der Unsicherheit beim Einsatz des elektronischen Geschäftsverkehrs in privaten Haushalten. Es werden exogene und endogene Ursachen dieser Unsicherheit herausgearbeitet und hinsichtlich ihrer Bedeutung für Entscheidungen über die Implementierung von Technologien und über die Nutzung elektronischer Marktdienste analysiert. Die daraus hervorgehende Typologisierung von Nutzer-Haushalten dient als Ausgangspunkt der sich im folgenden Kapitel anschließenden informationsökonomischen Untersuchung.

Kapitel fünf beginnt mit einem Vergleich alternativer informationsökonomischer Ansätze. Im Anschluß wird elektronischer Geschäftsverkehr im Rahmen der Transaktionskostentheorie untersucht. Dabei liegt der Schwerpunkt auf der Nutzung elektronischer Marktdienste, die aufgrund der Einsatzunsicherheit privater Haushalte Transaktionskosten verursacht. Die Entwicklung eines Bewertungsrasters führt schließlich zu einem Lösungsansatz, der die Bestimmung von Transaktionskosten instrumentalisiert und zur konsumentengerechten Realisierung elektronischer Marktsysteme eingesetzt werden kann.

Gegenstand von **Kapitel sechs** sind Implikationen für Anbieter, die sich aus den Ergebnissen des vorhergehenden Kapitels ergeben. Ausgehend von einer Kennzeichnung elektronischer Marktsysteme, werden vertriebliche Planungs- und Integrationsmaßnahmen diskutiert und entsprechende Anforderungen an die Konfiguration dieser Systeme formuliert. Im Zentrum der Betrachtung stehen dabei Anbieter von Konsumgütern bzw. von Konsumleistungen, die elektronischen Geschäftsverkehr als alternative Vertriebsform bereits einsetzen oder in Zukunft ein Engagement anstreben.[46] Als direkte Transaktionspartner sind sie für private Haushalte der zentrale Bezugspunkt.

---

[46] Im weiteren Verlauf dieser Arbeit wird diese Anbietergruppe nur noch unter dem Begriff *Leistungsanbieter* geführt. Zur Vereinfachung wird auf die genauere Bezeichnung *Konsumleistungsanbieter* verzichtet.

Hinzu kommt die wachsende Einflußnahme auf Dienst- und Netzbetreiber sowie Endgerätehersteller, induziert durch branchenübergreifende Unternehmensverflechtungen.

Eine kurze Zusammenfassung und ein Ausblick auf weiteren Forschungsbedarf im Rahmen der Thematik schließen die Arbeit ab.

II. Grundlagen

Einzelwirtschaftliche Fragestellungen stehen in enger Beziehung zur gesamtwirtschaftlichen Bedeutung des elektronischen Geschäftsverkehrs. Ferner basiert die zunehmende Verbreitung des elektronischen Geschäftsverkehrs auf einem neuen Verständnis von *Information* und *Kommunikation* in Wirtschaft und Gesellschaft. Eine Lösung dieser Probleme erfordert deshalb im Vorfeld eine Auseinandersetzung mit informationstheoretischen Grundlagen (*Abschnitt 1*) und die Diskussion möglicher makroökonomischer Effekte (*Abschnitt 2*).

1. Informationstheoretische Grundlagen für elektronischen Geschäftsverkehr

Eine einheitliche Abgrenzung der Begriffe Information und Kommunikation hat sich derzeit noch nicht durchgesetzt. Je nach Wissenschaftsdisziplin finden sich sehr unterschiedliche Definitionsansätze, die in einer Vielzahl von Informations- und Kommunikationsmodellen zum Ausdruck kommen. Einigkeit besteht nur darüber, daß jeder Information ein bestimmter Inhalt zugeordnet werden kann, der je nach Untersuchungsperspektive als Signal, Zeichen, Nachricht, Auskunft, Wissen oder Mitteilung verstanden wird.[1] Werden die Inhalte zwischen Subjekten ausgetauscht, so spricht man von Information als Vorgang oder von Kommunikation.[2] Solche Subjekte können sowohl Menschen als auch Maschinen (z.B. Datenstationen) sein. Für den Aufbau einer Kommunikationsbeziehung sind mindestens zwei Kommunikationssubjekte notwendig, die über einen Kommunikationsweg miteinander verbunden sind.

1.1. Modelle der Information und Kommunikation

Eine sehr umfassende Sicht von Information und Kommunikation liefert die Semiotik, eine Teildisziplin der allgemeinen Sprachwissenschaft. Bei der Untersuchung der sprachlichen Kommunikation unterscheidet sie drei Ebenen bzw. Dimensionen, die aufeinander aufbauen.[3] Auf der untersten Ebene befindet sich die Syntaktik. Sie untersucht die Beziehung von Signalen oder Zeichen untereinander und sucht nach formalen

---

1 Vgl. zu dem Begriff der Information Wessling (1991) S. 22 ff.

2 Vgl. Karg (1993) S. 67. Der Begriff "Kommunikation" ist heute vielfach überstrapaziert. So verweisen Frey u.a. auf mehr als 160 verschiedene Begriffsbestimmungen für den Ausdruck "Kommunikation". Vgl. Frey u.a. (1996) S. 32.

3 Vgl. Burkart (1983) S. 54.

Regeln für ihre Zusammensetzung und ihre korrekte Übertragung. Die sich anschließende Ebene, die sog. semantische Dimension, erfaßt die Beziehungen zwischen Zeichen und Objekten, auf die verwiesen wird. Den Zeichen wird nun eine Bedeutung zugeordnet, wodurch Nachrichten entstehen. Auf der höchsten Ebene schließlich befindet sich die sog. Pragmatik. Sie befaßt sich mit der Wirkung von Zeichen. Erst hier werden Zeichen und Nachrichten im Verständnis der Semiotik zu Informationen. Beziehen sich die Informationen auf die Realisierung wirtschaftlicher Handlungen, so spricht die Wirtschaftswissenschaft von zweckorientiertem Wissen.[4]

Die Semiotik bietet einen Bezugsrahmen für kommunikationsbezogene Erklärungsmodelle, wodurch sich unterschiedliche Informations- und Kommunikationsinhalte vergleichen und gegeneinander abgrenzen lassen. Zudem kann mit Hilfe der Semiotik menschliches Informationsverhalten analysiert werden.

Divergierende Vorstellungen zu Information und Kommunikation im Rahmen der Semiotik zeigen sich in der Entwicklung entsprechender Denkmodelle. Zu den wichtigsten gehören das nachrichtentechnische Kommunikationsmodell, das pragmatische Kommunikationsmodell und der Erstmaligkeits- und Bestätigungsansatz.[5]

Im Mittelpunkt des nachrichtentechnischen Kommunikationsmodells (sog. mathematische Theorie der Kommunikation) von Shannon und Weaver steht die syntaktische Dimension von Information.[6] Ursprünglich wurde es entwickelt, um technische Signalübertragungen modellieren zu können. Technische Kommunikation erfolgt dabei über einen dreistufigen Prozeß, in dem die Nachricht eines Senders in Signale verschlüsselt (kodiert) und dann über einen Informationskanal an den Empfänger übertragen wird (siehe Abbildung II-1). Dort werden die Signale wieder zu Nachrichten entschlüsselt (dekodiert).

---

4 Vgl. zu Information als zweckorientiertes Wissen Karg (1993) S. 67; Picot u.a. (1998) S. 69.

5 Einen Überblick zu weiteren Ansätzen geben Frey u.a. (1996) S. 35 ff.

6 Vgl. Shannon / Weaver (1949).

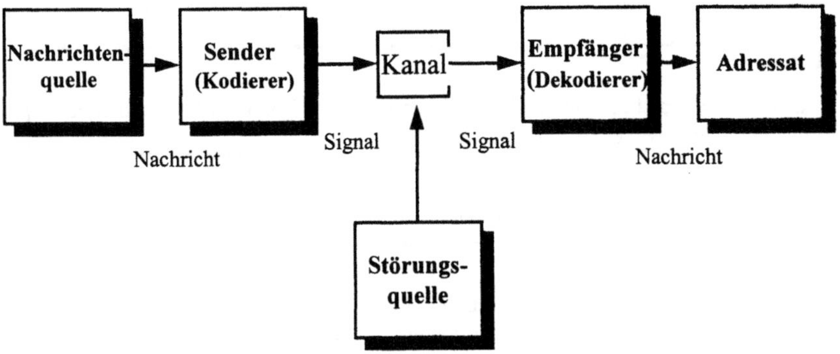

Abbildung II-1 Modell der nachrichtentechnischen Informationsübertragung
Quelle: Shannon / Weaver (1949) S. 34

Dieses technische Grundmodell versuchten Weaver – und später auch weitere Vertreter aus Psychologie und Sprachwissenschaft – auf soziale Kommunikationsaspekte auszuweiten.[7] Der Mensch stellt dabei die Nachrichtenquelle dar, und der Sender (Transmitter) wird durch den Sprechmechanismus ersetzt. Zur Darstellung von Informationsstörungen auf syntaktischer Ebene und bei der Vermeidung von Übertragungsfehlern, insbesondere im Rahmen technischer Kommunikationsvorgängen, hat sich dieses Modell als sehr hilfreich erwiesen. Aufgrund der vernachlässigten semantischen und pragmatischen Aspekte ist eine Übertragung auf menschliche Informations- und Kommunikationsprobleme jedoch abzulehnen.[8] Im Vordergrund stehen ausschließlich der Sender und sein Verbalverhalten. Der Empfänger wird nur als Dekodierer betrachtet, ohne daß sein Verhalten mit einbezogen wird.

Ausgehend von der Forderung, verhaltensbezogene Wirkungen der menschlichen Kommunikation zu berücksichtigen, entstand das pragmatische Kommunikationsmodell. Entwickelt wurde der Ansatz von Watzlawick, Beavin und Jackson, die sich eingehend mit den Grundeigenschaften der menschlichen Kommunikation beschäftigten.[9] Im wesentlichen basiert ihr Ansatz auf fünf Axiomen bzw. pragmatischen Kalkülen, die die Wechselseitigkeit und die Bedeutung von menschlichen Kommunikationsbeziehungen betonen (siehe Abbildung II-2).

---

7 Vgl. Frey u.a. (1996) S. 34.
8 Vgl. Frey u.a. (1996) S. 34; Picot / Reichwald (1991) S. 253.
9 Vgl. Watzlawick u.a. (1990).

1. Axiom: Man kann *nicht* nicht kommunizieren, d.h. ein Mensch kommuniziert immer, unabhängig davon, wie er sich verhält.
2. Axiom: Jede Kommunikation besitzt einen Inhalts- und einen Beziehungsaspekt.
3. Axiom: Die Beziehungen zwischen Kommunikationspartnern sind durch die jeweilige Interpretation und Wahrnehmung von Kommunikationsabläufen geprägt.
4. Axiom: Menschliche Kommunikation bedient sich digitaler (inhaltliche Sprache) und analoger (bildhafte, symbolische, assoziative Sprache) Modalitäten.
5. Axiom: Kommunikation kann auf symmetrischen (Gleichheit) und komplementären (Ungleichheit) Beziehungen beruhen.

Abbildung II-2 Axiome im pragmatischen Kommunikationsmodell
Quelle: Watzlawick u.a. (1990)

Zum vierten Axiom ist anzumerken, daß sich die Differenzierung in digitale und analoge Kommunikation nicht auf die Technik von Datenübertragungsverfahren bezieht. Watzlawick, Beavin und Jackson verbinden damit vielmehr eine Unterscheidung humaner Kommunikationsformen nach ihrem semiotischen Potential.[10] Während digitale Kommunikation (inhaltliche Sprache) sich nach ihrem Verständnis durch eine komplexe und logische Syntax auszeichnet, kommt bei analoger Kommunikation (bildhafte Sprache) eher die semantische Dimension zum Tragen. Das pragmatische Kommunikationsmodell hat sich zu einem bewährten Ansatz entwickelt, um Grenzen der technisch unterstützten Humankommunikation aufzuzeigen.[11] Viele Einzeldienste der Telekommunikation vernachlässigen die Beziehungsaspekte. Langfristig leidet darunter auch die Übermittlung von Inhaltsaspekten, d.h. von Sachinformationen. Beispielsweise können durch ein Telefongespräch viele Aspekte der Kommunikation von Angesicht zu Angesicht (face to face) nicht abgedeckt werden, oder auch im pädagogischen Bereich kann auf Lernen in der Interaktion mit einem Ausbilder nicht zu Gunsten von

10 Vgl. Watzlawick u.a. (1990) S. 68.
11 Vgl. Picot / Reichwald (1991) S. 255.

einkanaligen Schulsendungen verzichtet werden. Allerdings werden durch neue, multimediale und mehrwertige Kommunikationsdienste die Grenzen zur nicht-technischen Humankommunikation zunehmend aufgeweicht.

In kritischer Auseinandersetzung, vor allem mit dem nachrichtentechnischen Kommunikationsmodell, entwickelten Ernst und Christine v. Weizsäcker einen weiteren Ansatz, der ebenfalls die pragmatische Dimension von Information und Kommunikation betont. Er zielt auf die Ermittlung eines Maßes für die Pragmatik. Dazu wird mit Hilfe der Begriffe "Erstmaligkeit" und "Bestätigung" ein Kontinuum geschaffen, das den Neuigkeitsgrad von pragmatischer Information abbildet (siehe Abbildung II-3).[12]

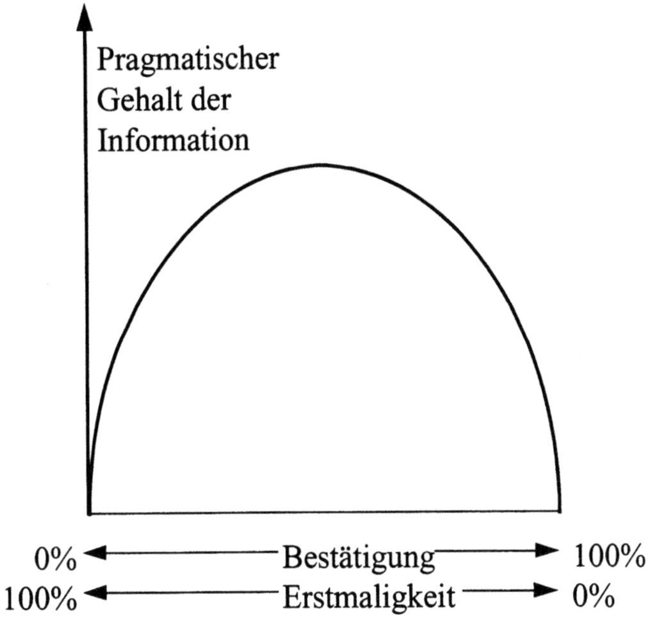

Abbildung II-3 Pragmatische Information, Erstmaligkeit und Bestätigung
Quelle: Weizsäcker v. (1974) S. 99

12 Vgl. Weizsäcker v. (1974) S. 82 - 113. Pragmatische Information bezeichnet die handlungsstiftende Wirkung von Zeichen, Daten oder Nachrichten. Um so mehr pragmatische Information vorliegt, desto umfangreicher ist nach dem Modell der Erstmaligkeit und Bestätigung die handlungsstiftende Wirkung beim Empfänger.

Weder bei hundertprozentiger Erstmaligkeit noch bei hundertprozentiger Bestätigung, d.h. Bekanntheit, liegt pragmatische Information vor. Neues Wissen läßt sich demnach nur verbreiten, also unter Menschen bringen, wenn grundlegendes Basiswissen bereits vorliegt. Am größten ist der pragmatische Gehalt, wenn Erstmaligkeit und Bestätigung ungefähr ausgeglichen sind. Für den praktischen Einsatz des elektronischen Geschäftsverkehrs läßt sich aus dem Ansatz folgern, daß bei der Implementierung das Erstmaligkeitsniveau nicht zu hoch sein darf. Je mehr Vorkenntnisse die potentiellen Anwender besitzen, desto größere Chancen bestehen für eine erfolgreiche Einrichtung von Technologien und für eine spätere Nutzung elektronischer Marktdienste.

1.2. Information als neuer Produktionsfaktor

Vergleichbar zu der Entwicklung neuer Kommunikationsmodelle hat sich auch im realen Leben der Stellenwert von Information und Kommunikation verändert. Bedingt durch technologischen Fortschritt, Wohlstandsmehrung und Globalisierung steigt die Komplexität in vielen Lebensbereichen und stellt neue Anforderungen an die Informationsaktivitäten aller Gesellschaftsgruppen.[13] In diesem Zusammenhang wird vielfach die These (Drei- bzw. Vier-Sektoren-Hypothese) aufgestellt, daß sich die Industriegesellschaft hin zu einer Informationsgesellschaft entwickelt.[14] Stehen in der Industriegesellschaft vor allem Sach- und zunehmend auch Dienstleistungen im Vordergrund, so zeichnet sich das Informationszeitalter primär durch Leistungen aus, die aus der reinen Beschaffung, Verarbeitung oder Verbreitung von Informationen entstehen. Zahlreiche Studien kommen zu dem Ergebnis, daß dieser Wandel kaum noch aufzuhalten ist.[15] Insbesondere der verstärkte Einsatz von Informationstechnologien und die Einführung neuer Teleleistungen mit den dazugehörigen Datennetzen führt, so ihre Prognose, zu einer Beschleunigung dieses Prozesses.[16] Die neu entstehenden globalen Kommunikationsnetze „... werden ganze Industrien umkrempeln, vorwärtstreiben und den gesamten Dienstleistungssektor neu erfinden".[17] Bemerkbar machen sich diese Überlegungen zur Informationsgesellschaft auch in der Vielzahl staatlicher Programme zur Technologieförderung bzw. zum Ausbau der Kommunikationsinfrastruktur. Beispiele hierfür

---

13 Länder, die sich sowohl wirtschaftlich als auch politisch isolieren, sind davon ausgenommen.

14 Die Sektorenhypothese orientiert sich an der Beschäftigungsstruktur der jeweiligen Zeitperiode.

15 Vgl. Bundesministerium für Wirtschaft (1996) S. 18; Nefiodow (1997) S. 19 ff; Evans / Wurster (1997).

16 Teleleistungen sind Güter, die durch elektronische Marktdienste übertragen werden. Vgl. Reichwald u.a. (1998) S. 169 ff.

17 Thierbach (1995) S. 17.

sind die sog. "digitalen" Pilotprojekte in Deutschland, die unter der Schirmherrschaft der Bundesländer oder unter rein privater Trägerschaft stehen.[18] Ziel dieser Feldversuche ist (bzw. war) die Erprobung multimedialer Kommunikationsdienste mit kommerziellen (elektronischer Geschäftsverkehr), aber auch nicht-kommerziellen Anwendungen auf Basis neuer Technologien der TIME-Industrien.[19] Dabei standen folgende Fragen im Mittelpunkt:

- Anforderungen an die Infrastruktur von Telekommunikationsnetzen
- Anforderungen an Standards bei Informations- und Kommunikationstechnologien
- Anwendungsmöglichkeiten und Akzeptanz neuer Kommunikationsdienste
- Klärung eines rechtlichen Regelungsbedarfs
- Gesellschaftspolitische Fragestellungen (wie z.B. soziale, kulturelle und wirtschaftliche Wirkungen von Telearbeit, Teleshopping oder Telemedizin)

Wie **Anhang A2** zeigt, war die Feldgröße der einzelnen Pilotprojekte sehr unterschiedlich. Angefangen von kleinen Projekten, die nur ganz bestimmte Anwendungen, wie z.B. Telelernen (medienpädagogisches Projekt "Comenius" in Berlin) oder Teleentertainment (Projekte zum digitalen Hörfunk) erprobten, reichte das Ausmaß bis hin zu groß angelegten Versuchen wie in Baden-Württemberg. Dort wurden über 4.000 Haushalte mit vernetzten Kommunikationsdiensten für elektronischen Geschäftsverkehr, einschließlich der notwendigen Netzinfrastruktur, versorgt. Getestet wurden dabei stufenweise Technik, Nutzung und Auswirkungen der verfügbaren Marktdienste.[20] Zu den großen Feldversuchen gehörte auch ein Projekt unter der Schirmherrschaft des Freistaates Bayern. Es zeichnete sich durch eine hohe Eigendynamik aus, die in zahlreichen Subprojekten und Themenarbeitskreisen unter der Beteiligung von Unternehmen und Forschungseinrichtungen zum Ausdruck kam. Ein Führungsarbeitskreis, bestehend aus Vertretern der bayerischen Staatskanzlei und der betroffenen Ministerien, erarbeitete ein Gesamtkonzept, das Maßnahmen zu 16 Vorschlägen der Einzelarbeitskreise umfaßt. Alle Vorschläge basierten auf dem *Bayernnetz* (BayNet). Es schließt Subnetze verschiedener Institutionen in Bayern zu einem breitbandigen Hoch-

---

18 Eine Auswahl wichtiger Pilotprojekte in Deutschland zeigt **Anhang A2**. Die meisten Projekte wurden im Jahre 1998 abgeschlossen. Ergebnisse standen im Rahmen dieser Arbeit noch nicht zur Verfügung. Vgl. auch Bundesministerium für Wirtschaft (1996) Anhang C; iwd (1995c) S. 6.

19 Vgl. zum Begriff der TIME-Industrien *Kapitel I, Abschnitt 2*.

20 Folgende Dienste und Anwendungen wurden getestet: Digitales Pay-TV, Telelernen, Telerecherche und Teleshopping. Vgl. Autzen (1994) S. 3 f.

geschwindigkeitsnetz zusammen und ermöglicht die parallele Übertragung von Daten, Texten, Bildern und Sprache.[21] 13 Projekte bezweckten vor allem die Anbindung an das Bayernnetz und den Aufbau einer zentralen Informationsdatenbank. Die restlichen drei Projekte (DAB Bayern, DVB/Multimedia, Telearbeit) erprobten, ähnlich den Feldversuchen in Baden-Württemberg, die Möglichkeiten und Grenzen spezifischer Marktdienste für elektronischen Geschäftsverkehr und der daran angrenzenden Telearbeit. Abbildung II-4 zeigt alle Teilprojekte des Bayernnetzes, die unter der Bezeichnung "Bayern-Online" zusammengefaßt werden.[22]

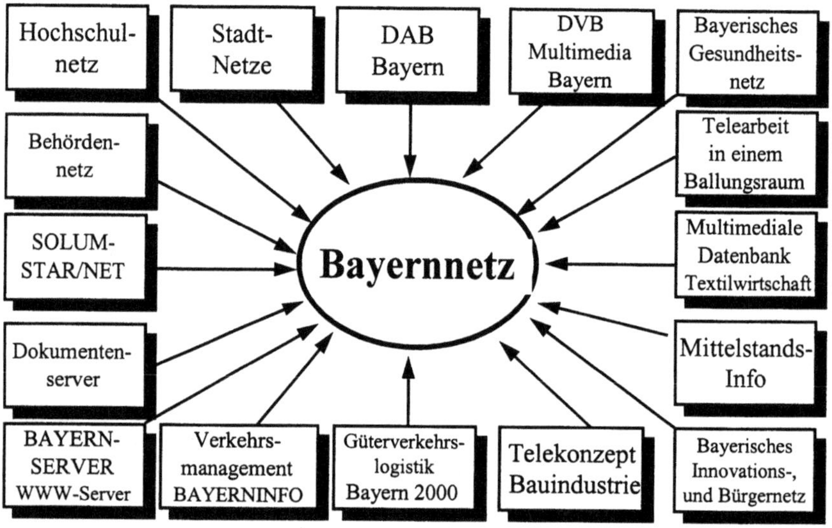

Abbildung II-4 Themenkreise von "Bayern-Online"
Quelle: In Anlehnung an Bayerische Staatskanzlei (Hrsg.) (1996)

Vergleichbare Anstrengungen zu deutschen Pilotprojekten finden sich auch in anderen Ländern. So wurden 1995/96 in den USA mehr als eine Milliarde Dollar an Fördergeldern ausgegeben, um Unternehmen, private Haushalte und öffentliche Einrichtungen untereinander zu vernetzen. In Japan und Großbritannien laufen Projekte, die einen umfassenden Ausbau der Glasfasernetze zum Ziel haben.[23]

---

21 Das *BayNet* basiert auf der digitalen Vermittlungstechnik mit ATM-Technik und bietet Übertragungsgeschwindigkeiten von 34 Mbit/s bis 155 Mbit/s.
22 Vgl. auch Einzelstudien von Bayern-Online in: Bayerische Staatskanzlei (Hrsg.) (1996) S. 34 f.
23 Vgl. Thierbach (1995) S. 16.

Trotz der Aufbruchstimmung, die in den zahlreichen Pilotprojekten zum Ausdruck kommt, ist die These von der zukünftigen Dominanz des Informationssektors in der wissenschaftlichen Diskussion noch umstritten. Gegner argumentieren, daß diese Vorstellung zu einseitig auf Beschäftigungsaspekte gerichtet sei und Interdependenzen zwischen dem primären (Landwirtschaft), sekundären (Sachleistung) und tertiären (Dienstleistung) Sektor zu wenig berücksichtigt werden.[24] Information als Produktionsfaktor (Ressource zur Güterproduktion) gewinnt zwar zunehmend an Bedeutung, doch ist damit nicht zwangsläufig eine Abwertung der klassischen volkswirtschaftlichen Faktoren "Arbeit", "Boden" und "Kapital" verbunden.[25] Der Informationssektor bleibt aus Sicht der Kritiker weiterhin sehr eng mit der Landwirtschaft, der materiellen Produktion und dem Dienstleistungssektor verbunden. Schroeder u.a. bevorzugen deshalb den Ausdruck "Informatisierung der Gesellschaft", der ihrer Meinung nach den gesellschaftlichen Veränderungen besser gerecht wird.[26]

2. Makroökonomische Effekte des elektronischen Geschäftsverkehrs

Makroökonomische Fragen hinsichtlich des elektronischen Geschäftsverkehrs beziehen sich im wesentlichen auf resultierende Wachstums-, Beschäftigungs- und Globalisierungseffekte. Begründen lassen sich diese Effekte durch den ausgeprägten Innovationscharakter des elektronischen Geschäftsverkehrs, der als fundamentaler Antrieb von wirtschaftlichen Entwicklungen dient. Nach Schumpeter unterscheidet man zwischen der Innovationsphase, in der Erfindungen in marktfähige Produkte umgesetzt werden, und der Diffusionsphase, die zu einer Erhöhung der Nachfrage nach bzw. der Produktion von neuen Informations- und Kommunikationssystemen führen kann.[27] Den durch einen solchen Vorgang eintretenden gesamtwirtschaftlichen Aufschwung betrachten Schumpeter und andere Ökonomen als neuen weltweiten Konjunkturzyklus für marktwirtschaftlich organisierte Volkswirtschaften.[28]

---

24 Vgl. Miles (1990) S. 25; Schroeder u.a. (1989). Einige Autoren verneinen generell die Anwendbarkeit der Sektorenhypothese.

25 Vgl. zu Information als Produktionsfaktor Picot (1989) S. 3.

26 Vgl. Schroeder u.a. (1989) S. 24.

27 Vgl. Schumpeter (1961) S. 94 ff.

28 Vgl. Freeman / Persez (1988); Fournier (1994) S. 153 ff. Schumpeter unterscheidet mehrere Zyklen, die sich nach einem Dreizyklenschema überlagern. Vgl. Schumpeter (1961) S. 183.

2.1. Wachstumseffekte

Die Idee von technologisch induzierten Wachstumswellen basiert auf den sogenannten Kondratieff-Zyklen. Nach dem russischen Wissenschaftler Kondratieff orientieren sich diese Zyklen an Schlüsseltechnologien der jeweiligen Zeitperiode und besitzen einen zeitlichen Verlauf von ca. 50 Jahren (siehe Abbildung II-5).[29] Im ersten Kondratieff-Zyklus sorgten Innovationen der Baumwollindustrie und die Erfindung der Dampfmaschine für eine starke Expansion der Volkswirtschaften. Die zweite Welle, der "bürgerliche Kondratieff", wurde durch den Ausbau der Stahlindustrie und durch die Entwicklung der Eisenbahn ausgelöst. Der dritte Zyklus basierte auf Produkten der Chemie und Elektrotechnik. Verfahren der Massenproduktion und die daraus entstandenen neuen Branchen, wie z.B. die Automobilindustrie, waren treibende Kräfte der vierten Phase.

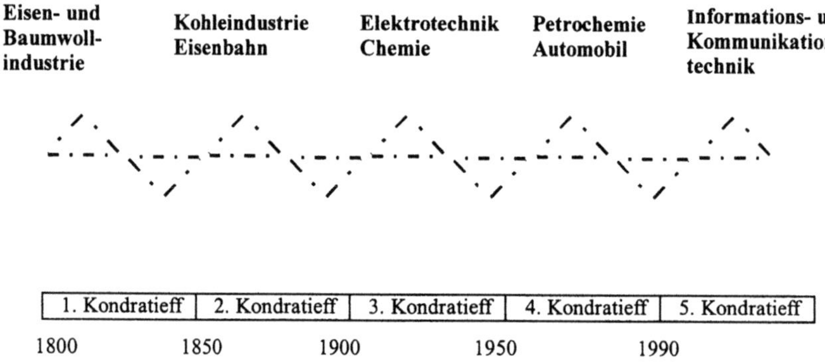

Abbildung II-5 Zeitlicher Verlauf der Kondratieff-Wellen
Quelle: Nefiodow (1997) S. 3

Mit neuen Informations- und Kommunikationstechnologien begann nach Meinung von Konjunkturforschern in den 90er Jahren der fünfte Kondratieff-Zyklus.[30] In Anlehnung an die Argumentation von Schumpeter begründen sie diese Auffassung mit der Entstehung neuer Produktgruppen und Arbeitsplätze. Auch benennen sie qualitative Wachstumseffekte, die volkswirtschaftliche Spielräume für umweltverträgliches Wachstum,

---

[29] Vgl. Nefiodow (1997) S. 4 ff.
[30] Vgl. Andreas (1995) S. 33; Nefiodow (1997) S. 8.

d.h. eine effizientere Nutzung knapper Ressourcen, schaffen. Beispielsweise können neue Informationstechnologien den Rohstoffverbrauch durch Substitution herkömmlicher Medienträger (Papier oder Kunststoff) oder den Energieverbrauch durch Entlastung im Einkaufs- und Berufsverkehr reduzieren. Ferner lassen sich die Wirkungsgrade und die Schadstoffemissionen von Einzelanlagen in der Produktion oder in der Landwirtschaft verbessern.[31]

Die Frage, ob auch elektronischer Geschäftsverkehr zu einem weiteren Wirtschaftsaufschwung im Rahmen des fünften Kondratieff-Zyklus führt, kann nach heutigen Erkenntnissen nur mit Zurückhaltung bejaht werden. Für eine Prognose zukünftiger Wachstumspotentiale ist zwischen der Infrastruktur (Technologien, Kommunikationsdienste) für elektronischen Geschäftsverkehr sowie der darauf aufbauenden Teleleistungen zu unterscheiden.

Eine Untersuchung des Beratungsunternehmens *Diebold Deutschland GmbH* beziffert das weltweite Umsatzvolumen neuer Technologien und Kommunikationsdienste, einsetzbar für elektronischen Geschäftsverkehr, im Jahre 2005 auf ca. 300 Mrd. DM.[32] Etwa zwei Drittel davon sollen auf private Haushalte entfallen. Diebold schätzt, daß im Jahre 2005 ca. 60 % der privaten Haushalte in den Industrienationen über Informations- und Kommunikationstechnologien verfügen, die elektronischen Geschäftsverkehr ermöglichen.[33] Weniger optimistische Prognosen kommen zu dem Ergebnis, daß sich Technologien und Kommunikationsdienste für elektronischen Geschäftsverkehr nicht vor dem Jahre 2010 auf den Kommunikationsmärkten durchsetzen werden.[34] So zeigt eine Marktprognose vom Deutschen Institut für Wirtschaftsforschung (DIW) Berlin und der Prognos AG Basel, daß in Deutschland frühestens im Jahre 2010 in 60 % der privaten Haushalte eine digitale Empfangsmöglichkeit verfügbar sein wird.[35] Die Ausgaben für Informationstechnik und Telekommunikation in deutschen Haushalten werden sich nach dieser Studie von 27 Mrd. DM im Jahr 1992 auf 45,7 Mrd. DM im Jahre 2000 und auf 88 Mrd. DM im Jahre 2010 erhöhen.[36] Von den Mehraus-

---

[31] Vgl. zu qualitativen Wachstumseffekten und Umweltbelastungen durch neue Informationstechnologien Fournier (1994) S. 176 ff.

[32] Vgl. Glanz (1995) S. 11 ff.

[33] Zu den Industrienationen zählen dabei alle Länder, die vor dem Jahre 1994 der OECD (Organisation für wirtschaftliche Zusammenarbeit und Entwicklung) beigetreten sind.

[34] Vgl. IRES Expertenband (1995a); Opaschowski (1995).

[35] Vgl. DIW/Prognos (1995) S. 7. Basis für 2000 und 2010 sind 36,3 Millionen private Haushalte.

[36] Vgl. DIW/Prognos (1995) S. 8.

gaben (18,7 Mrd. DM) zwischen 1992 und 2000 sollen ca. 9,4 Mrd. DM auf Technologien und Kommunikationsdienste, einsetzbar für elektronischen Geschäftsverkehr, entfallen. Trotz differierender Vorstellungen vom zeitlichen Verlauf der Infrastrukturentwicklung für elektronischen Geschäftsverkehr besteht jedoch Konsens darüber, daß die Investitionsbereitschaft in notwendige Technologien und Kommunikationsdienste zunehmen wird.[37]

Die optimistischen Einschätzungen zur Infrastrukturentwicklung manifestieren sich auf der Anbieterseite im Aufbau neuer Geschäftsfelder durch branchenübergreifende Allianzen und in der Umstellung von Geschäftsprozessen.[38] Weltweit werden Allianzen zwischen Netz- und Dienstbetreibern (Telefongesellschaften, Online-Provider), Endgeräteherstellern (Elektronik- und Computerindustrie) und Leistungsanbietern für den Aufbau elektronischer Märkte geschlossen.[39] Insbesondere die seit Anfang 1998 wirksame Deregulierung für Netze zur Sprachübertragung führte in Deutschland zu zahlreichen Partnerschaften, die sich als Netz- und Dienstbetreiber etablierten.[40] Einen Eindruck dieser Entwicklung vermittelt die Darstellung in **Anhang A1**. Die Beteiligungs- und Allianzstruktur darf jedoch nur als Momentaufnahme gesehen werden, da der technologische Fortschritt und die ausgeprägte Marktdynamik zu laufenden Veränderungen im Kooperationsgefüge führen.[41]

Tiefgreifende Veränderungen in den Geschäftsprozessen zeigen sich auf der Anbieterseite in der Umstellung der internen Abläufe und der Kommunikationsbeziehungen zu Kunden und Lieferanten. Zahlreiche Unternehmen, auch aus traditionellen Branchen wie Buchhandel oder Kraftfahrzeugindustrie, reagieren auf die neuen Entwicklungen des elektronischen Geschäftsverkehrs mit der Initiierung eigener E-Commerce-Projekte. Eine Umfrage von Arthur D. Little bei 104 der 300 in Deutschland oder Verkauf

---

37 Vgl. OECD (1997c) S. 24; Fachverband Informationstechnik im VDMA und ZVEI (1998b) S. 7.

38 Allianzen entstehen aus der freiwilligen und zielorientierten Zusammenarbeit zwischen selbständigen Unternehmen.

39 Vgl. Palaß / Preissner-Polte (1994) S. 85. Leistungsanbieter auf elektronischen Märkten kommen vor allem aus dem Handels- und Dienstleistungsbereich sowie der Medienbranche. Beispiele sind Verlage, Warenhäuser, Versandhandel, Banken, Versicherungen, Filmstudios und Fernsehgesellschaften.

40 Vgl. iwd (1995b) S. 4. Bereits zum 1. Juli 1996 wurde in Deutschland das allgemeine Leitungsmonopol aufgehoben.

41 Bekanntes Beispiel auf dem deutschen Markt ist die Multimediabetriebsgesellschaft. Sie bestand aus acht Partnern der Medien- und Telekommunikationsindustrie. Nach nur neun Monaten wurde sie aufgelöst.

über elektronische Medien testen.[42] 44 % der Befragten bewerten dabei die Bedeutung entsprechender Applikationen für ihr Unternehmen als wichtig (38 %) oder sehr wichtig (6 %).[43] Mehr als die Hälfte der befragten Unternehmen (61 %) sind allerdings noch nicht in der Lage, den Erfolg ihres Engagements zu beurteilen. 35 % geben an, daß sie elektronischen Geschäftsverkehr erfolgreich nutzen. Nur 4 % sind mit ihren Investitionen für E-Commerce-Projekte nicht zufrieden. Wie bereits bei den Prognosen zur Infrastruktur für elektronischen Geschäftsverkehr ersichtlich, weisen auch Schätzungen über das zukünftige Umsatzpotential neuer Teleleistungen große Unterschiede auf. Allein für Teleshopping in Deutschland schwanken die Prognosen für das Jahr 2001 zwischen 25 und 60 Mrd. DM.[44]

2.2. Beschäftigungseffekte

Betrachtet man die hohe Arbeitslosigkeit in vielen Volkswirtschaften, so findet man eine dem Wirtschaftswachstum entgegengesetzte, negative Beschäftigungsentwicklung. Bestand in den ersten Kondratieff-Zyklen noch eine positive Korrelation zwischen Wachstum des Bruttosozialproduktes und der Beschäftigung, so erfolgte ab dem vierten Zyklus vor allem in Sachleistungsbetrieben ein kontinuierlicher Arbeitsplatzabbau. Untersuchungen zeigen, daß in Deutschland bereits in den 80er Jahren ca. 2,5 % jährliches Wirtschaftswachstum nötig war, um den Arbeitsplatzverlust durch Produktivitätsfortschritt auszugleichen.[45] Eine Verbesserung der Arbeitsmarktlage erfordert seitdem immer höhere Wachstumsraten. Inwieweit elektronischer Geschäftsverkehr zum gesamtwirtschaftlichen Wachstum beitragen kann, ist ungewiß.[46] Verläuft die Infrastrukturentwicklung für elektronischen Geschäftsverkehr ähnlich zu dem Erfolg der herkömmlichen Telekommunikation (z.B. Mobilfunk), so gibt es wenig Anlaß für Optimismus. Trotz jährlich zweistelliger Zuwachsraten in der Telekommunikationsbranche verschlechterte sich in den letzten Jahren die Situation auf dem deutschen Arbeitsmarkt zunehmend.[47]

---

[42] Vgl. Fink (1997) S. 5 - 8.

[43] 42 % der Befragten bewerten den Einsatz elektronischer Medien als weniger wichtig und 14 % als unwichtig.

[44] Vgl. Bundesministerium für Wirtschaft (1997) S. 52; Fachverband Informationstechnik im VDMA und ZVEI (1998b) S. 7; OECD (1999) S. 27; Roland Berger&Partner (1999).

[45] Vgl. Klauder (1990) S. 86 ff.

[46] Vgl. zu dieser Diskussion Nefiodow (1990) S. 130 f.; Marx (1969). Bereits Marx machte deutlich, daß neue Technologien zur Substitution von Arbeitsplätzen führen.

[47] Vgl. Booz Allen / Hamilton (1997a) S. 11.

Sowohl die Errichtung der Infrastruktur für elektronischen Geschäftsverkehr als auch darüber abgewickelte Teleleistungen werden im Rahmen des fünften Kondratieff-Zyklus einen weiteren Beschäftigungsabbau nur dann bremsen können, wenn neu entstehende Arbeitskulturen von Anbietern und Haushalten frühzeitig antizipiert werden. Andernfalls wird nicht nur eine Arbeitsmarktbelebung ausbleiben, sondern es besteht zudem die Gefahr einer nachhaltigen Segmentierung des Arbeitskräfteangebotes.[48] Letzteres bedeutet, daß vor allem hoch qualifizierte und flexible Arbeitnehmer von den informationstechnischen Entwicklungen im fünften Kondratieff-Zyklus profitieren werden. Ältere, nicht oder wenig qualifizierte Erwerbspersonen sowie Arbeitslose werden hingegen von den neuen Arbeitsanforderungen zunehmend diskriminiert.[49] Das hat zur Folge, daß sich die Einkommenssituation solcher benachteiligten Gruppen trotz eines Wirtschaftswachstums mit positiven Beschäftigungsimpulsen nicht verbessert, sondern eher verschlechtert und in Extremfällen sogar zur Verarmung führen kann. Um eine weitere Verschärfung der gesellschaftlichen Disparitäten zu vermeiden, bedarf es deshalb gemeinsamer Anstrengungen aller Wirtschaftssubjekte. Handlungsbedarf besteht dabei besonders hinsichtlich einer Anpassung der Bildungssysteme, der Flexibilisierung der Arbeitswelt (z.B. durch neue Arbeitszeitmodelle) und der sozialverträglichen Ausgestaltung elektronischer Marktsysteme.[50]

Beschäftigungschancen in den Industrieländern sind in Zukunft überwiegend in wissensintensiven Bereichen zu erwarten. „Beraten und Informieren, Entwickeln und Organisieren – das wird die Arbeit der Zukunft."[51] Besonders optimistische Beschäftigungsprognosen besitzen dabei Dienstleistungsbereiche.[52] Elektronischer Geschäftsverkehr ermöglicht hier den Aufbau vollkommen neuer Betätigungsfelder, wie es z.B. der neu entstandene Beruf des Online-Redakteurs zeigt. In Branchen wie Fahrzeugbau, Textilindustrie und Nahrungsmittelindustrie besteht dagegen die Gefahr, daß elektronischer Geschäftsverkehr zu weiteren Rationalisierungsmaßnahmen führt.

---

48 Diese Sichtweise bezieht sich auf die Polarisierungshypothese, die bei Einführung neuer Technologien eine Erhöhung der Qualifikation für wenige und eine Dequalifizierung für viele unterstellt. Vgl. Kern / Schumann (1984) S. 22.

49 Vgl. iwd (1997a) S. 6.

50 Vgl. unveröffentlichte Schrift, Ulmerich (1997).

51 O.V. (1995d) S. 87; vgl. dazu auch die SZ-Serie "Wissensmanagement", Reinmann-Rothmeier / Mandl (1997) S. 32.

52 Vgl. o.V. (1995d) S. 87.

2.3. Globalisierungseffekte

Auch Branchen wie die Elektrotechnik oder der Maschinenbau, die in den letzten Jahrzehnten in Deutschland kontinuierliche Wachstumsraten zu verzeichnen hatten, sind gegenwärtig von Beschäftigungseinbrüchen betroffen. Als Ursache ist neben dem Produktivitätsfortschritt ein weiterer Effekt zu nennen, der sich aus einer Neudefinition der internationalen Arbeitsteilung ergibt. Dieser Effekt, bekannt geworden unter der Bezeichnung *Globalisierung*, hat weitreichende Folgen für national geprägte Volkswirtschaften und deren Bevölkerung.[53] International ausgerichtete Unternehmen verlagern technisch ausgereifte Massenproduktionen verstärkt in Billiglohnländer (wie z.B. China, Indien oder Vietnam).[54] Unterstützt wird diese Entwicklung besonders durch das hohe Einsatzpotential neuer Informations- und Kommunikationstechnologien. Durch sinkende Transaktionskosten, d.h. geringere Kosten für Geschäftsanbahnung und -abwicklung, wird zum einen der Technologietransfer in unterentwickelte Regionen vereinfacht, zum anderen lassen sich räumlich dezentralisierte Unternehmensbereiche effizienter und schneller koordinieren.[55] Beispielsweise nutzte der Automobilhersteller "Bayerische Motoren Werke AG (BMW)" im Jahre 1995 bereits sieben Fertigungsfabriken in Asien, Südamerika und Südafrika.[56] Bis Ende der 80er Jahre konzentrierte sich die Produktion noch im wesentlichen auf deutsche Standorte. Ihren bisherigen Höhepunkt erreichten die Globalisierungsaktivitäten bei BMW mit der Eröffnung des US-amerikanischen Standorts in Spartanburg (South Carolina). Hier wird erstmals eine Produktgruppe vollständig außerhalb der deutschen Standorte produziert. Administrative Tätigkeiten sowie der Produktion vor- und nachgelagerte Aktivitäten, wie Entwicklung, Einkauf, Qualitätskontrolle oder Marketing, sind jedoch überwiegend noch in Deutschland angesiedelt. Wie das Beispiel von BMW zeigt, ermöglichen leistungsfähige Informations- und Kommunikationstechnologien die Verknüpfung standortübergreifender Aktivitäten eines Unternehmens. Auch Kooperationspartner, Lieferanten oder Kunden können dabei eingebunden werden. Ergebnis dieser Vernet-

---

53 Vgl. zu Folgen der Globalisierung Altvater / Mahnkopf (1996); Steinmüller (1998) S. 171.

54 Auch die Schwellenländer (z.B. die sog. Tigerstaaten Korea, Malaysia, Thailand, Singapur oder Taiwan) werden in vielen Niedriglohnbranchen von neuen Billiglohnländern zunehmend verdrängt. Vgl. o.V. (1997c) S. 61.

55 Vgl. zum Technologietransfer Klodt (1990) S. 67; vgl. zur Koordination von internationalen Unternehmen Szyperski / Klein (1993) S. 187 ff.

56 Vgl. o.V. (1996d) S. 99 und 102.

zung ist eine global ausgerichtete Wertschöpfungskette, wie sie in Abbildung II-6 angedeutet wird.[57]

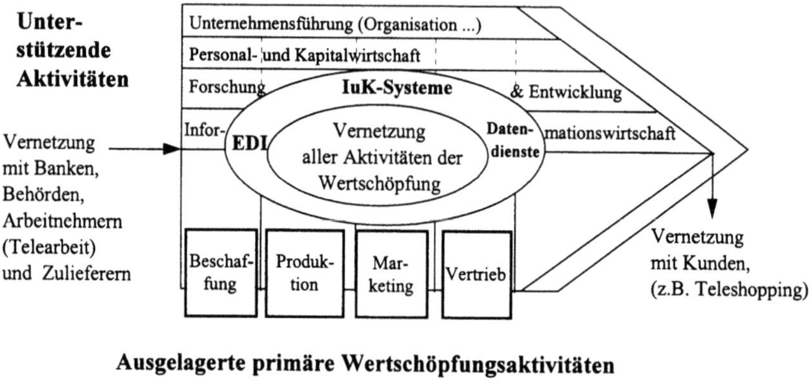

Abbildung II-6 Vernetzte Wertschöpfungskette
Quelle: In Anlehnung an Porter / Millar (1985)

Mit der Verbreitung elektronischer Märkte lassen sich Globalisierungsmaßnahmen in Unternehmen noch leichter und kostengünstiger durchführen. Internet oder kommerzielle Abrufdienste ermöglichen die sofortige Anbahnung oder auch vollständige Abwicklung elektronischer Leistungsbeziehungen zwischen beliebigen Standorten weltweit. Neue Formen der Telearbeit erlauben eine Auslagerung von computergestützten Tätigkeiten im Entwicklungs-, Marketing- und Buchhaltungsbereich.

Durch Globalisierungsaktivitäten in vielen Unternehmen entfallen in den Industrieländern nicht nur Arbeitsplätze, sondern es kommt auch zu einer Reduzierung der Steuereinnahmen, so daß viele Errungenschaften des Sozialstaats nicht mehr zu finanzieren sind. Der Ökonom Thurow geht davon aus, daß in wenigen Jahren der Wohlfahrtsstaat europäischer Prägung nicht mehr bezahlbar ist: „But socialism is dead and the social welfare state has both gone broke and in many countries reached a natural stopping point."[58]

---

[57] Das Konzept der Wertschöpfungskette geht auf Porter zurück. Die Wertschöpfung einer Unternehmung ist der Gesamtwert abzüglich der Vorleistungen (Leistungs- und Querschnittsfunktionen). Vgl. Porter / Millar (1985) S. 151.

[58] Thurow (1996) S. 17.

In vielen hochentwickelten Ländern gab es bereits zu Beginn der 90er Jahre erhebliche Kürzungen bei staatlichen Sozialleistungen.[59] So wurde in den Niederlanden die gesetzliche Krankenversicherung abgeschafft. In den USA wurden Leistungen für Bedürftige erheblich gekürzt, und in Deutschland gab es Einschnitte vor allem im Gesundheitswesen. Die Beispiele zeigen, daß der Staat sich in vielen Volkswirtschaften auf dem Rückzug befindet. Eine Wirtschaftspolitik im Sinne von Keynes mit einer antizyklischen und diskretionären Globalsteuerung verliert damit an Bedeutung. Die gesamtwirtschaftliche Nachfrage läßt sich immer weniger durch nationale Anpassung der Staatsausgaben und Steuern beeinflussen. Der globale Konkurrenzdruck treibt viele Staaten zu einem neoklassisch-monetaristischen Verhalten, das eine weitgehende Trennung von Staat und Wirtschaft verlangt. Staatliche Stabilisierungspolitik beschränkt sich nach dieser Konzeption auf angebotsorientierte Maßnahmen. Eine Nachfragesteuerung wie bei keynesianischer Politik wird abgelehnt.[60] Thurow fordert im Rahmen dieser neoklassisch-monetaristischen Ausrichtung den Abbau von Vorschriften und Steuerbelastungen, verbunden mit einer aktiven Technologiepolitik:

> „Today knowledge and skills now stand alone as the only source of comparative advantage.“[61] „A country's technology policy is its industrial strategy. It determines where that country will play the game.“[62]

Nach Thurow darf Technologiepolitik sich dabei nicht nur auf die Förderung entsprechender Industriezweige beschränken, sondern sie muß vielmehr bei Forschung, Lehre und besonders bei regulativen bzw. institutionellen Hemmnissen (Auflagen, Verordnungen, Gesetze oder Verwaltung) ansetzen.[63] Nur mit diesen Maßnahmen, so argumentieren Thurow und andere Autoren, lassen sich in den Industrieländern auch unter den Bedingungen der Globalisierung weiterhin komparative Kostenvorteile im Sinne von Ricardo erzielen.[64] Am Beispiel des Internet mit seinen Kommunikationsdiensten

---

59 Vgl. o.V. (1996f) S. 137.

60 Vgl. Gruber / Kleber (1992) S. 247 f.. Einige Autoren sehen in der Globalisierung den Sieg des Monetarismus. Es wird von Marktwirtschaft pur, Turbo- oder Manchester-Kapitalismus gesprochen. Vgl. dazu Steinmüller (1998) S. 171.

61 Thurow (1996) S. 68.

62 Thurow (1996) S. 79.

63 Aktive Technologiepolitik ist nicht nur mit einer Förderung des technischen Fortschrittes gleichzusetzen, sondern beinhaltet auch einen intelligenten Umgang mit neuen Technologien im Sinne eines effektiven Wissensmanagements. Vgl. Reinmann-Rothmeier / Mandl (1997) S. 33.

64 Vgl. Thurow (1996) S. 79 ff. und S. 115 ff.; Preusse (1990) S. 96. Ricardo zeigte, daß Arbeitsteilung, Spezialisierung und internationaler Handel für alle beteiligten Länder vorteilhaft sein kann, selbst wenn ein Land bei allen Gütern einen Kostenvorteil hat. Vgl. Gruber / Kleber (1992) S. 24.

wird deutlich, wie staatliche Technologiepolitik neue zukunftsträchtige Märkte entstehen läßt. Ca. 30 Jahre lang wurde das Internet bzw. sein Vorläufer, das ARPANET, durch die US-amerikanische Regierung finanziert. Seit Beginn der 90er Jahre entstehen nun laufend neue Unternehmen, die sich auf Internetanwendungen (z.B. Teleshopping, Telebanking) für fast alle Branchen spezialisiert haben.

Obwohl der elektronische Geschäftsverkehr auf der einen Seite die Globalisierung beschleunigt, kann es auf der anderen Seite zu neuen Wettbewerbsvorteilen der hochindustrialisierten Standorte kommen. Das hohe Bildungsniveau der Bevölkerung in den hochindustrialisierten Staaten bietet günstige Voraussetzungen für die Nutzung der Anwendungsmöglichkeiten elektronischer Marktsysteme. Allerdings setzen internationale Wettbewerbsvorteile durch elektronischen Geschäftsverkehr immer eine aktive Beteiligung aller Wirtschaftssubjekte voraus. Vor allem Anbieter, die Technologien für elektronischen Geschäftsverkehr herstellen oder zu Vertriebszwecken einsetzen, sind aufgefordert, über konsumentengerechte Lösungen diese Wettbewerbsvorteile sicherzustellen. Welche Maßnahmen dazu notwendig sind und wie sich elektronischer Geschäftsverkehr aus Sicht der privaten Haushalte darstellt, wird in den nun folgenden Abschnitten untersucht.

3. Resümee

Moderne Kommunikationsmodelle und Theorien zur Informationsgesellschaft tragen zu einem besseren Verständnis von Chancen und Risiken des elektronischen Geschäftsverkehrs bei. Auch vor dem Hintergrund neuer Untersuchungsansätze der Informationsökonomik ist eine Einführung in informationstheoretische Grundlagen unverzichtbar. In diesem Kontext stand ebenfalls die ausführliche Behandlung der makroökonomischen Effekte. Mit ihnen wird nicht nur ein Ausblick auf verschiedene Wachstums- und Beschäftigungsszenarien bezweckt, sondern es soll auch die gesamtwirtschaftliche Relevanz effizienter, konsumentengerechter Systemlösungen für elektronischen Geschäftsverkehr zum Ausdruck kommen.

III. Infrastruktur für elektronischen Geschäftsverkehr

Elektronischer Geschäftsverkehr beruht nicht auf grundsätzlich neuen Elementen, sondern er basiert auf digitalen Technologien und Kommunikationsdiensten sowie deren Anwendungen, die sich durch Kommerzialität, integrative Verwendung verschiedener Medien und durch interaktive Nutzung auszeichnen. Ausgehend von dieser Definition werden im Rahmen der folgenden Ausführungen die wichtigsten Infrastrukturkomponenten, d.h. die Kernelemente elektronischer (Markt-)Systeme, für den Geschäftsverkehr systematisiert und auf ihre Einsetzbarkeit in privaten Haushalten überprüft. Dazu erfolgt zunächst eine Einführung in technologische Komponenten für elektronischen Geschäftsverkehr. Der zweite Teil dieses Kapitels widmet sich dem Entwicklungsstand alternativer Kommunikationsdienste für elektronischen Geschäftsverkehr und deren Abgrenzung zu Einzeldiensten der Telekommunikation. Im Anschluß werden geschäftsorientierte Anwendungsmöglichkeiten für private Haushalte dargestellt und unter Berücksichtigung technologischer Grenzen den Kommunikationsdiensten zugeordnet.

1. Technologien für elektronischen Geschäftsverkehr

Häufig stehen technologische Aspekte bei Veröffentlichungen über elektronischen Geschäftsverkehr im Vordergrund. Ursache ist die zunehmende Vielfalt an neuen technischen Entwicklungen in diesem Bereich. Obwohl im Rahmen dieser Arbeit der Schwerpunkt auf ökonomischen Fragestellungen liegt, kann auf eine Darstellung wichtiger technologischer Faktoren beim Einsatz des elektronischen Geschäftsverkehrs nicht verzichtet werden. Wie die Systemsicht in Abbildung III-1 verdeutlicht, sind Technologien das Fundament für Kommunikationsdienste und deren Anwendungen. Sie stehen ferner in enger Beziehung zu einwirkenden ökonomischen, sozialen (psychischen) und rechtlichen Faktoren.

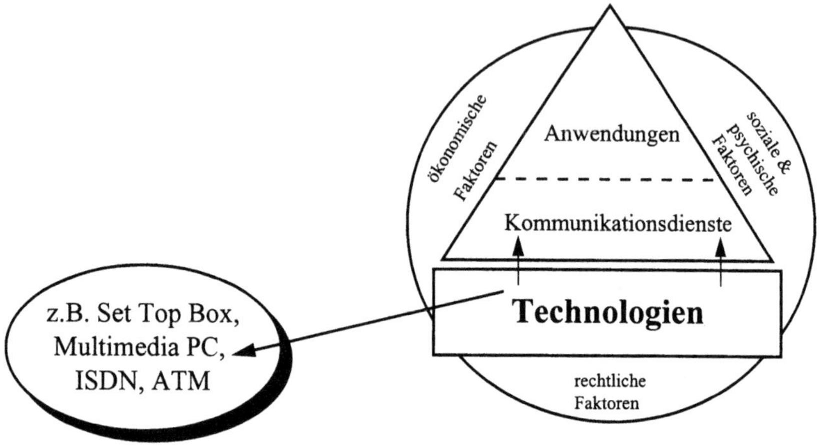

Abbildung III-1 Technologien für elektronischen Geschäftsverkehr[1]

Technologien für elektronischen Geschäftsverkehr (verkürzt: E-Markttechnologien) lassen sich unterscheiden in:

- Komponenten der elektronischen Datenverarbeitung, d.h. Informationstechnologien[2]
- Komponenten der Datenübertragung, d.h. Kommunikationstechnologien

Von zentraler Bedeutung für beide Technologiezweige ist die Mikroelektronik, die sich durch eine ständig fortschreitende Miniaturisierung in der Transistortechnik auszeichnet. Sog. *integrierte Schaltungen* umfassen heute bis zu 256 Millionen Transistorfunktionen, die in einem Siliziumgehäuse von 50 bis 300 mm² Fläche untergebracht sind.[3]

Für den Anwender kommt diese Miniaturisierung u.a. in einer Erhöhung der Rechengeschwindigkeit, Verbesserung der Zuverlässigkeit und einer deutlichen Preissenkung einzelner Komponenten zum Ausdruck. Zum Beispiel verringerte sich der Preis pro Byte eines RAM-Arbeitsspeichers bis 1989 auf 1‰ des Preises von 1971. Auf eine

---

1 Die Darstellung basiert auf Abbildung I-2, jedoch jetzt mit der Fokussierung auf "Technologien".

2 Elektronische Datenverarbeitung findet nicht nur bei klassischen Bürocomputern, sondern auch bei Endgeräten der Telekommunikation (z.B. Mobiltelefon oder Modem) statt.

3 Vgl. Hansen (1996) S. 30 f.; Fournier (1994) S. 46. Integrierte Schaltungen werden auch *IC* (integrated circuit) oder *Chip* genannt. Eine Integrationsdichte von 256 Millionen Schaltungen entspricht 256 Mbit bzw. 32 Mbyte.

ähnliche Preisreduktion kommt man bei dem Vergleich der Kosten pro Rechenoperation für Datenverarbeitungs- und Datenübertragungsanlagen.[4]

1.1. Informationstechnologien

Die Informationstechnologie bzw. elektronische Datenverarbeitung umfaßt alle Technologien, die zur Eingabe, Verarbeitung, Speicherung und Ausgabe von Informationen in Form von Sprache, Daten oder Bildern dienen. Die meisten heute gebräuchlichen Datenverarbeitungsanlagen verwenden die klassische "von-Neumann-Architektur".[5] Rechner mit einer solchen Architektur bestehen aus den Komponenten Zentraleinheit, Datenbusse und Peripherie. Zugehörige Subkomponenten mit alternativen Ausprägungen für Eingabe-, Ausgabe- und Speichermedien sind in Abbildung III-2 dargestellt.

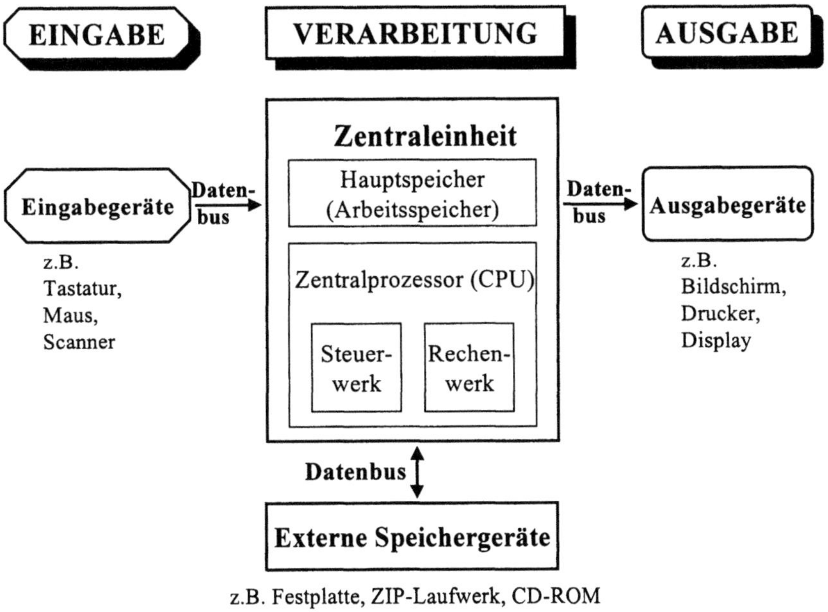

Abbildung III-2 Komponenten einer Datenverarbeitungsanlage
Quelle: In Anlehnung an Stahlknecht (1995) S. 16

---

[4] Vgl. Tesler (1995) S. 37. RAM (Random Access Memory) sind elektronische Speicher mit wahlfreiem Zugriff. Bei Ausfall geht die gespeicherte Information verloren.

[5] Die Architektur, entwickelt von einem ungarisch-österreichischen Mathematiker namens "von Neumann", ist Grundlage für fast alle Geräte (einschließlich dem PC), die elektronische Daten verarbeiten.

Eingegebene Daten werden zuerst im Steuerwerk verarbeitet, in dem die einzelnen Befehle entschlüsselt (Funktionsentschlüsselung) und in Form von Operationscodes an das Rechenwerk weitergegeben werden (Operationssteuerung). Dort werden dann die arithmetischen und logischen Operationen ausgeführt (z. B. Multiplikation und Addition). Verbunden sind alle Komponenten durch Datenbusse bzw. Kanäle, die wiederum durch selbständige Mikroprozessoren gesteuert werden.[6] Der Zentralprozessor (Rechen- und Steuerwerk) greift direkt auf den Hauptspeicher zu. Dieser speichert alle relevanten Daten, die zur gewünschten Nutzung der Datenverarbeitungsanlage notwendig sind.[7]

Bei den Programmen, der sog. Software einer Datenverarbeitungsanlage, kann zwischen System- und Anwendersoftware unterschieden werden. Die Systemsoftware definiert das eigentliche Betriebssystem und legt gemeinsam mit den Hardwareeigenschaften die Spanne aller möglichen Betriebsarten und Nutzungsformen fest. Aufgabe des Betriebssystems ist die Verwaltung, Koordination und Überwachung der Prozessoren (CPU), Speicher (Haupt- und Festspeicher) und der peripheren Geräte. Dazu stellt es auch Übersetzungs- und Dienstprogramme zur Verfügung, die häufig wiederkehrende Standardleistungen ermöglichen, wie z.B.:

- Datentransfer auf externe Datenträger
- Dateiverwaltung: Kopier-, Misch- und Sortiervorgänge
- Entwicklung von Anwendungsprogrammen

Viele Betriebssysteme gelten als proprietär, d.h. sie sind nur auf herstellerspezifischer Hardware ablauffähig.[8] Ausnahmen stellen die Betriebssysteme für Mikrocomputer und die Systemsoftware UNIX dar. Geschrieben in der höheren Programmiersprache C wurde UNIX aufgrund seiner Schichtenstruktur zum ersten offenen Betriebssystem, das sich durch weitgehende Hardwareunabhängigkeit in allen Geräteklassen auszeich-

---

6 Der Prozessor wird je nach Technologie auch als "Eingabe-/Ausgabe-Prozessor" (E/A-Prozessor) bzw. Kanal(subsystem)-Prozessor oder als Eingabe-/Ausgabe-Bus (E/A-Bus) bezeichnet. Vgl. Stahlknecht (1995) S. 28 f.

7 Die Größe des Hauptspeichers trägt wesentlich zur Leistungsfähigkeit der gesamten Rechenanlage bei. Sie variiert von 1 Mbyte bei Mikrocomputern bis zu mehreren 100 Mbyte bei großen Systemen (z.B. Workstation).

8 Vgl. Hansen (1996) S. 887.

net.[9] Eine weitere plattformunabhängige Systemsoftware bahnt sich mit der objektorientierten Programmiersprache JAVA an. Sie ermöglicht einen Einsatz über verteilte Rechennetze hinweg und findet gegenwärtig Anwendung als Internet-Software sowie als Bestandteil herkömmlicher Betriebssysteme für Bürocomputer, Mobiltelefone oder Modems.[10] Als Systemsoftware fungiert JAVA bei den sog. "Internet-Terminals".

Anwendungsprogramme sind im Gegensatz zu Betriebssystemen für spezifische Probleme der Benutzer definiert. Hier haben sich zunehmend integrierte Anwendungssysteme durchgesetzt, die mehrere Gebiete abdecken und sich durch eine einheitliche Benutzeroberfläche auszeichnen.[11] Die Verfügbarkeit solcher Standardsoftware hat maßgeblich zur Verbreitung der elektronischen Datenverarbeitung in den privaten Haushalten beigetragen. Durch die laufende Integration neuer Anwendungen werden sie jedoch stellenweise unübersichtlich, so daß die Benutzerfreundlichkeit darunter leidet.

1.2. Kommunikationstechnologien

Kommunikationstechnologien umfassen die Gesamtheit aller technischen Einrichtungen, die zum Austausch von Informationen dienen. Hinsichtlich der Form des Informationsaustausches unterscheidet man zwischen analoger Sprach-, Text- und Bildübertragung (Rundfunk und Fernsehen) einerseits und digitaler bzw. elektronischer Datenübertragung anderseits. Für den elektronischen Geschäftsverkehrs mittels vernetzter Kommunikationsdienste sind digitalisierte Übertragungsnetze eine notwendige Voraussetzung. Der Schwerpunkt dieses Abschnittes liegt deshalb auch auf der digitalen Datenübertragung. Sie beinhaltet im wesentlichen folgende Komponenten:

- Datenstationen
- Transport- und Übertragungsmedien
- Datenübertragungsverfahren und darauf aufbauende Kommunikationsnetze

9 Es lassen sich Großanlagen (sog. Mainframes), Minicomputer (sog. Workstations) und Mikrocomputer unterscheiden. Betriebssysteme für Workstations sind z.B. UNIX, OS/400 sowie für Mikrocomputer (sog. PCs) die Windows Familie, OS/2 und Macintosh OS.

10 JAVA ist Basis für die interaktive Gestaltung von WWW-Seiten im Internet, indem JAVA-Programme (sog. Applets) integriert werden. Vgl. Sun Microsystems GmbH (1996); Hansen (1997) S. 892 f.

11 Integrierte Anwendungssysteme enthalten z.B. Tabellenkalkulation, Grafik- und Textverarbeitung sowie Datenbanken.

1.2.1. Aufbau von Datenstationen

Datenstationen bestehen aus einer Datenendeinrichtung und einer Übertragungseinrichtung, die sich beide wiederum aus Unterkomponenten zusammensetzen (siehe Abbildung III-3).[12] Während die Übertragungseinrichtung mit Signalumsetzer und Anschalteinheit die Übertragungsverfahren festlegt, bildet die Endeinrichtung mit dem Endgerät die eigentliche Schnittstelle zum Benutzer.

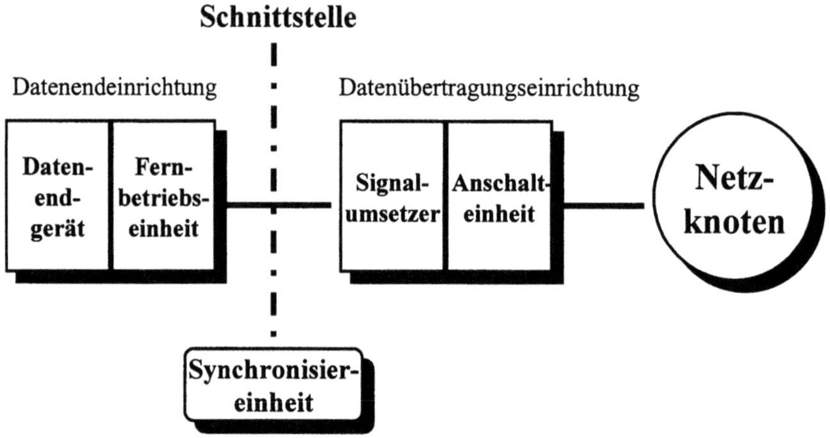

Abbildung III-3 Bestandteile von Datenstationen

Im Bereich der privaten Haushalte kommen bisher überwiegend Einzeldienstgeräte (z.B. Radio, Telefonapparat oder Telefaxgerät) zur Anwendung. Für elektronischen Geschäftsverkehr sollten hingegen sog. Mehrdienstgeräte eingesetzt werden, die die parallele Nutzung von Fernsprechen, Bild- und Textübertragung ermöglichen. Solche Mehrdienstgeräte, die auf der Architektur von elektronischen Datenverarbeitungsanlagen beruhen, sind z.B. Mikrocomputer mit Netzanschluß, Set-Top-Box gekoppelt mit Fernsehgerät oder Java-basierte Frontends (Internet-Terminals).[13]

---

12 Vgl. Stahlknecht (1995) S. 112.
13 Vgl. o.V. (1996b) S. 54.

1.2.2. Transport- und Übertragungsmedien

Transport- und Übertragungsmedien sind Verbindungen zwischen zwei oder mehreren Datenstationen, auf denen elektrische oder optische Signale übermittelt werden. Allgemein kann zwischen Leitungs- und Funkverbindungen unterschieden werden. Funkverbindungen über extraterrestrische Satelliten ermöglichen im Gegensatz zum erdgebundenen Richtfunk die Übertragung großer Datenmengen. Allerdings kann eine Übertragung mit Rückkanal nur mit großem Aufwand erreicht werden, so daß eine Verwendung dieses Transportmediums zunächst auf Kommunikationsdienste und elektronischen Geschäftsverkehr ohne Rückkanal (z.B. digitales Fernsehen) begrenzt bleibt.[14] Erdgebundene Leitungen sind wegen ihrer Flexibilität und hohen Leistungsfähigkeit das zweckmäßigste Übertragungsmedium für vernetzte Systeme. Nach dem heutigen Stand der Technik kommen folgende Alternativen zur Anwendung:

- Verdrillte mehradrige Kupferkabel
- Koaxialkabel
- Glasfaserkabel

In deutschen Telekommunikationsnetzen finden sich die verdrillten, schmalbandigen Kupferkabel nur noch auf Teilstrecken des ehemals öffentlichen Fernsprechnetzes. Koaxialkabel kommen schwerpunktmäßig im Kabelnetz der *Deutschen Telekom AG* zum Einsatz. Glasfaserkabel, sog. Lichtwellenleiter, werden zunehmend bei allen Hauptverbindungsleitungen verwendet. Sowohl Koaxial- als auch Glasfaserkabel ermöglichen die parallele Übertragung von Daten auf mehreren Kanälen bzw. Teilbändern. Ohne spezielle Verfahren der Datenübertragung eignen sich für interaktive Geschäftsanwendungen jedoch nur Glasfasernetze. Diese Transporttechnologie ermöglicht eine Datenübertragung in Form von Lichtsignalen mit einer Übertragungsgeschwindigkeit bis zu 1,7 Gigabyte pro Sekunde.[15] Zudem zeichnet sie sich durch eine geringere Störanfälligkeit und eine höhere Abhörsicherheit im Vergleich zu Koaxial- oder herkömmlichen Kupferkabeln aus.

---

[14] Die Installation eines Rückkanals erfordert nicht nur die Erweiterung von Empfangsanlagen, sondern auch kostspielige Anpassungen der Satelliten. Vgl. Booz Allen & Hamilton (1997b) S. 107.

[15] 1,7 Gigabyte entsprechen ungefähr der Hälfte der Datenmenge, die in der "Encyclopaedia Britannica" enthalten ist. Vgl. Fournier (1994) S. 49.

1.2.3. Datenübertragungsverfahren und Kommunikationsnetze

Die Synchronisiereinheit und die Übertragungseinrichtungen einer Datenstation, bestehend aus Signalumsetzer und Anschalteinheit, bestimmen die Art des Datenübertragungsverfahrens (siehe Abbildung III-4).[16]

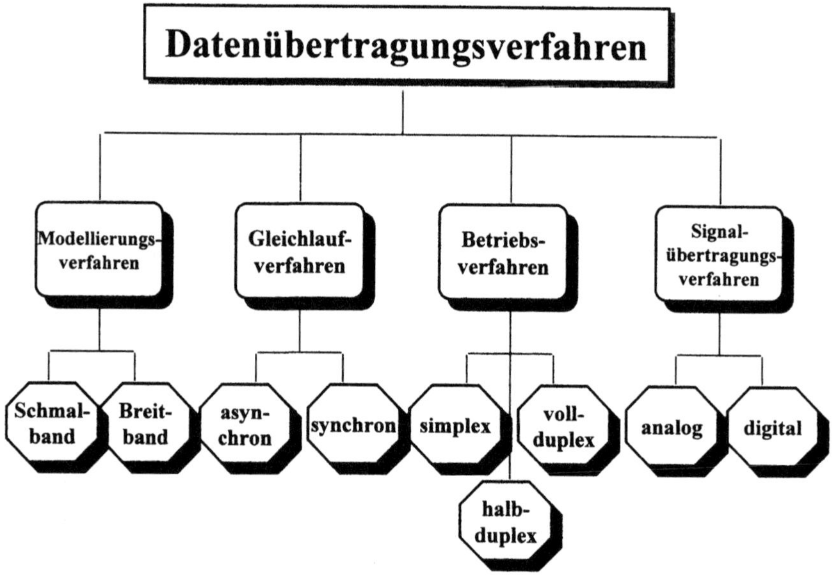

Abbildung III-4 Datenübertragungsverfahren

Eine der leistungsfähigsten Übertragungstechnologien ist das Breitband-ISDN (*Integrated Services Digital Network*) auf Basis der ATM-Technik (*Asynchronous Transfer Mode*). Es zeichnet sich durch breitbandige, asynchrone und digitale Übertragung im Gegenbetrieb (duplex) aus.[17] Diese Technologie, die vor allem in Verbindung mit Glasfasernetzen eingesetzt wird, ermöglicht Übertragungsraten bis zu 155 Megabit in der Sekunde. Durch Kanalbündelung läßt sich die Leistung noch erhöhen. Analoge und schmalbandige Verfahren, die im Telefonnetz teilweise noch verwendet werden, leisten hingegen nur 9,6 Kilobit pro Sekunde.[18] Mit dem Ausbau des dienstintegrierenden

[16] Einfluß auf die Leistungsfähigkeit der Übertragungstechnik hat auch das Transportmedium. Der Leitungstyp ist jedoch nur begrenzt bindend für die Auswahl eines Übertragungsverfahrens.

[17] Vgl. Moritz (1994) S. 102.

[18] Das entspricht 0,0062 % der maximalen Übertragungsrate von Breitband-ISDN.

digitalen Fernmeldenetzes (ISDN) steht jedoch fast flächendeckend für Telefonanschlüsse in Deutschland optional eine Bandbreite von 64 kbit/s bis 384 kbit/s zur Verfügung.[19] Vorteile von ISDN sind höhere Bandbreiten, die weltweite Nutzung aufgrund eines gemeinsamen Standards und die Möglichkeit, bestehende Netzinfrastrukturen weiter nutzen zu können.[20] Nachteile ergeben sich vorwiegend aus den hohen Investitionskosten für die Umstellung der Vermittlungsstellen des jeweiligen Kommunikationsnetzes und der Endgeräte von analoger auf digitale Technik.

Will man die Verfügbarkeit der ISDN-Technologie näher untersuchen, so ist zwischen öffentlichen und privat genutzten (Inhouse-)Netzen zu differenzieren. Öffentliche Kommunikationsnetze, die sich durch ihre allgemeine Zugänglichkeit auszeichnen, beinhalten verschiedenste Netze für Rundfunk, Individualkommunikation oder für elektronischen Geschäftsverkehr. Die Zahl dieser Netze nimmt in Deutschland stetig zu (siehe Abbildung III-5). Aufgrund technischer Standardisierung und genereller Globalisierungseffekte werden sie vielfach über nationale Grenzen hinweg verknüpft. Beispiele dafür sind das Internet, Euro-ISDN und Satellitennetze.

NETZE	Anwendungsschwerpunkte
Analoges Telefonnetz	Fernsprechen, Telefax, Telebrief, Teletext, Telex
Digitales Telefonnetz (IDN, ISDN)	*(wie analoges Netz),* Bildfernsprechen, elektronischer Geschäftsverkehr
Mobilfunknetze (C, D1, D2, E-Plus, E2)	Funkfernsprechen mit Zusatzdiensten
Hochgeschwindigkeitsnetze (Breitband-ISDN)	Videokonferenz, Datentransfer, elektronischer Geschäftsverkehr
Internet	Datentransfer, elektronischer Geschäftsverkehr
Datexnetze	Datex-P/-L/-M
Kabelnetz	TV, Hörfunk, elektronischer Geschäftsverkehr
Terrestr. Rundfunknetze	TV, Hörfunk
Satellitennetze	Keine Schwerpunkte

Abbildung III-5 Öffentliche Kommunikationsnetze

19 Vgl. Picot / Reichwald (1991) S. 376.
20 Vgl. Lautz (1995) S. 59.

Die in Zukunft zu erwartende Koppelung verschiedener Netze, einschließlich der Rundfunknetze, zu einem ISDN-Netz auf Breitbandbasis, wird auch zu einer Konvergenz vieler Kommunikationsdienste führen.[21] Unterschiede der Datenübertragungsverfahren verlieren damit zunehmend an Bedeutung. Hingegen werden sich die Anwendungsmöglichkeiten (z.B. für elektronischen Geschäftsverkehr) vervielfältigen.

Der Integrationstendenz bei den öffentlichen Netzen entspricht im Bereich der Inhouse-Netze der Trend zu den sog. Local Area Networks (LAN).[22] Dabei handelt es sich meistens um Rechnernetze mit hoher Datenübertragungsgeschwindigkeit für einen begrenzten Bereich. Zur Anwendung kommen LAN bisher überwiegend in größeren Organisationen, wo sie zur Büroautomatisierung, Produktionsplanung (oder -steuerung) und Vertriebsunterstützung eingesetzt werden. Langsam finden lokale Netze auch Verbreitung in privaten Haushalten, wo sie zur Steuerung von Haushaltsgeräten dienen.[23] Anders als bei öffentlichen Netzen verwenden alle Datenstationen in einem lokalen Netz nur ein Übertragungsmedium, auf das parallel zugegriffen wird. Für die Abstimmung eines solchen Vielfachzugriffs stehen spezifische Zugangsmethoden zur Verfügung. Sie sind abhängig von der Struktur, d.h. von der Topologie des Netzwerkes.[24]

Zunehmend werden lokale Netze untereinander und mit öffentlichen Netzen zu *Wide Area Networks* (WAN) gekoppelt.[25] Beschleunigt werden diese Verknüpfungen durch intensive Standardisierungsbemühungen bei der Normung von Schnittstellen zwischen Datenstationen bzw. Datennetzen.[26]

---

21 Kommunikationsnetze sind das Resultat spezifischer Übertragungsverfahren und -medien. Kommunikationsdienste dagegen sind Leistungen, die auf Basis eines Netzes angeboten werden. Während der reine Netzbetrieb häufig in der Hand eines Anbieters liegt, werden darauf aufbauende Dienste von mehreren Anbietern getragen. Vgl. Picot / Reichwald (1991) S. 376.

22 Vgl. Wagner (1987) S. 234. LAN weisen hohe Übertragungsraten zwischen 10 Mbit/s bis 100 Mbit/s auf, bei sehr geringer Fehlerrate.

23 Vgl. Meyer / Schulze (1996) S. 35 ff.

24 Vgl. Stahlknecht (1995) S. 143 und 149.

25 Die Kopplung von unterschiedlichen Netzen erfolgt durch Kopplungseinheiten (z.B. Router, Bridge), die verschiedene Protokolle synchronisieren.

26 Wichtige Normungsgremien sind ANSI (*American National Standards Institute*), DIN (*Deutsche Industrie Norm*), CCITT (*Comité Consultatif International Télégraphique et Téléphonique*), zuständig für den Bereich internationaler Fernmeldedienste, und ISO (*International Standards Organisation*), zuständig für Normen im Bereich der Datenverarbeitung. Vgl. Stahlknecht (1995) S. 119 und 150.

1.3. Ausstattung privater Haushalte mit Informations- und Kommunikationstechnologien

Die Verfügbarkeit leistungsfähiger Informationstechnologien und globaler Kommunikationsinfrastrukturen wird besonders im zwischenbetrieblichen Bereich zur elektronischen Unterstützung von Leistungsbeziehungen genutzt. Zum einen besitzen Unternehmen gezielt aufgebautes Know-how bei der Auswahl geeigneter Technologien, zum anderen wird die für elektronischen Geschäftsverkehr erforderliche Übertragungsbandbreite durch bereits existierende Netze abgedeckt.[27] Die Ausstattung der privaten Haushalte mit Technologien für elektronischen Geschäftsverkehr und die damit verbundenen Möglichkeiten sind im Vergleich zum zwischenbetrieblichen Einsatz weit weniger entwickelt.

1.3.1. Alternative Endgeräte

Während sich im Offline-Bereich der Personal Computer mit ausreichender Kapazität zur multimedialen Wiedergabe von Informationen etablierte, ist bei den vernetzten Kommunikationsdiensten für elektronischen Geschäftsverkehr immer noch offen, welche Datenendgeräte sich bei den privaten Haushalten durchsetzen werden.[28] Trotz Standardisierungs- und Integrationsbemühungen ist gegenwärtig der Markt für Endgeräte noch sehr heterogen. Bei genauerer Betrachtung lassen sich Endgeräte für elektronischen Geschäftsverkehr jedoch drei grundlegenden Plattformen zuordnen:

1. TV-Gerät mit Zusatzgerät (Set-Top-Box)[29]
2. Personal Computer (PC) mit TV-Adapter
3. Internet-Terminal (z.B. JAVA-basiertes Frontend)

Die drei Plattformen besitzen folgende technische Funktionen:

- Empfang und Verarbeitung digitaler Daten
- Steuerung von Programmen zum Abruf und zum Versenden von Daten
- Datenkompression

---

27 Die Hauptverbindungsstrecken der deutschen Telekommunikationsinfrastruktur verfügen alle über ISDN-Technik, teilweise sogar auf Breitband- bzw. Glasfaserbasis.

28 Vgl. Booz Allen & Hamilton (1997b) S. 124.

29 In deutschen Haushalten wird die Set-Top-Box (z.B. d-Box) primär für den digitalen Fernsehempfang eingesetzt. Technisch gleicht die Set-Top-Box einer Datenverarbeitungsanlage und besteht damit aus Zentralprozessor, Peripherie (Modem, Decoder) und einem Betriebssystem.

Für Anwendungen auf vernetzten Kommunikationsdiensten, wie z.B. Video on Demand, sind leistungsfähige Techniken der Datenkompression von ganz besonderer Bedeutung. Sie ermöglichen zusammen mit hohen Bandbreiten (Breitband-ISDN) eine Übertragung großer Datenvolumina in angemessener Zeit. Die wichtigsten Normen neuer Datenkompressionstechniken sind in Abbildung III-6 zusammengefaßt. Ohne Verwendung eines dieser Standards zur Datenreduktion ist eine Bewegtbildübertragung im Rahmen des elektronischen Geschäftsverkehrs nicht durchführbar:

> „Eine Minute digitalisiertes Video in VHS-Qualität benötigt eine Speicherkapazität von ca. 6.000 Mbit. Dies entspricht einer Datenmenge von etwa 4 Millionen beschriebenen DIN A4-Seiten. Um diese Datenmenge mit einer heute im Telefonnetz üblichen Datenübertragungsgeschwindigkeit (9,6 Kbit/s) abzurufen, würde man etwa 174 Stunden benötigen."[30]

Norm	**Beschreibung**	***Urheber***
JPEG (Joint Photographic Expert Group)	• Standard für hochauflösende Grafiken unterschiedlicher Qualitätsstufen	*ITU-TSS und ISO*
MPEG (Moving Picture Expert Group)	• MPEG-1, Standard für Audio- und Videodaten bis zu 0,2 Mbit/s bzw. 1,2 Mbit/s • MPEG-2; Standard für qualitativ hochwertige Videodaten zwischen 3 und 10 Mbit/s • MPEG-4, Standard für Audio- und Videodaten bis zu 1,5 Mbit/s	*ISO und IEC*
H.320	• Gruppe von Standards für Bildtelefon und Videokonferenz über ISDN und Internet	*ITU-TSS*
DVI (Digital Video Interactive)	• Standard für alle audiovisuellen Daten	*Intel*
IVI (Indeo Video Interactive)	• Software-Codierungsstandard für Multimedia-Videosequenzen	*Intel*

Abbildung III-6 Normen für die Datenkompression

Quelle: Booz Allen & Hamilton (1997b) S. 113

Kennzeichnend für Datenkompressionstechniken ist, daß nur die Veränderung eines Bildes zum vorherigen Bild übertragen wird. Auf diese Weise kann das zu übertragende Datenvolumen für Videobilder auf bis zu 1 % des ursprünglichen Volumens redu-

[30] Booz Allen & Hamilton (1995) S. 71.

ziert werden.[31] Insbesondere die Norm MPEG-2, entstanden aus der Zusammenarbeit führender Anbieter der TIME-Industrie, hat zum Durchbruch vernetzter Kommunikationsdienste für elektronischen Geschäftsverkehr (z.B. *digitales Fernsehen)* geführt.[32]

Datenkompression nach dem MPEG-2 Verfahren erfordert eine hohe Rechenleistung. Die daraus entstehenden Anforderungen an Endgeräte legen nahe, daß langfristig auch bei privaten Haushalten der PC mit TV-Adapter zum Standard wird.[33] Für den PC spricht auch die Entwicklung von Kommunikationsdiensten mit maschineller Interaktivität. Sie setzen ein individuell ausgerichtetes Kommunikationsendgerät voraus.[34] Entsprechend wird die Verbreitung von Set-Top-Boxen eher pessimistisch eingeschätzt. Eine Markterhebung von *Forrester Research* kommt zu dem Ergebnis, daß 1996 bereits 38 % der Haushalte in den USA einen oder mehrere PC besaßen.[35] Für das Jahr 2000 wird geschätzt, daß knapp die Hälfte (48 %) aller US-amerikanischen Haushalte über einen netzwerkfähigen PC verfügen wird.[36] Dieser Trend ist auch in Deutschland zu erwarten, wo 1997 in privaten Haushalten etwa acht Millionen PC vorhanden waren.[37] Offen bleibt allerdings, ob und in welchem Umfang das Internet-Terminal in privaten Haushalten zum Einsatz kommen wird.[38]

1.3.2. Verfügbarkeit von Datenübertragungs- und Netztechnologien

Neben den Datenkompressionstechniken ist für die Verbreitung vernetzter E-Marktdienste auch die Verfügbarkeit von Kommunikationstechnologien bedeutsam. Im Vordergrund steht dabei die Ausstattung der privaten Haushalte mit Datenübertragungseinrichtungen (z. B. Modem, ISDN-Box) und der Ausbau digitalisierter Kommunikationsnetze.[39]

---

31 Vgl. unveröffentlichte Schrift, Geuen (1995) S. 6.

32 MPEG steht für *Moving Picture Expert Group.*

33 Vgl. Berke / Fuchs (1994) S. 136; vgl. auch Booz Allen & Hamilton (1997b) S. 125.

34 Vgl. Tetzner (1997) S. 12.

35 Vgl. Green u.a. (1996) S. 4. Davon besitzen 24 % der PC-Haushalte eine multimediale Zusatzausstattung wie hochauflösenden Farbmonitor, CD-ROM-Laufwerk und Sound-Karte.

36 Vgl. Green u.a. (1996) Abb. 8; vgl. auch unveröffentlichte Schrift, Pfeiffer (1996) S. 5.

37 Vgl. Fachverband Informationstechnik im VDMA und ZVEI (1998a) S. 10.

38 Vgl. Hielle (1996) S. 10.

39 Die Netztechnologie ist wiederum determiniert durch die Datenübertragungsverfahren, vgl. Abbildung III-4.

Nach einer Studie der *IRES Gesellschaft für Unternehmens-, Marketing- und Kommunikationsforschung* stand im Jahr 1995 nur 10 % der PC-Nutzer in Deutschland ein Modem, Faxmodul oder eine ISDN-Box zur Datenübertragung zur Verfügung.[40] Mit der annähernd flächendeckenden Verfügbarkeit digitaler Vermittlungsstellen, verbunden mit einem ISDN-Förderprogramm der *Deutschen Telekom AG*, steigerte sich jedoch deutlich die Bereitschaft zur Vernetzung der PCs im Heimbereich. Auch nach Ablauf des Förderprogramms zum 1. Juli 1996 setzte sich dieser Trend durch deutliche Tarifsenkung für ISDN-Basisanschlüsse fort:[41] „Vor allem private Anwender und kleinere Firmen, die noch keinen ISDN-Zugang hatten, steigen verstärkt um."[42] Neben der höheren Übertragungsrate bietet ISDN für den privaten Haushalt eine Reihe zusätzlicher Vorteile im Vergleich zum analogen Fernsprechnetz. So können pro Basisanschluß zwei Leitungen parallel, z. B. für Telefon und Fax, genutzt werden. Ferner können neue Anrufe während eines laufenden Gespräches auf Warteschleife gehalten oder weitergeschaltet werden.

Ein weiteres gut ausgebautes Kommunikationsnetz für private Haushalte ist das Kabelnetz. Mit 16,7 Millionen angeschlossenen Haushalten (45 % aller Haushalte) war die *Deutsche Telekom AG* bereits 1996 weltweit größter Kabelnetzbetreiber.[43] Insgesamt gab es zum Jahresende 1996 in Deutschland für 24,9 Millionen Haushalte die Möglichkeit einer Kabelnetzanbindung, so daß weitere acht Millionen die Option auf einen Anschluß besaßen, ohne davon Gebrauch zu machen.[44]

Trotz der Digitalisierung öffentlicher Kommunikationsnetze ist die Nutzung von E-Marktdiensten durch private Haushalte bisher nur eingeschränkt möglich. Die Leitungen zu privaten Haushalten verfügen in der Regel über unzureichende Bandbreiten, und die Datenübertragung in umgekehrte Richtung über einen Rückkanal ist technisch

---

40 Vgl. IRES (1995b) S. 20. Ein Modem wandelt analoge Signale in digitale Daten um und umgekehrt.

41 Bis Ende 1998 kletterte die Zahl der ISDN-Anschlüsse in Deutschland auf 4,3 Millionen. Vgl. Fachverband Informationstechnik im VDMA und ZVEI (1999). Die ISDN-Förderung beinhaltete einen einmaligen Zuschuß von 700.- DM für den Kauf einer Telekommunikationsanlage (Mehrgeräteanschluß) und von 300.- DM für ein ISDN-Endgerät (Telefon, Faxgerät oder PC-Karte). Vgl. o.V. (1996g) S. 10.

42 Deutsche Telekom AG (1997) S. 6.

43 Vgl. Bundesministerium für Wirtschaft (1997) S. 47. Basis sind 37,3 Millionen Haushalte in Deutschland, Stand April 1996; vgl. Statistisches Bundesamt (1997) S. 9.

44 Vgl. Bundesministerium für Wirtschaft (1997) S. 47. Ungenutzte Anschlußreserven resultieren aus der Freigabe nicht belegter terrestrischer Frequenzen für das Privatfernsehen sowie aus rückläufigen Einschaltqoten im Fernsehkonsum. Vgl. Opaschowski (1995) S. 9.

nur eingeschränkt realisiert.[45] Eine Lösung für die Zukunft bietet Breitband-ISDN auf Basis von Glasfasernetzen. Ein kommerzieller Einsatz dieser Kommunikationstechnologie lohnt sich jedoch nur in Ballungszentren. Für weniger dicht besiedelte Gebiete bedarf es kostengünstigerer Technologiealternativen. Abbildung III-7 gibt hierzu einen Überblick über das Spektrum möglicher Alternativen.

Aufrüstung	**Netz-Architektur**	**Beschreibung**
Telefonnetz (ISDN)	FTTH (Fibre to the Home)	• Glasfaserleitungen bis zum Endgerät • Technologisch die optimale Lösung • Aufwendige Installation, hohe Kosten
	Hybrid-Struktur	• Kombinierte Glasfaser-, Koaxialleitung • Bevorzugt bei > 50 Haushalten pro km • Bestehende Anschlüsse nutzbar
	ADSL (Asymmetrical Digital Subscriber Line)[46]	• Nutzung von digitalen Filtern für hohe Bandbreiten über Kupfer-Doppeladern • Bandbreite bis zu 4 Mbit/s • Einfache Interimslösung ohne Rückkanal
	ATM (Asynchronous Transfer Mode)	• Standard für die Vermittlung breitbandiger Kommunikation
Kabelnetz	Installation eines Rückkanals ins Kabelnetz	• Bandbreiten bis zu mehreren Mbit/s • Zweiweg-Kommunikation • Kopplung mit Telefonnetz möglich
Satellitennetz	Installation eines Rückkanals in Satellitennetze	• Nutzung des Telefonnetzes als Rückkanal • Bandbreiten durch Kapazität der Telefonleitung vorgegeben

Abbildung III-7 Technologien für die digitale Vernetzung privater Haushalte
Quelle: Booz Allen & Hamilton (1997b) S. 106

Welche Netztechnologie sich bei den privaten Haushalten durchsetzen wird, hängt zum einen von der Marktentwicklung der Endgeräte (PC, Internet-Terminal oder Set-Top-Box), zum anderen von der Investitionsbereitschaft der Netzbetreiber ab. Die

45 Vgl. Bundesministerium für Wirtschaft (1997) S. 47.

46 Die Anschlußkosten für ADSL liegen gegenwärtig noch deutlich über den Kosten von ISDN. Durch Größenvorteile ist jedoch in Zukunft mit erheblichen Kostenreduktionen zu rechnen.

Verfügbarkeit von Netztechnologien ist wiederum eng verknüpft mit dem zukünftigen Nutzungsverhalten der privaten Haushalte. Damit wird an dieser Stelle bereits deutlich, wie wichtig der Einbezug der Anwender bei der Realisierung von technischen Infrastrukturen für elektronischen Geschäftsverkehr ist.

1.3.3. Exkurs: Vernetzte Inhouse-Systeme

Fortschritte in der Kommunikationstechnologie erleichtern dem privaten Haushalt nicht nur den Einsatz des elektronischen Geschäftsverkehrs über öffentliche Telekommunikationsnetzc, sondern sie ermöglichen auch den Aufbau von lokalen Netzen.[47] Werden solche Netze zur elektronischen Kommunikation und Steuerung verschiedener technischer Geräte, wie z.B. von Waschmaschinen, Heizungssystemen, Lichtanlagen, Fernseh- und Hörfunkgeräten, im Haushalt eingesetzt, so spricht man von sog. Inhouse-Systemen. Analog zu elektronischen Marktsystemen bestehen auch Inhouse-Systeme aus den Elementen "Technologien" und "Kommunikationsdienste". Allerdings implizieren sie eine sehr enge Sichtweise von Kommunikationsdiensten, da deren Funktionalität ausschließlich von den technischen Eigenschaften des Inhouse-Rechnernetzes abhängt. Trotz der Sonderstellung von Inhouse-Systemen ist eine kurze Auseinandersetzung mit ihren Anwendungsmöglichkeiten geboten, da sie beachtliche Perspektiven für die zukünftige Haushaltsorganisation erwarten lassen.

Inhouse-Syteme werden in den USA unter dem Label "Smart House" und in Deutschland unter dem Begriff "Intelligentes Zuhause" zusammengefaßt.[48] Prinzipiell gibt es eine Vielzahl von Systemkonzeptionen, die sich hinsichtlich der Technologie und der Anwendungsfelder unterscheiden. Die Kommunikationstechnologie legt fest, welche Komponenten zu Inhouse-Systemen vernetzt werden können.[49] Im Rahmen eines Projektes des Berliner Instituts für Sozialforschung und sozialwissenschaftliche Praxis (BIS) werden für "Smart Home" folgende Anwendungsfelder genannt (siehe Abbildung III-8).[50]

---

47 Vgl. zu lokalen Netzen *Abschnitt III.1.2.3.*

48 Meyer / Schulze (1996) S. 35.

49 Als Übertragungsmedien für lokale Netze in privaten Haushalten bieten sich die bereits existierenden Telefon- und Stromleitungen oder neu verlegte Koaxialkabel an. Koaxialkabel führen zwar zu höheren Installationskosten, jedoch ermöglichen sie eine leistungsfähige Übertragung von Video- und Audiodaten.

50 Vgl. Meyer / Schulze (1996) S. 43 ff.; vgl. auch Busch u.a. (1997) S. 198.

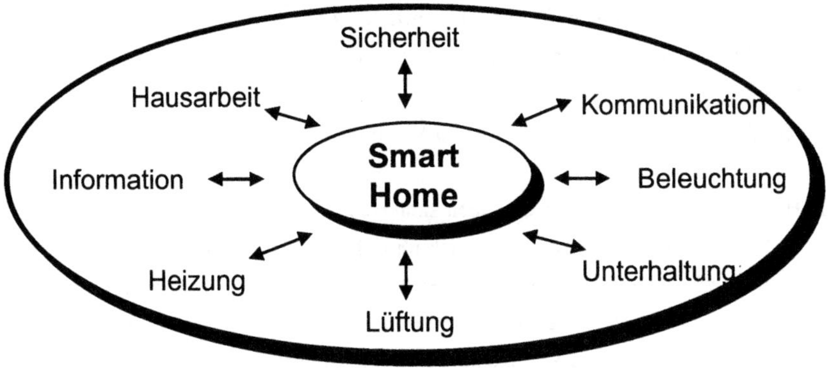

Abbildung III-8 Anwendungsfelder für Inhouse-Systeme im privaten Haushalt
Quelle: Meyer / Schulze (1996) S. 43

Eine kommerzielle Umsetzung der in Abbildung III-8 genannten Anwendungsfelder wurde erstmals realisiert durch den *CEBus* (Consumer Electronic Bus) -Standard.[51] Die Kombination von CEBus mit einer Datenverarbeitungsanlage ermöglicht dabei die zentrale Steuerung aller elektronischen Haushaltsgeräte (z.B. von Rundfunkgeräten oder Licht- und Alarmanlagen). Bereits 1996 wurden in Deutschland testweise einige Haushalte mit CEBus vernetzt. Die Projektbetreiber erwarten sich von dieser Testreihe konkrete Aussagen über zukünftige Einsatzmöglichkeiten von "Smart Home".[52]

Hinsichtlich des Einsatzes vernetzter Systeme innerhalb privater Haushalte fordern Meyer und Schulze, daß die tatsächlichen Bedürfnisse der Haushalte nach technischen Innovationen und die Erfahrungen mit bestehenden Technologien Ausgangspunkt für alle Implementierungsmaßnahmen sein müssen.[53] Dazu bedarf es im Vorfeld einer genauen Analyse des Haushaltstypes. Generell halten Meyer und Schulze vier Haushaltstypen für den Einsatz von Inhouse-Systemen für besonders relevant.[54]

---

51 Vgl. unveröffentlichte Schrift, Pfeiffer (1996) S. 17.

52 Vgl. unveröffentlichte Schrift, Pfeiffer (1996) S. 18. Projektbetreiber von CEBus sind die Unternehmen Compaq Computer und Intellon Corperation. Weitere Projekte mit eigenen Standards werden von der Firma Siemens AG mit dem Standard *Home Electronic System (HES)* und dem Frauenhofer Institut im Rahmen von *Inhaus NRW* durchgeführt.

53 Vgl. Meyer / Schulze (1996) S. 53.

54 Vgl. Meyer / Schulze (1996) S. 55 f.

- Haushalte, in denen beide Partner erwerbstätig sind
- Familienhaushalte mit Kindern im mittleren Alter
- Single-Haushalte mit hoher Mobilität
- Haushalte mit älteren oder behinderten Mitgliedern

In Haushalten aus den genannten Typen kann nach Meyer und Schulze eine angepaßte bzw. "intelligente" Vernetzung von elektronischen Geräten die tägliche Hausarbeit wesentlich erleichtern. Werden Inhouse-Systeme an öffentliche Datennetze und deren Kommunikationsdienste angebunden, so lassen sich weitere Effizienzvorteile realisieren. In den von Meyer und Schulze genannten Haushaltstypen kann dann z.B. das Potential des elektronischen Geschäftsverkehrs ausgeschöpft werden.

2. Kommunikationsdienste für elektronischen Geschäftsverkehr

In Anlehnung an die ökonomische Definition für "Dienste" von Meyer sind unter dem Begriff -"Kommunikationsdienste" alle Koordinationsleistungen zu verstehen, die mit Hilfe von Komponenten der Informations- und Kommunikationstechnologie erbracht werden.[55] Aufbauend auf das technologische Fundament sind leistungsfähige Kommunikationsdienste die Schnittstelle im elektronischen Geschäftsverkehr und definieren das Spektrum aller möglichen Anwendungen (siehe Abbildung III-9).

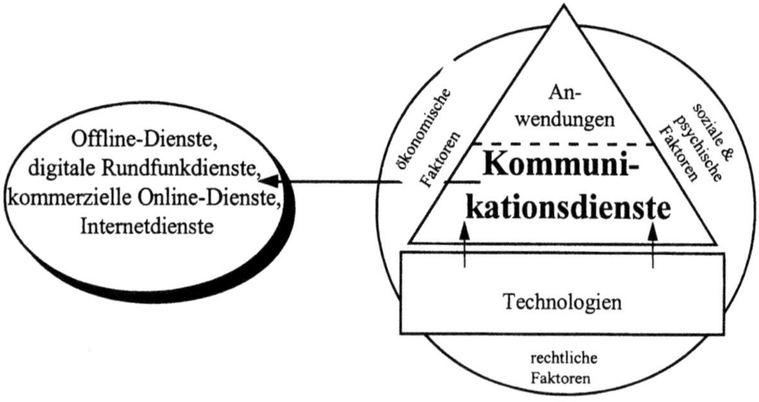

Abbildung III-9 Kommunikationsdienste für elektronischen Geschäftsverkehr

[55] Nach Meyer sind immaterielle Versorgungsleistungen, die durch Apparate erbracht werden, auch als Dienste zu bezeichnen. Sie dienen wie persönlich erbrachter Service zum Ver- oder Gebrauch. Vgl. Meyer (1992) S. 15 - 20.

Im folgenden werden zunächst die Einzeldienste der Telekommunikation dargestellt. Darauf aufbauend erfolgt die Charakterisierung von multimedialen Kommunikationsdiensten, die zugleich die zentralen Dienste für elektronischen Geschäftsverkehr im Konsumsektor darstellen. Spezifische Anwendungen für den privaten Haushalt werden erst im Anschluß erläutert. Grund dieser getrennten Darstellung ist eine vielschichtige (n:m)-Beziehungsstruktur zwischen Kommunikationsdiensten und deren Anwendungsmöglichkeiten.

2.1. Einzeldienste der Telekommunikation

Einzeldienste der Telekommunikation verwenden häufig dieselben Infrastrukturkomponenten (z.B. Telefonnetz, ISDN oder Kabelnetz) wie multimediale Kommunikationsdienste. Ferner finden sich bei den Einzeldiensten bereits erste Ansätze für elektronischen Geschäftsverkehr. Entwicklungsverlauf sowie Möglichkeiten und Problemfelder der Einzeldienste können deshalb zur Bewertung von multimedialen Kommunikationsdiensten beitragen. Allerdings dürfen dabei die Unterschiede nicht vernachlässigt werden. So beschränken sich Fernsprech-, Telefax- oder Hörfunkdienste auf wenige Kommunikationsinhalte, basieren manchmal noch auf analoger Übertragungstechnologie und besitzen nur begrenzte Steuerungsinteraktivität.[56] Generell lassen sich bei Einzeldiensten der Telekommunikation abhängig vom Übertragungsverfahren und dem Übertragungsmedium Vermittlungsdienste und Verteildienste unterscheiden (siehe Abbildung III-10).[57]

---

56 Steuerungsaktivität ist ein zentrales Merkmal von E-Marktdiensten. Vgl. Rohrbach (1997) S. 16.

57 Vgl. Witte (1978) S. 167. Aufgrund von Integrationstendenzen wird die Bedeutung der Übertragungstechnik abnehmen.

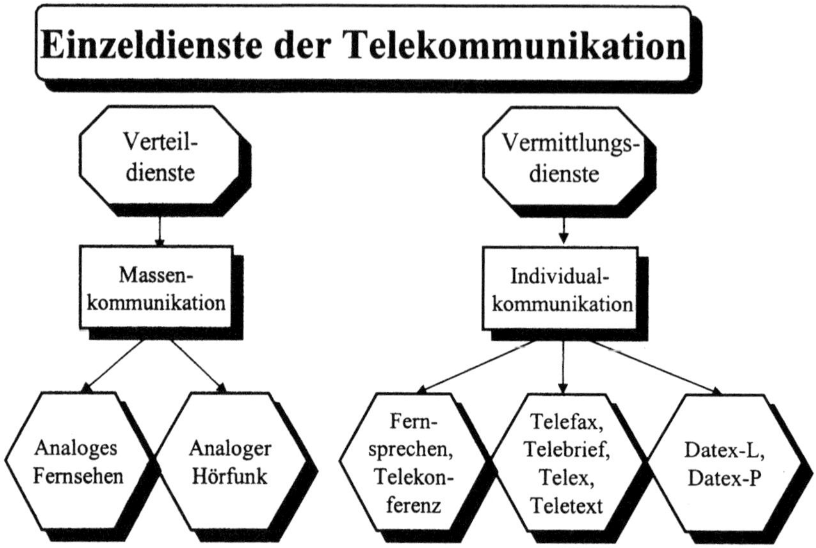

Abbildung III-10 Einzeldienste der Telekommunikation

2.1.1. Vermittlungsdienste für die Individualkommunikation

Vermittlungsdienste basieren auf einem gezielten Verbindungsaufbau zwischen zwei oder mehreren Kommunikationspartnern (Punkt-zu-Punkt-Verbindung) und sind damit der Individualkommunikation zuzurechnen. Abhängig von der Art der übertragenen Information lassen sich folgende Dienstgruppen unterscheiden (siehe auch Abbildung III-10):

- Sprachdienste
- Textdienste
- Datendienste

Für viele Vermittlungsdienste mit analoger Übertragungstechnologie bahnt sich eine Substitution oder Integration durch Dienste mit digitaler Technologie (multimedialer Kommunikationsdienste) an.[58] Besonders deutlich zeigt sich diese Entwicklung bei den

[58] Beispielsweise hat die *Deutsche Telekom AG* Ende 1996 den Betrieb von Datex-L eingestellt. Teletext gilt bereits heute als veraltete Technologie. Vgl. Deutsche Telekom AG (1996) S. 63; Gertz (1995a) S. VI.

Sprachdiensten, wo der digitale Mobilfunk weltweit sowohl den geschäftlichen als auch den privaten Bereich durchdringt. Dieser Trend beruht auf der Digitalisierung der Funknetze, der Liberalisierung des Mobilfunkmarktes und Preissenkungen bei Endgeräten.[59]

Der Gesamtmarkt für Mobilfunk in Deutschland mit vier Anbietern und fünf Systemen umfaßte Ende 1998 ca. 13,5 Millionen mobile Telefonanschlüsse.[60] Es ist davon auszugehen, daß auch in Zukunft der Markt für Mobilfunkgeräte in Deutschland wachsen wird. Diese Zuversicht beruht einerseits auf einem erweiterten Anwendungsbereich (z.B. Koppelung mit PC , Faxgerät oder mit Online-Diensten), andererseits auf der Einführung des europaweit akzeptierten GSM-Standards für digitale Mobilfunknetze.[61] Dieser Standard, der aus den Zwängen konsumentengerechter Lösungen in liberalisierten Märkten hervorging, ermöglicht dem Anwender eine länderübergreifende Nutzung seines Endgerätes.[62] Die Wachstumsprognosen für Mobilfunk sind zwar optimistisch, jedoch fühlen sich viele Kunden, besonders aus dem privaten Bereich, auch von dieser Kommunikationstechnologie überfordert. Unzureichendes Wissen – *verbunden mit einem Informationsüberangebot* – über technische Zusammenhänge, Anwendungsmöglichkeiten und Anschaffungs- bzw. Betriebskosten veranlassen viele Kunden bereits nach kurzer Zeit zur Vertragskündigung.[63]

2.1.2. Verteildienste für die Massenkommunikation

Unter dem Begriff "Verteildienste für die Massenkommunikation" werden Hörfunk und Fernsehen mit analoger Übertragungstechnik subsumiert.[64] Während der analoge Hörfunk auf einer einkanaligen Informationsübermittlung beruht, findet beim analogen Fernsehen eine zweikanalige, visuelle und auditive Übermittlung statt. Aufgrund der Liberalisierung des TV-Marktes und der Einführung von Kabel- bzw. Satellitenfernse-

---

59 Auslöser der Preissenkung ist die Miniaturisierung in der Transistortechnik. Vgl. Hoffmann (1995a) S. IX.

60 Vgl. Fachverband Informationstechnik im VDMA und ZVEI (1999). Im Oktober 1998 startete ein vierter Anbieter (*Viag Interkom*) in Deutschland mit dem E2-Netz.

61 GSM steht für Global System for Mobile Communication.

62 Vgl. Müller u.a. (1997) S. 198 ff.

63 Beispielsweise ist Käufern oft unklar, daß preisgünstige Mobilfunkgeräte über höhere Gebühren für Anschluß und Dienste finanziert werden. Vgl. Hoffmann (1995a) S. IX.

64 Vgl. Witte (1978) S. 168.

hen kam es in Deutschland zu einem nachhaltigen Wandel der Fernsehlandschaft.[65] Neue Kanäle und Programme haben in Deutschland den Anteil der privaten Sender am gesamten TV-Markt deutlich erhöht. Diese Entwicklung hat nicht nur zu einer wachsenden Programmflut geführt, auch die Programminhalte haben sich gravierend geändert. Das breit ausgerichtete Programm der öffentlich-rechtlichen Sender wird daher zunehmend abgelöst durch das sog. Kommerzfernsehen, bestehend aus TV-Serien, Spiel-, Talk- und Werbesendungen.[66] Nach Meinung vieler Kommunikationsexperten verursachen die Privatsender mit diesem Angebot eine deutliche Reduktion des Informationswertes und der Glaubwürdigkeit in der gesamten Rundfunklandschaft in Deutschland.[67] Dieser Qualitätsverlust, betonen die Experten, betrifft besonders Kinder und Jugendliche (5–18 Jahre), bei denen durch erhöhten TV-Konsum oft eine Einschränkung der Kommunikations- und Freizeitgestaltungskompetenz zu beobachten ist. Im einzelnen werden vor allem aus medienpädagogischer Sicht folgende Problembereiche genannt:[68]

- verstärkte Aggressivität und Gewaltbereitschaft
- zunehmende Verbalisierungsprobleme
- erschwerte Identitätsfindung
- Beeinträchtigung der Phantasie und des Spielverhaltens
- Verlust des Realitäts- und Wahrheitsbezuges

Die Kritik am TV-Konsum von Kindern und Jugendlichen impliziert, daß Fernsehen auch als Kulturträger oder als Instrument zur Aufklärung gesehen wird. Medienproduzenten dagegen begründen ihre gegenwärtigen Programmentscheidungen mit betriebswirtschaftlichen Argumenten. An erster Stelle steht ihrer Meinung nach der kommerzielle Versorgungscharakter. Kulturelle Anforderungen seien nur dann zu berücksichtigen, wenn dafür eine Nachfrage seitens der Zuschauer (Kunden) vorhanden ist.

Pro- und Contra-Argumente zur Kontrolle von TV-Programminhalten kommen ebenso bei der Diskussion über Chancen und Risiken multimedialer Kommunikationsdienste zur Anwendung. Solange aber keine Klarheit hinsichtlich der Pflicht staatlicher Ein-

---

65 Vgl. Moser (1995) S. 112. Neben den 16,7 Millionen Kabelanschlüssen verfügen ca. zehn Millionen Haushalte über einen ASTRA-Satellitenempfang.

66 Vgl. Moser (1995) S. 113 f.

67 Vgl. o.V. (1996a) S. 22.

68 Vgl. Moser (1995) S. 27 - 185.

flußnahme auf Verteildienste für die Massenkommunikation besteht, wird es auch für multimediale Kommunikationsdienste keine zufriedenstellenden Regelungen geben. Ein Qualitätsverlust der TV-Programminhalte kann in Zukunft vielleicht durch eine sinkende Nachfrage seitens der Konsumenten gebremst werden. Untersuchungen zum TV-Konsum in deutschen Haushalten zeigen, daß sich eine solche Entwicklung anbahnt.[69] So kommt eine Studie des B.A.T. Freizeitforschungsinstituts zu dem Ergebnis, daß herkömmliches Fernsehen seine Funktion als Leitmedium zunehmend verliert.[70] Ursache hierfür ist nicht nur das Aufkommen neuer, multimedialer Kommunikationsdienste, sondern ein genereller Imageverlust des Fernsehens in allen Bevölkerungsgruppen. Folgende Einzelergebnisse werden in der Studie genannt:

- Zuschauer beschäftigen sich neben dem Fernsehen zunehmend mit anderen Dingen (Hausarbeit, Lesen, Essen)
- alternative Freizeitbeschäftigungen (Sport, Fortbildung) gewinnen an Gewicht
- Werbesendungen lösen oft Fluchtverhalten aus, z.B. Zapping[71]
- Fernsehprogramme werden immer austauschbarer; der Erlebnischarakter des Fernsehens geht verloren

Es bleibt festzuhalten, daß zahlreiche Einzeldienste der Telekommunikation durch multimediale Kommunikationsdienste einem Verdrängungswettbewerb unterliegen. Erkenntnisse hinsichtlich ihrer Verbreitung und Nutzung sind jedoch für die Bewertung multimedialer Kommunikationsdienste von großer Bedeutung.

2.2. Multimediale Kommunikationsdienste

Multimediale Kommunikationsdienste leisten weit mehr als Einzeldienste der Telekommunikation.[72] Als Basisdienste für elektronischen Geschäftsverkehr, d.h. als elektronische Marktdienste bieten sie neben den netznahen Diensten eine Reihe von kom-

---

69 Einen Überblick zu entsprechenden Resultaten der Medienforschung gibt Moser (1995) S. 112 ff.

70 Vgl. Opaschowski (1995) S. 9. Interessant ist dieses Ergebnis vor dem Hintergrund, daß 88 % aller deutschen Haushalte (West- und Ostdeutschland) im Jahr 1994 mit mindestens einem Farbfernsehgerät ausgestattet waren und der Trend zum Zweit- oder Drittgerät sich weiter verstärkte. Vgl. OECD (1997a) S. 89 f.

71 Der Ausdruck "Zapping" stammt aus der US-amerikanischen Umgangssprache und bezeichnet das Um- bzw. Abschalten von Werbesendungen im Fernsehen.

72 Vgl. Hansen (1996) S. 318.

merziellen Dienstleistungen (Anwendungen). Das Spektrum reicht von Datenbank- und Videodiensten bis hin zu Transaktionsdiensten. Multimediale Kommunikationsdienste können "*offline*" über geeignete Peripheriegeräte oder "*online*" über Telekommunikationsnetze angeboten werden (siehe Abbildung III-11). Während Offline-Dienste sich aus den technischen Eigenschaften einer Datenverarbeitungsanlage ergeben, insbesondere ihrer peripheren Komponenten (z.B. mobile Speichermedien) und der installierten Software, basieren Online-Dienste auf Vernetzung und Dienstleistungen, die von Menschen laufend gepflegt und aktualisiert werden.

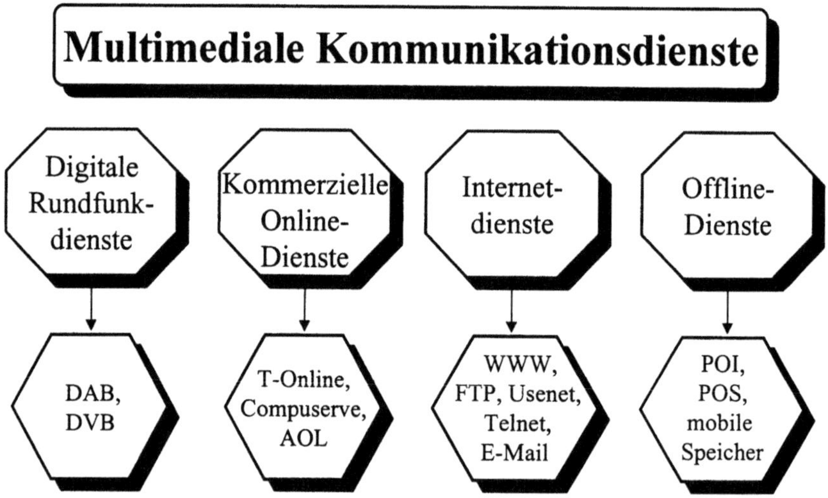

Abbildung III-11 Multimediale Kommunikationsdienste

2.2.1. Offline-Dienste

Offline-Dienste basieren im wesentlichen auf neuen Informationstechnologien, die eine Leistungssteigerung der peripheren Komponenten (z.B. Bildschirm, Laufwerke für Speichermedien, Eingabegeräte) ermöglichen. Die wichtigsten Träger solcher Offline-Dienste sind Point of Sale (POS)-, Point of Information (POI)-Systeme und alle Datenverarbeitungsanlagen, die mobile Speichermedien integrieren. POS-Systeme sind z.B. automatische Fahrkartenschalter oder Warenautomaten, die persönlich erbrachte

Dienste ersetzen.[73] POI-Systeme dienen dagegen nur zur interaktiven Informationsabfrage. Beispiel hierfür ist ein Produktinformationsterminal zur Verkaufsunterstützung im Einzelhandel. Im Gegensatz zu mobilen Speichermedien sind POS- und POI-Systeme für private Haushalte von nachrangiger Bedeutung. Sie kommen nur im Umfeld des Handels zum Einsatz.

Als mobile Speichermedien werden alle lokal zur Verfügung stehenden, inhaltlich und zeitlich fixierten Medienträger bezeichnet. Voraussetzung für ihren Einsatz ist die Distribution durch Leistungsanbieter und die Ausstattung der privaten Haushalte mit Datenverarbeitungsanlagen und geeigneter Peripherie. Für elektronischen Geschäftsverkehr relevante Speichermedien basieren auf der Compact-Disc- (CD) Technologie. Der Leistungsumfang von CD-Speichermedien läßt sich ablesen an verfügbaren Standards und Formaten. Compact-Disc-Technologien werden in computergestützten oder in autonomen Plattformen verwendet.[74] Obwohl heute noch die autonomen Plattformen, angeführt von den Abspielgeräten für Audio-CD, weltweit dominieren, bahnt sich mit neuen Compact-Disc-Standards für interaktive Videoverarbeitung eine zunehmende Verbreitung der computergestützten Geräte an. Abbildung III-12 zeigt die Entwicklung der wichtigsten CD-Standards, die in den "Color-Books" der ISO (International Standards Organisation) festgehalten sind.[75]

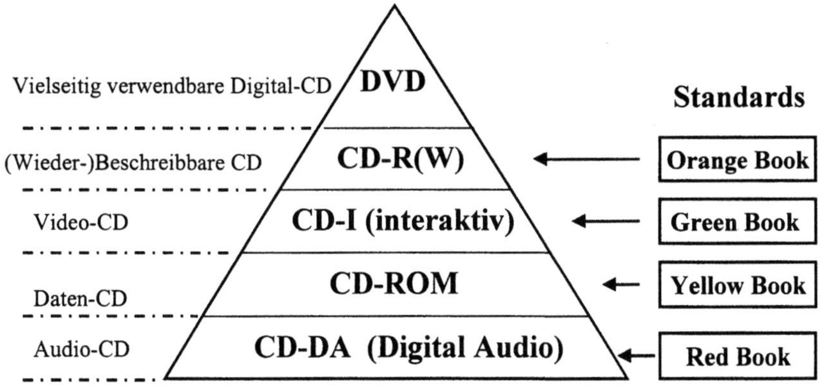

Abbildung III-12 Bedeutende Standards der Compact Disc

[73] POS-Systeme, wie z.B. das Einkaufsterminal von BP (British Petroleum), werden zunehmend vernetzt.

[74] Vgl. unveröffentlichte Schrift, Geuen (1995) S. 1. Auch die autonomen Plattformen gehören zu den Datenverarbeitungsanlagen.

[75] Vgl. Grauer / Merten (1997) S. 101; unveröffentlichte Schrift, Geuen (1995) S. 8.

Der erste Standard, festgeschrieben 1980 im "Red Book", definiert die klassische Audio-CD. Sie hat sich in den 80er Jahren international zum zentralen Medium der Musikbranche entwickelt. Alte Tonträger, wie z.B. die Schallplatte, wurden fast vollständig vom Markt verdrängt. Zunächst war die Audio-CD auf die autonome Abspielplattform "CD-Player" beschränkt.[76] Ihr Einsatzfeld erweiterte sich jedoch auf Abspielgeräte für neue CD-Generationen. Die Einführung des "Yellow Books" führte zu der CD-ROM, die heute wichtigster Träger für elektronischen Geschäftsverkehr im Offline-Betrieb ist. Die Nutzung einer CD-ROM erfordert eine Datenverarbeitungsanlage (z.B. PC), die mit einem CD-ROM-Laufwerk in Verbindung steht. Durch die Verbesserung des Preis-Leistungs-Verhältnisses im PC-Bereich wurden 1996 ca. 70% aller PCs mit einem CD-ROM-Laufwerk ausgeliefert. Ausgehend von einem durchschnittlichen Anschaffungszyklus von 4 Jahren ist davon auszugehen, daß bis zum Jahre 2000 in den meisten Haushalten mit PC-Ausstattung auch ein CD-Laufwerk verfügbar sein wird.[77] Dabei werden verstärkt Laufwerke für CDs mit offenen Standards zum Einsatz kommen. Dadurch besteht die Möglichkeit, daß auch CDs mit komplexen Anwendungen, wie z.B. Bewegtbildanwendungen, gelesen werden können.

Basis einer Nutzung der CD-Technologie für Bewegtbilder sind zum einen Verfahren der Datenkompression, zum anderen neue Herstellungs- und Aufzeichnungstechniken, die eine Vergrößerung des maximalen Datenvolumens auf einer CD bewirken. MPEG-1 als erste weltweite Norm zur Übertragung komprimierter Video- und Audiodaten wurde speziell auf konventionelle CDs mit 650 Megabyte Datenvolumen zugeschnitten.[78] Zu den ersten Vertretern, die die MPEG-1-Norm nutzen, gehört die CD-I. Sie basiert auf dem Standard *Green Book* und erlaubt die Abspeicherung von Bewegtbildern für eine Abspieldauer bis zu 70 Minuten.[79] Wegen der beschränkten Zeitdauer konnte sie sich jedoch als neues Trägermedium, insbesondere für Spielfilme, nicht etablieren.[80] Vielmehr bahnt sich eine vollständige Verdrängung durch ein universell einsetzbares CD-Format an. Die sog. *Digital Versatile Disc (DVD)* ermöglicht eine Datenkompression nach der MPEG-2-Norm, ist beidseitig bespielbar und speichert ein Datenvolumen bis zu neun Gigabyte pro Seite, was 135 Minuten Be-

---

76 Der erste Audio-Compact-Disc-Player kam 1983 auf den Markt.

77 Vgl. Booz-Allen & Hamilton (1997b) S. 120 f.

78 Zur Übertragungsrate von MPEG-1 vgl. Abbildung III-6

79 Vgl. o.V. (1995b) S. 54 ff. Die CD-I wurde zusammen mit dem Abspielgerät von der Firma Philips entwickelt und im September 1992 erstmals angeboten.

80 Vgl. o.V. (1995b) S. 54.

wegtbildlaufzeit entspricht.[81] Damit können mindestens zwei Spielfilme mit mehreren Sprach- und Untertitelkanälen abgespeichert werden. Die DVD zeichnet sich durch eine Integration der älteren CD-Standards aus, so daß zusätzliche Formate wie DVD-Video, DVD-Audio, DVD-ROM, DVD-Recordable und DVD-RAM realisiert werden. Von besonderer Bedeutung sind dabei die DVD-R und die DVD-RAM. Ihr Format basiert auf dem *Orange Book*, das beschreibbare CDs definiert und mit einem geeigneten CD-Brenngerät das Kopieren digitaler Daten erlaubt.[82] Aufgrund des offenen Standards und der zunehmenden Verbreitung preisgünstiger Abspielgeräte wird der DVD mit ihren verschiedenen Versionen ein großes Wachstumspotential speziell für geschäftsorientierte Anwendungen, wie z.B. interaktives Einkaufen oder Informationsrecherchen, zugesprochen.[83]

2.2.2. Online-Dienste

Die Entwicklung der Online-Dienste, d.h. der vernetzten E-Marktdienste, verläuft zwar langsamer, dafür aber nachhaltiger als im Offline-Bereich.[84] Gründe für die verzögerte Marktentwicklung sind die hohen Investitionskosten für leistungsfähige Netztechnologien und das noch zurückhaltende Interesse seitens der Konsumenten. Mit zunehmender Vernetzung der heute noch offline betriebenen Datenverarbeitungsanlagen wird sich jedoch der Trend hin zu Online-Diensten verstärken. Wenn zudem die Fragen hinsichtlich Implementierungs-, Nutzungs- und Rechtsunsicherheit geklärt sind, ist von einer baldigen Substitution der Offline-Lösungen für elektronischen Geschäftsverkehr auszugehen.[85]

Im Rahmen der Online-Dienste lassen sich der *digitale Rundfunk*, *kommerzielle Online-Dienste* und das global verfügbare *Internet* mit seinen Einzeldiensten unterscheiden. Während sich Dienste im digitalen Rundfunk aus dem herkömmlichen Hörfunk und Fernsehfunk entwickelt haben, sind kommerzielle Online-Dienste und Internetdienste als Erweiterung der Vermittlungsdienste zu betrachten. Ausgehend von digitaler Technik und der Konvergenz von Telekommunikation, Informatik sowie Unterhal-

[81] Vgl. Steinbrink (1997) S. 94 - 97. Zur MPEG-2 Norm vgl. Abbildung III-6.

[82] Das Kopieren analoger Tonträger erfordert eine vorausgehende Umwandlung der Aufnahmen mit einem Analog/Digital-Wandler.

[83] Vgl. Hansen (1996) S. 678 f.; **Anhang B**, Expertengespräch Gütlhuber (1997).

[84] Vgl. Booz-Allen & Hamilton (1997b) S. 59 f.; OECD (1997b) S. 88.

[85] Rechtsunsicherheiten, z.B. beim Verbraucher- und Jugendrecht sowie beim Datenschutz konnten teilweise durch die Verabschiedung des Multimedia-Gesetzes (IuKDG) bereinigt werden.

tungselektronik, zeichnen sich alle drei Kommunikationsdienste durch die Integration verschiedener Medien (Multimedia) und durch Interaktivität aus. Allerdings bestehen hinsichtlich der Interaktivität gegenwärtig noch deutlich Unterschiede zwischen dem digitalen Rundfunk auf der einen Seite und den kommerziellen Abruf- sowie Internetdiensten auf der anderen Seite. Letztere zeichnen sich dadurch aus, „daß auf einem Speicher Informationen von Anbietern abgelegt werden, die der Kunde individuell abrufen kann (sog. many-to-one-Kommunikation)“.[86] Zudem besteht die Möglichkeit, auf bestimmte Inhalte mit einer zeitlich nicht gebundenen Rückinformation zu reagieren. Digitale Rundfunkdienste weisen hingegen nach dem heutigen Stand der Kabel- und Satellitennetztechnologie einen geringeren Interaktivitätsgrad auf. So muß sich der Anwender an die von einem Menü vorgegebene Ablaufstruktur halten (Menü-Interaktivität). Er kann zwar zwischen alternativen Informationsangeboten wählen, verfügt aber über keine individuelle und zeitlich unabhängige Steuerungsinteraktivität.[87]

2.2.2.1. Digitale Rundfunkdienste

Der digitale Rundfunk umfaßt eine Vielzahl neuer Hörfunk- und Fernsehkanäle. Darüber hinaus integriert er multimediale Informationsangebote, was die Digitalisierung bereits vorhandener Kabel- und Funknetze (einschließlich der Satellitennetze) ermöglicht. Während Dienste im Rahmen der digitalen Hörfunktechnologie unter den Begriffen *digitaler Hörfunk* und *Digital Audio Broadcasting (DAB)* zusammengefaßt werden, werden alle Leistungen, die mit Hilfe von Komponenten digitaler TV-Technologien erbracht werden, als *digitales Fernsehen* bzw. *Digital Video Broadcasting (DVB)* bezeichnet.

Das digitale Rundfunksystem DAB ist eine europäische Entwicklung wie Euro-ISDN und der Mobilfunkstandard GSM.[88] Digital Audio Broadcasting, das den herkömmlichen UKW-Hörfunk ersetzen soll, verbessert nicht nur die Tonqualität, Störanfälligkeit und Frequenzökonomie der gegenwärtigen Hörfunkprogramme, sondern ermöglicht

---

86 Kürble (1996) S. 103.

87 Vgl. zu verschiedenen Interaktivitätsstufen der elektronischen Kommunikation Müller u.a. (1997) S. 256 f.; (1994) S. 7 f.; Rohrbach (1997) S. 15 f.

88 DAB entstand 1987 aus einer Initiative (EUREKA 147) von europäischen Forschungseinrichtungen und Unternehmen der Unterhaltungselektronik. Seit 1993 gilt das DAB-System als weltweiter Standard. Vgl. DAB-Plattform e.V. (1997).

auch ergänzende Datendienste. Dazu zählen programmbegleitende Dienste (z.B. Wetternachrichten oder Informationen zu kulturellen Angeboten), programmunabhängige Datenrundfunkdienste (z.B. Abruf von Nachrichten, lokalen Serviceinformationen oder Fahrplänen) und Zusatzdienste für geschlossene Benutzergruppen (z.B. Telefaxservice oder Filetransfer).[89] Aus den genannten Beispielen geht hervor, daß zusätzlich zum Audiosignal auch Informationen in Form von Bildern oder Texten gesendet werden können. Durch die digitale Übertragungstechnik hat der Nutzer damit die Auswahl zwischen verschiedenen Formen der Informationsausgabe. Je nach DAB-Empfangsgerät läßt sich für alle Informationen eine Speicherung als Audio-, Text- oder Bildfile einrichten, so daß eine zeitversetzte und individuelle Wiedergabe über Lautsprecher oder auf einem Radiodisplay realisiert werden kann. Gegenwärtig hält sich die Begeisterung für DAB noch in Grenzen.[90] Erste Ergebnisse hinsichtlich der Akzeptanz durch private Haushalte sind mit dem Abschluß der Pilotprojekte für digitalen Hörfunk zu erwarten.[91]

Digitale Rundfunkdienste im TV-Bereich (digitales Fernsehen) basieren auf digitaler Datenübertragung, einem differenzierten Angebot der herkömmlichen Fernsehsender sowie neuen Zusatzdiensten.[92] Wie der digitale Hörfunk erlaubt auch digitales Fernsehen die Nutzung einer großen Auswahl von Programmsparten. Sie verteilen sich auf mehrere Fernsehkanäle. Konnten z.B. mit dem europäischen Astra-Satelliten bisher nur 22 analoge Kanäle ausgestrahlt werden, so erhöht sich mit der Verwendung von digitalen Sendeeinheiten, sog. Transpondern, die Kapazität auf über 200 Kanäle - bei reduzierten Übertragungskosten pro Kanal.[93] Zudem verbessert sich die Bild- und Tonqualität, vorausgesetzt die Anbieter senden ihr Programm mit einem hohen Qualitätsstandard. Allerdings stehen Qualitätsstandard und Transponderkapazität in einem konträren Verhältnis. Je höher der Qualitätsstandard (SDTV, EDTV, HDTV), desto weniger Kanäle können gesendet werden. EDTV, das dem PAL-Plus entspricht, erlaubt z.B. nur noch die Ausstrahlung von fünf Kanälen (je 8 Mbit/s) pro Transponder (40 Mbit/s).[94]

---

89 Vgl. DAB-Plattform e.V. (1997).

90 Vgl. **Anhang B**, Expertengespräch Biesenkamp (1998).

91 Das größte DAB-Pilotprojekt in Deutschland findet mit 5000 Teilnehmern in Nordrhein-Westfalen statt. Vgl. **Anhang A2**; Bundesministerium für Wirtschaft (1996) Anhang C.

92 Vgl. zum "digitalen Fernsehen" Hansen (1996) S. 356 ff.

93 Vgl. Judex (1996) S. 66. Noch höhere Kapazitäten bietet Breitband-ISDN. Allerdings ist diese Technologie nur beschränkt verfügbar.

94 Vgl. zu den Begriffen **Anhang C.**

Wie in *Abschnitt 1.3.1* dieses Kapitels beschrieben, existieren für den elektronischen Geschäftsverkehr drei informationstechnische Plattformen. Seitens der Anbieter wird für digitales Fernsehen derzeit noch das *TV-Gerät mit Set-Top-Box* bevorzugt. Als ergänzende Verbindungsstelle zwischen Fernsehgerät und Datenempfangseinrichtungen erfordert die Set-Top-Box nur geringe Zusatzinvestitionen. Von einer Verdrängung *durch Personal Computer mit TV-Adaptern* ist gegenwärtig noch nicht auszugehen. Die Set-Top-Box wird für DVB voraussichtlich über das Jahr 2000 hinaus Standardgerät bleiben. Aufgrund ihrer begrenzten Rechenleistung kann sie jedoch für private Haushalte dann unbrauchbar werden, wenn sich Online-Dienste auf hoher Interaktivitätsstufe, wie z.B. Internetdienste, verstärkt durchsetzen.

2.2.2.2. Kommerzielle Online-Dienste

Die kommerziellen Online-Dienste basieren auf einer direkten Übertragungsverbindung zwischen der Datenstation des Anwenders und dem Informationssystem (Host) eines Betreiberunternehmens. Sie bieten dem Nutzer ein breites Angebot an Abrufinformationen und die Möglichkeiten, Informationsinhalte zu verändern und neue Aktionen auszulösen. Voraussetzung hierfür ist ein Rückkanal vom Empfänger zum Dienstanbieter. Der Umfang verfügbarer Anwendungen auf kommerziellen Online-Diensten wird dabei durch die Leistungsfähigkeit der zugrundeliegenden Kommunikationstechnologie (Übertragungsmedium und -verfahren) bestimmt. Für primär text- und bildorientierte Anwendungen, wie z.B. Teleshopping, Telebanking oder Informationsrecherche, sind bereits verfügbare Technologien (z.B. ISDN) ausreichend. Handelt es sich jedoch um bewegtbildorientierte Anwendungen, wie z.B. Telearbeit oder Teleentertainment, so benötigt man Breitband-ISDN oder andere leistungsfähige Netztechnologien. Die Art der Einzeldienste entscheidet über die in Frage kommenden Endgeräte. Während bei Einzeldiensten der Telekommunikation noch eine Vielzahl verschiedener Endgeräte zum Einsatz kommen, sind Einzeldienste der kommerziellen Online-Dienste weitgehend auf den Personal Computer mit Netzanschluß ausgerichtet.

In Deutschland werden die kommerziellen Online-Dienste mit eher *text- und bildorientierten Anwendungen* von vier großen Betreiberunternehmen dominiert, die sich hinsichtlich Gebühren, Internetanbindung, inhaltlichem Angebot und Zielgruppe unterscheiden (siehe **Anhang A3**).[95] Während bei *America Online (AOL)* und *Compuserve* überwiegend Informations- und Unterhaltungsangebote zu finden sind, liegt der Schwerpunkt bei *T-Online* auf Dienstleistungen der Finanz- und Reisebranche. *Germany.net* konzentriert seine Aktivitäten auf die Vermittlung von Internet-Zugängen verbunden mit funktionellen Suchhilfen. Mit Ausnahme von T-Online der *Deutschen Telekom AG*, das sich aus dem textorientierten Vorgänger Bildschirmtext (BTX) entwickelt hat, sind alle Dienste international vertreten. Trotz des enormen Wachstums in den letzten Jahren werden die kommerziellen Online-Dienste von vielen Marktbeobachtern bereits als auslaufende Kommunikationsdienste bezeichnet.[96] Als Grund wird die zunehmende Verbreitung des Internets mit seinen Einzeldiensten angeführt.

Kommerzielle Online-Dienste für *bewegtbildorientierte Anwendungen*, insbesondere für Video on Demand, beschränken sich gegenwärtig noch auf räumlich eingegrenzte Pilotprojekte.[97] Mit einer Verfügbarkeit marktreifer Angebote für Privatkunden ist nicht vor dem Jahre 2010 zu rechnen.[98] Das liegt nicht nur an fehlenden Endgeräten und Netztechnologien, sondern auch an der unzureichenden technischen Ausstattung bei den Dienstanbietern. Diese müssen, sofern sie bewegtbildorientierte Anwendungen anbieten wollen, digitale Videoserver einsetzen. Solche Serversysteme sind keine Datenverarbeitungsanlagen mit einem Zentralprozessor entsprechend der "von-Neumann-Architektur", sondern sie bestehen aus mehreren tausend parallel geschalteten Prozessoren mit Festspeicherkapazitäten bis in den Tetra-Byte Bereich. Rechenleistungen in dieser Größenordnung sind zwar mit heutigen Technologien bereits realisierbar, verursachen jedoch sehr hohe Investitionskosten.[99] Ob diese Kosten über Entgelte (z.B. Gebühren) von privaten Haushalten gedeckt werden können, ist mehr als fraglich. Vor allem wenn man berücksichtigt, daß auch private Haushalte zusätzliche Investitionen für neue Endgeräte tätigen müßten und weite Bevölkerungskreise den elektronischen Geschäftsverkehr noch nicht akzeptieren.

---

95 Insgesamt hatten die kommerziellen Online-Dienste in Deutschland Mitte 1999 knapp vier Millionen registrierte Kunden. Weitere Zweit- und Drittnutzer (z.B. am Arbeitsplatz) kommen hinzu. Vgl. **Anhang A3** und zur Erfassung von Online-Nutzern Apel (1996) S. 11.

96 Vgl. Green u.a. (1996); vgl. auch o.V. (1996e) S. 4.

97 Vgl. zu den Pilotprojekten **Anhang A2.**

98 Vgl. unveröffentlichte Schrift, Altgeld (1996) S. 25.

99 Gegenwärtige Videoserver mit ca. 60.000 Prozessoren und einer Parallelrechenleistung von über 120.000 MIPS können ca. 150.000 Teilnehmer gleichzeitig mit Videoströmen versorgen. Vgl. Gamm v. / Kunze (1994) S. 148.

2.2.2.3. Internetdienste

Auch Internetdienste sind den Online-Diensten zuzurechnen. Im Gegensatz zu den kommerziellen Online-Diensten steht hinter ihnen jedoch kein bestimmter Betreiber. Vielmehr sind sie aus einem historisch gewachsenen Verbund weltweit verstreuter Rechner hervorgegangen. Gemeinsame Basis für die Kommunikation im Internet ist das Internet-Protokoll (IP), das auf dem OSI-Referenzmodell aufbaut und sich für Datenübertragungsvorgänge zum bedeutendsten Kommunikationsstandard entwickelt hat. Seinen Ursprung hat das Internet-Protokoll in dem Rechnernetz ARPANET des amerikanischen Militärs. Es entstand Anfang der 70er Jahre und vergrößerte sich schnell durch die sukzessive Netzanbindung von Forschungseinrichtungen. Durch den Einbezug von Unternehmen, privaten Haushalten und weiteren Institutionen hat sich das Internet mittlerweile international zu dem größten Online-Rechnerverbund entwickelt. Nach Zählungen von Network Wizards hingen im Januar 1999 weltweit rund 43 Millionen Host-Computer am Netz.[100] Schätzungen gehen davon aus, daß bereits 150 Millionen Personen über das Internet erreicht werden können.[101] Ferner wird erwartet, daß sich die Zahl der angeschlossenen Rechner etwa jedes Jahr verdoppelt. In Deutschland gab es im Januar 1999 knapp 1,3 Millionen Internet-Rechner mit ca. 7,3 Millionen Benutzern, die über einen eigenen Internet-Zugang verfügen.[102] Für das Jahr 2000 gehen Schätzungen von 12,5 Millionen Internet-Anschlüssen aus.[103] Jedoch, gemessen an der Zahl der Einwohner, gehört Deutschland eher zu den Internet-Entwicklungsländern. Während im Januar 1999 hierzulande nur 16 Internet-Rechner pro 1.000 Einwohner installiert waren, erreichte Finnland zum selben Zeitpunkt z.B. eine Quote von 106 zu 1.000 und die USA sogar von 112 zu 1.000 (siehe Abbildung III-13).[104]

---

100 Vgl. Network Wizards (1999); Fachverband Informationstechnik im VDMA und ZVEI (1999). Erfaßt wurden ausschließlich Internet-Rechner, auch Internet-Server oder Host genannt, die Internetdienste anbieten.

101 Derzeit kommen weltweit ca. 2 Millionen Nutzer pro Monat hinzu. Für das Jahr 2000 werden rund 200 Millionen Internet-User geschätzt. Vgl. Kürble (1996) S. 106 und S. 110.

102 Vgl. Fachverband Informationstechnik im VDMA und ZVEI (1999); OECD (1999) S. 34.

103 Vgl. Roland Berger&Partner (1999).

104 Vgl. Fachverband Informationstechnik im VDMA und ZVEI (1999); vgl. auch OECD (1997a) S. 58.

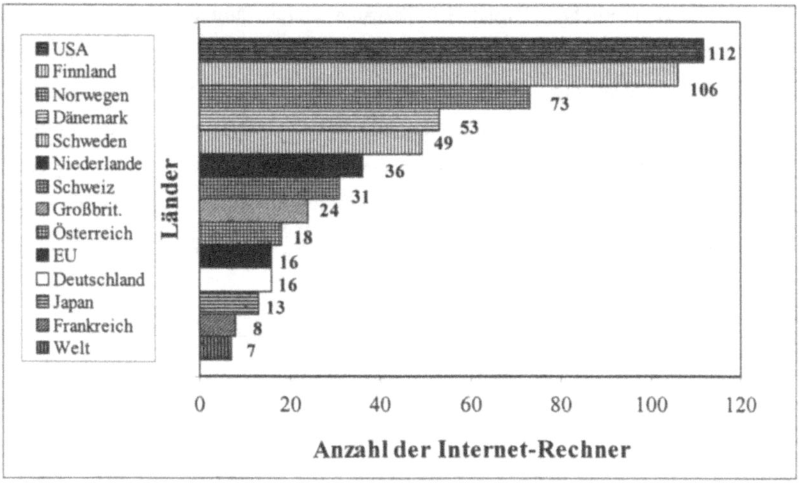

Abbildung III-13 Internet-Rechner je 1.000 Einwohner
Quelle: Network Wizards (1999)

Das Internet bietet eine Reihe von kostenlosen Diensten, die jedem Benutzer zur Verfügung stehen.[105] Im einzelnen sind es folgende Dienste:

- Use Network (Usenet)
- Teletype Network (Telnet)
- File-Transfer-Protocoll (FTP)
- Electronic Mail (E-Mail)
- World Wide Web (WWW)

Das sog. *Usenet* ist ein eigenes, früher selbständiges Rechnernetz, das Diskussionsforen und sog. Newsgroups verwaltet und inzwischen vollkommen in das Internet eingebunden ist. Telnet ermöglicht eine Online-Emulation und FTP den Austausch von Daten bzw. Dateien mit externen Internet-Rechnern. Während Usenet, Telnet und FTP eher von untergeordneter Bedeutung sind, besitzen die Einzeldienste *Electronic Mail (E-Mail)* und *World Wide Web (WWW)* ein hohes Einsatzpotential für private Haushalte. Der elektronische Briefdienst E-Mail basiert auf dem "Simple Mail Transfer Protocol" (SMTP). Dieses Protokoll nutzt den ASCII-Zeichensatz und kommt betriebssystemübergreifend zur Anwendung. E-Mail orientiert sich am organisatorischen Auf-

[105] Eine genaue Beschreibung der Internetdienste gibt Hennes (1995) S. 162 ff.

bau des herkömmlichen Papier-Briefdienstes. Jeder Nutzer hat eine eindeutige E-Mail-Adresse und einen elektronischen Briefkasten, der auf einem Internet-Rechner eingerichtet ist. Über die eigene Datenstation und einen sog. E-Mail-Client mit Texteditor können Nachrichten und angehängte Dateien gelesen und versendet werden. Bei ebenfalls kurzen Übertragungszeiten ist E-Mail bedeutend billiger als vergleichbare Einzeldienste der Telekommunikation (z.B. Telefax, Telebrief oder Fernsprechen), weist aber auch einige Nachteile auf, wie Abbildung III-14 zeigt.[106]

Vorteile	Nachteile
Niedrige Kosten	Noch unzureichende Verbreitung
Kurze Übertragungszeit	Kein allgemeines Adressenverzeichnis
Einfache elektronische Weiterverarbeitung	Einschränkung auf ASCII-Format (Grafiken nur über Anlagedateien)
Funktionen für automatische Rückantwort und Weiterleitung	

Abbildung III-14 Electronic Mail im Vergleich zu herkömmlichen Vermittlungsdiensten

Der bekannteste Internetdienst, der wegen seiner Dominanz oft mit dem Internet gleichgesetzt wird, ist das World Wide Web (WWW). Das WWW wurde am europäischen Kernforschungszentrum (CERN) in Genf entwickelt und basiert auf dem Client-Server-Modell.[107] Alle WWW-Rechner sind über sog. Hyperlinks miteinander verbunden.[108] Der Benutzer kann dadurch mit einer geeigneten Such- und Darstellungssoftware (Browser) Dokumente einsehen, die über viele verschiedene Rechner verteilt sind.[109] Die benutzerfreundliche Oberfläche und die Informationsvielfalt im WWW kommt besonders dem Einsatz im privaten Haushalt entgegen. Mittlerweile sind alle nur denkbaren Themenbereiche mit eigenen "Webseiten", d.h. HTML-Dokumenten,

---

106 Vgl. auch Hennes (1995) S. 168 f.

107 Die Client-Server-Architektur besteht aus einzelnen Arbeitsstationen (Clients) und einer leistungsfähigen Datenverarbeitungsanlage (Server), die die zentrale Verwaltung der Datenbestände übernimmt.

108 Hyperlinks basieren auf einem allgemeinen Adreßformat und verweisen auf Internet-Rechner oder Dateien.

109 Ein Browser stellt die WWW-Information graphisch dar. Vgl. zu den Begriffen **Anhang C**.

vertreten.[110] Dabei können z.B. Grafiken eingesehen oder Musikstücke abgehört werden, und es lassen sich elektronische Serviceleistungen nutzen.[111]

Für die Nutzung von Internetdiensten benötigt man neben geeigneten hard- und softwaretechnischen Komponenten eine Netzverbindung zu einem Internet-Host. Unternehmen oder Großhaushalte betreiben in vielen Fällen einen eigenen Host, der als Teil eines lokalen Rechnernetzes eine Internetanbindung für alle eingebundenen Arbeitsstationen (Clients) ermöglicht.[112] Der Betrieb eines Internet-Host ist für private Haushalte noch mit zu hohen Kosten verbunden. Ein Zugang zum Internet kann deshalb nur über die kommerziellen Online-Dienste (siehe **Anhang A3**) oder über sog. Internet-Access-Provider erfolgen.[113] Welchen Zugangsweg der private Haushalt wählt, hängt von der Nutzungsdauer und von der Nachfrage nach bestimmten Anwendungen ab:

> „Während die Provider für den Internet-Zugang zumeist höhere Grundpreise als die (kommerziellen, Anm.d.Verf.) Online-Dienste (zwischen 20 und 60 Mark für Privatpersonen, für geschäftliche Nutzer etwas mehr) verlangen, ist damit oft ein zeitlich großzügiges Nutzungsangebot verbunden."[114]

Das Spektrum der Anwendungsmöglichkeiten entscheidet letztlich, inwieweit sich Internetdienste, digitale Rundfunkdienste oder kommerzielle Online-Dienste durchsetzen werden. Einen Überblick über alternative Anwendungsmöglichkeiten elektronischer Marktdienste liefert der folgende Abschnitt. In Kapitel vier schließt sich dann eine Bewertung aus ökonomischer Sicht an.

2.3. Geschäftsanwendungen für private Haushalte

Anwendungen von multimedialen Kommunikationsdiensten sind eine unverzichtbare Voraussetzung für die Teilnahme privater Haushalte am elektronischen Geschäftsverkehr. Erst durch konkrete Anwendungsformen können Internetdienste, kommerzielle

---

[110] HTML ist eine Dokumentbeschreibungssprache, die alle Inhalte einer Webseite, wie Überschrift, Listen, Text oder Bilder mittels Tags (Kürzel) definiert. Vgl. Hinner (1996) S. 163.

[111] Wichtigster Service im WWW sind die Suchmaschinen, die eine gezielte Suche nach Internet-Adressen und HTTP-Servern ermöglichen.

[112] Kommt die Internet/Browser-Technologie in einem Netzwerk zum Einsatz, so spricht man auch von einem Intranet. Vgl. dazu o.V. (1996c) S. 118 ff.

[113] Internet-Access-Provider sind ausschließlich auf Internet-Zugänge spezialisiert. Bekannte überregionale Provider in Deutschland sind z.B. EUnet, Cybernet, dpn, Metronet, Nacamar.

[114] o.V. (1996i) S. 28.

Online-Dienste, digitale Rundfunkdienste oder Offline-Dienste auch zur Durchführung von Leistungsbeziehungen eingesetzt werden. Beispiele für verschiedene Geschäftsanwendungen von Kommunikationsdiensten zeigt Abbildung III-15.

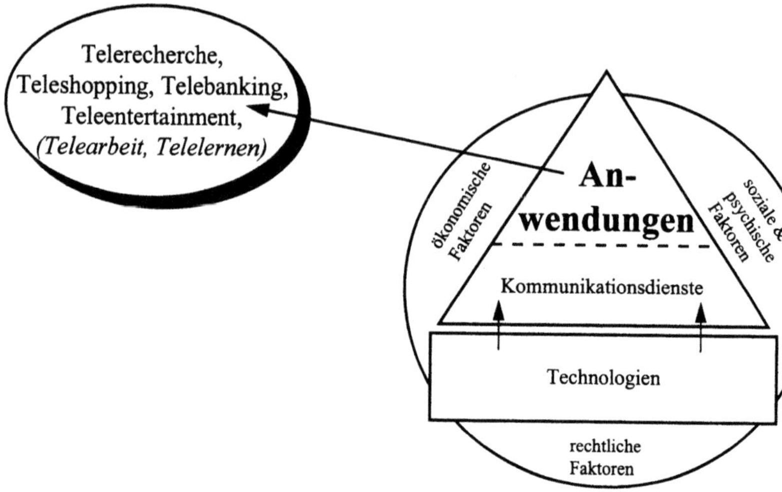

Abbildung III-15 Geschäftsorientierte Anwendungen für private Haushalte

Nach Meinung von Medienexperten hängt das zukünftige Angebot an anwendungsorientierten Marktdiensten für private Haushalte von der Entwicklung folgender Faktoren ab:[115]

- Ausbreitung neuer Informations- und Kommunikationstechnologien
- Integration der Einzeldienste der Telekommunikation in multimediale Kommunikationsdienste
- Kooperation der Leistungsanbieter mit Netz- und Dienstbetreibern sowie Endgeräteherstellern
- Gesetzliche Rahmenbedingungen
- Nachfrageentwicklung

Sofern bei den genannten Faktoren keine unerwarteten Hindernisse auftreten, rechnen Beratungs- und Marktforschungsunternehmen mit einer branchenübergreifenden Ver-

[115] Vgl. **Anhang B,** Expertengespräche.

breitung des elektronischen Geschäftsverkehrs ab dem Jahre 2000.[116] Aufgrund des steigenden Preis- und Innovationsdruckes in vielen Branchen wird die bisherige technologische Orientierung des elektronischen Geschäftsverkehrs zunehmend abgelöst durch eine Ausrichtung auf kommerzielle Service- und Anwendungsentwicklungen. Grundlage für alle Anwendungen im elektronischen Geschäftsverkehr sind die im vorhergehenden Abschnitt beschriebenen multimedialen Kommunikationsdienste. Entsprechend dieser Differenzierung wird der Entwicklungsverlauf für neue Anwendungen in zwei Phasen unterteilt.[117]

Phase eins ist die Entwicklung des Offline-Marktes, der sich zum größten Teil aus Anwendungen für POS- und POI-Systeme sowie für mobile Speichermedien zusammensetzt. Ausgehend von der Leistungsfähigkeit neuer CD-Standards wird in Deutschland mit einem starken Umsatzwachstum von CD-Applikationen, wie z.B. von Videofilmen, virtuellen Produktkatalogen und interaktiven Publikationen, bis zum Jahre 2000 gerechnet.[118] Voraussetzung ist allerdings, daß neue CD-Trägermedien (Video-CD, CD-R und DVD) und ihre Inhalte zu vergleichbaren Preisen wie Musikprodukte auf der Audio-CD angeboten werden. Aufgrund fehlender Aktualisierungsmöglichkeiten und begrenzter Speicherkapazität sind jedoch langfristig für alle CD-Produkte sinkende Anteile am elektronischen Geschäftsverkehr zu erwarten. Mit der Etablierung der *zweiten Phase*, die auf Online-Dienste (z.B. digitale Rundfunk- und Internetdienste) aufbaut, ist von einer vollständigen Verdrängung der CD-Produkte auszugehen. Vorteil von Online-Produkten ist die unmittelbare Verfügbarkeit von laufend aktualisierter Information. Unterhaltungs-, Bildungs- oder sonstige Duplikationsinhalte werden über elektronische Datenübertragung direkt zum Kunden gebracht. Der Kunde bzw. Empfänger hat dann die Möglichkeit über einen Rückkanal zu reagieren.

Unabhängig von Technologien und Kommunikationsdiensten können Anwendungen für den elektronischen Geschäftsverkehr nach Produktgruppen klassifiziert werden (siehe Abbildung III-16). Im Mittelpunkt stehen dabei Anwendungen, die zwar ansatzweise bereits für herkömmliche Einzeldienste der Telekommunikation entwickelt wurden, die aber Bedeutung vor allem durch die Online-Dienste erlangt haben. Alle Anwendungen werden deshalb mit "Tele" tituliert, obwohl elektronischer Geschäfts-

---

[116] Vgl. Booz Allen & Hamilton (1997b) S. 191 ff.; vgl. auch Gertz (1995a) S. VI.

[117] Vgl. unveröffentlichte Schrift, Altgeld (1996) S. 12; vgl. auch o.V. (1995a) S. 1.

[118] Vgl. Herrnleben (1996) S. 4; Booz Allen & Hamilton (1997b) S. 58 f.

verkehr über Offline-Dienste im strengen Sinne nicht der "Tele"-Welt zuzurechnen ist.[119]

Produktgruppen	Anwendungen
Informationsgüter	• Telerecherche
Sachgüter	• Teleshopping
Dienstleistungen	• Teleservice (z.B. Telebanking)
Unterhaltungsleistungen	• Teleentertainment (z.B. Pay-TV)
(Wissensvermittlung)	• (Telelernen)
(Arbeitsleistung)	• (Telearbeit)

Abbildung III-16 Anwendungen elektronischer Marktdienste nach Produktgruppen

Anwendungen elektronischer Marktdienste beschränken sich nicht nur auf Leistungsbeziehungen zwischen Anbietern und privaten Haushalten, sondern sie können auch im zwischenbetrieblichen Bereich zum Einsatz kommen. Neben den Anwendungsmöglichkeiten aus Abbildung III-16 sind hier *Telekooperation*, *Telemedizin*, *EDI/EDIFACT* oder *Televerwaltung* als weitere Stichwörter zu nennen.[120] Wegen der Fokussierung auf elektronische Konsumgütermärkte wird im folgenden jedoch der zwischenbetriebliche Bereich ausgeblendet. Auch *Telelernen* und *Telearbeit* werden ausgeklammert, da sich kommerzielle Angebote noch in der Projektierungsphase befinden. Telelernen existiert in erster Linie auf innerbetrieblicher Ebene oder als frei verfügbarer Ergänzungsdienst im öffentlichen Aus- und Weiterbildungssektor.[121] Telearbeit wird in privaten Haushalten vor allem zur Mobilisierung bestehender Arbeitsplätze eingesetzt.[122] Da in Zukunft für Telelernen und Telearbeit ein wachsendes Angebot an kommerziellen Lösungen zu erwarten ist, werden beide an späterer Stelle – im Rahmen der Diskussion technischer Anwendungsgrenzen – wieder aufgegriffen.

---

119 Die im Rahmen der Telekommunikation entstandene "Tele"-Begriffswelt (griechisch: "tele" = fern, weit) beschreibt technisch unterstützte Kommunikationsvorgänge, die sich über größere Entfernungen erstrecken.

120 Vgl. Reichwald u.a. (1998) S. 169 ff.

121 Vgl. unveröffentlichte Schrift, Stiefel (1997).

122 Vgl. unveröffentlichte Schrift, Ulmerich (1997) S. 5 ff.

2.3.1. Telerecherche

Telerecherche basiert auf Informationsangeboten unterschiedlichster Art. Auf mobilen Speichermedien oder über Online-Dienste können, vorausgesetzt es besteht ein Zugang, aktuelle Zeitschriften, Zeitungen, Bücher, Veranstaltungen oder sonstige Informationsinhalte gelesen bzw. recherchiert werden. Untersuchungen zeigen, daß der Schwerpunkt bei der Nutzung elektronischer Medien auf der Informationsrecherche liegt und nicht beim Telelesen.[123] Nach Ansicht von Medienexperten ist der Fortbestand gedruckter Medien damit noch für lange Zeit gesichert.[124] Allerdings testen seit Aufkommen multimedialer Kommunikationsdienste viele Verlage und sonstige Informationsanbieter den elektronischen Vertrieb. Als digitales Ergänzungsmedium bietet er dem Anwender eine erhöhte Auswahl und im Falle von Online-Diensten mit leistungsfähigem Rückkanal eine interaktive Steuerung. Zudem fungieren die elektronischen Medien als Werbeträger für die klassischen Druckerzeugnisse.

Im Gegensatz zu Online-Angeboten sind für Verlage bisher die Offline-Produkte (CDs) wirtschaftlich von größerem Interesse. Da der Verkauf von CDs über die herkömmlichen Handelsstufen stattfindet, läßt sich die Distribution der Informationsinhalte noch wirksam kontrollieren. Bei Online-Diensten hingegen werden der Einzelhandel vollständig und der Großhandel teilweise übersprungen. Ferner werden durch die Möglichkeit der einfachen Vervielfältigung elektronischer Texte die herkömmlichen Abonnementsysteme aufgeweicht.[125] Die bisher größte Resonanz findet die Telerecherche in Forschung und Lehre, wo das Internet schon seit Jahren als schnelles und kostengünstiges Medium für Publikationen – auch nicht-kommerzieller Art – dient.[126]

In deutschen Haushalten wird Telerecherche sehr häufig in Verbindung mit Geschäftsanwendungen transaktionsorientierter Dienste (z.B. Telebanking) verwendet.[127] In Frankreich hingegen zeigt sich mit dem interaktiven Online-Dienst **Télétel** ein wesentlich ausgeprägteres Nutzungsverhalten.[128] Aufgrund interessanter und breit gestreuter

---

123 Vgl. Hoch (1994) S. I.

124 Vgl. Hoch (1994) S. I.

125 Mit Telerecherche können Kunden z.B. Zeitschriften bedarfsgerecht und *"just in time"* in digitaler Form bestellen.

126 Universitäten in Nordamerika gehören sogar zu den Mitbegründern des heutigen Internets.

127 Vgl. Booz Allen & Hamilton (1997b) S. 60

128 Vgl. Fournier (1994) S. 131. *Télétel* wird von französischen Haushalten häufig über ein spezifisches Datenendgerät, ein sog. *Minitel*, genutzt.

Inhalte hat sich Télétel seit seinem Start im Jahr 1980 als wichtiger Recherchedienst für französische Haushalte etabliert. Besondere Angebote zur Recherche sind elektronische Telefonbücher, die flächendeckende und aktualisierte Informationen enthalten, städtische Veranstaltungsübersichten und mehrmals täglich aktualisierte Kurznachrichten. Während Ende 1995 in Frankreich bereits 6,5 Millionen Direktanschlüsse zu Télétel existierten, waren es in Deutschland bei dem mit Télétel vergleichbaren "T-Online" nur 920.000 Anschlüsse.[129] Erst durch die Kombination mit Internetdiensten bahnt sich auch in deutschen Haushalten eine zunehmende Nutzung der Telerecherche an.

2.3.2. Teleshopping

Die Idee des Teleshopping entstand sehr früh zusammen mit der Einführung des werbefinanzierten Fernsehens. Neu an dieser Idee ist, daß der Betrachter – anders als beim Werbefernsehen – über ein Kommunikationsendgerät (Telefon, Fernsehgerät oder PC) individuell reagieren kann. Eine solche Reaktion kann z.B. eine Bestellung oder ein Zahlungsvorgang sein.

Zunächst beschränkte sich das Teleshopping auf den einfachsten Fall: In gewöhnlichen Werbespots wird eine Telefonnummer für die Bestellung des Produktes eingeblendet. Man nennt diese Form auch *Direct Response TV*.[130] Etwas später, Anfang der 80er Jahre, entstanden die sog. *Infomercials*. Dabei handelt es sich um vorproduzierte Werbesendungen mit einer Sendezeit von ca. 30 Minuten. Zwischen der eigentlichen Produktwerbung werden sie mit redaktionellen Inhalten, z.B. Talk- oder Spieleinlagen, angereichert. Weiter aus den Infomercials entwickelten sich die *Fernsehverkaufsshows*. Sie werden entweder als reine Produktpräsentation oder als mehrstündige Entertainmentsendung konzipiert.

Während in den Vereinigten Staaten schon 1982 der erste Einkaufsfernsehkanal, der ausschließlich Verkaufsshows ausstrahlt, in Betrieb genommen wurde, ging in Deutschland der erste Teleshopping-Kanal mit dem Namen H.O.T. (Home Order Tele-

---

129 Vgl. Bundesministerium für Wirtschaft (1996) S. 24. Im Mai 1999 waren bei T-Online 2,8 Millionen Nutzer registriert.

130 Vgl. Rohrbach (1997) S. 11; Kürble (1996) S. 108.

vision) 13 Jahre später auf Sendung.[131] H.O.T., eine Kooperation zwischen der Fernsehindustrie und dem Versandhandel, versteht sich als audiovisueller Verkaufskatalog für ein breites Warenangebot.[132] Als Rückkanal für Bestellungen steht bisher nur das Telefon zur Verfügung.[133] Neben Akzeptanzproblemen seitens der privaten Haushalte sind die Verzögerungen beim elektronischen Einkauf auf medienrechtliche Bedenken in Deutschland zurückzuführen. Lange Zeit war unklar, ob Teleshopping der Individualkommunikation oder der Massenkommunikation zuzuordnen ist.[134] Verbunden war diese Unklarheit mit der Auseinandersetzung zwischen der deutschen Bundesregierung und den Ländern über die Zuständigkeit neuer Kommunikationsdienste für elektronischen Geschäftsverkehr. Im Falle von Einzeldiensten der Individualkommunikation greift das Telekommunikationsgesetz, das im Kompetenzbereich der Bundesregierung liegt.[135] Dagegen fallen Einzeldienste der Massenkommunikation unter das Rundfunkrecht, das durch die Länder kontrolliert wird. Mit der Verabschiedung des sog. Informations- und Kommunikationsdienstgesetzes (verkürzt: IuKDG oder Multimedia-Gesetz) und einem Staatsvertrag der Länder über Mediendienste wurde auch für neue Kommunikationsdienste ein transparenter Rechtsrahmen geschaffen.[136] Demnach ist der Bund für Kommunikationsdienste und deren Anwendungen, die von Kunden einzeln abrufbar sind, zuständig. Den Ländern hingegen obliegt die Kontrolle über Online-Dienste für die Allgemeinheit (digitale Rundfunkdienste).[137] Ursprüngliche Formen des Teleshopping mit kurzen Werbespots (Direct Response), Infomercials, Verkaufsshows und neue Einkaufssysteme über digitales Fernsehen bedürfen der Genehmigung durch die Länder. Für die Einführung elektronischer Vertriebsformen über computergestützte Kommunikationsdienste besteht dagegen Anmeldefreiheit. Internet-Informationsdienste und kommerzielle Online-Dienste haben ihre Inhalte nur im Rahmen des IuKDG zu verantworten, ohne dabei einem Kryptoverbot oder der Auskunftspflicht gegenüber Sicherheitsbehörden zu unterliegen. Kritiker befürchten allerdings, daß durch diese Doppelregulierung erhebliche Rechtsunsicherheit (mit Verwaltungsstreitigkeiten) sowie Investitionshemmnisse entstehen werden, zumal die globale

---

131 Der erste Einkaufssender in den USA war *Home Shopping Network (HSN)*. Inzwischen teilt er sich mit zwei weiteren Sendern (*QVC-Network* und *Value Vision*) den Großteil des amerikanischen Marktes für Teleshopping. Vgl. Neidhart (1995) S. 7.

132 Kooperationspartner sind *HSN*, *Pro Sieben Media AG* und die *Quelle Schickedanz AG & Co.*

133 Vgl. Rohrbach (1997) S. 13. Die Realisierung einer interaktiven Einkaufssendung ist in Planung.

134 Vgl. Weber (1996) S. 4.

135 Vgl. § 2, Abs. 1 TKG; vgl. auch Grossmann (1996) S. 10.

136 Vgl. Art. 1 IuKDG; vgl. auch Booz Allen & Hamilton (1997b) S. 139 ff.

137 Vgl. Booz Allen & Hamilton (1997b) S. 141.

Dimension des Internets und das Zusammenwachsen von Verteil- und Vermittlungsdiensten ignoriert wurden.[138]

Anbieter von Teleshopping über Internetdienste und kommerzielle Online-Dienste ziehen zunehmend Vorteile aus der Anmeldefreiheit ihrer Vertriebsform. Sie sind damit ernstzunehmende Konkurrenten für Anbieter, die auf digitales oder sogar noch auf analoges Fernsehen setzen. Ein weiterer Konkurrent für den Teleshopping-Markt sind elektronische Verkaufskataloge auf mobilen Speichermedien. Sie nutzen, wie die Online-Dienste, neue und leistungsfähige Informationstechnologien, sind jedoch nicht von den medienrechtlichen und kommunikationstechnischen Problemen betroffen.[139] Teleshopping auf CD-ROM oder auf neueren CD-Technologien (Video-CD und DVD) profitiert vor allem von den interaktiven und multimedialen Darstellungsmöglichkeiten. Besonders im Warenversandgeschäft hat sich diese Anwendungsform elektronischer Marktdienste zu einem wichtigen Alternativmedium zu gedruckten Katalogen oder Fernsehverkaufsshows entwickelt.[140]

Unabhängig von der Art des Kommunikationsdienstes kommt Teleshopping vor allem bei Anbietern des klassischen Versandhandels zum Einsatz. Unternehmen anderer Handelsformen, wie z.B. Kauf- und Warenhäuser, Fachgeschäfte oder Verbrauchermärkte (Discounter), nutzen zwar ebenfalls die Möglichkeit des Teleshopping, was jedoch oftmals zu einer Aufgabe des Ladengeschäfts zu Gunsten des Versandverkaufs führt.[141] Ausgehend von einem jährlichen Versandhandelsumsatz von 1.300 DM pro deutschen Haushalt im Jahr 1994, läßt sich rechnerisch ein möglicher Jahresumsatz für Teleshopping in Deutschland von ca. 40 Mrd. DM ermitteln.[142] Gegen diese Größenordnung spricht eine noch nicht flächendeckende Verbreitung von E-Markttechnologien sowie eine zu geringe Akzeptanz bei den Versandhandelskunden. Viele Studien beziffern deshalb das Umsatzpotential des elektronischen Handels für das Jahr 2000 auf maximal 25 Mrd. DM.[143] Kommt es durch Teleshopping allerdings zur Substitution weiterer Handelsformen, so erscheinen größere Umsatzvolumina wieder realistischer.

---

[138] Vgl. o.V. (1997b) S. 83.

[139] Kommunikationstechnische Probleme der Online-Dienste basieren vor allem auf unzureichenden Übertragungsbandbreiten.

[140] Vgl. Kürble (1996) S. 105.

[141] Eine Ausnahme zeigen Pilotprojekte der Lebensmittelbranche. Die Bestellung von Frischwaren oder Tiefkühlkost über Teleshopping und ihre schnelle Auslieferung dienen hier als ergänzende Serviceleistung zum Ladengeschäft. Vgl. Schmuck (1997) S. 37.

[142] Vgl. auch Kürble (1996) S. 110.

[143] Vgl. Bundesministerium für Wirtschaft (1997) S. 52.

Die zurückhaltenden Umsatzeinschätzungen werden vor allem mit der abwartenden Reaktion der deutschen Haushalte begründet.[144] So kam eine Umfrage der Universität München bei 264 privaten Haushalten mit Kabelanschluß zu dem Ergebnis, daß 14 % Teleshopping akzeptieren, 40 % es ablehnen und 46 % noch unentschieden sind.[145] Die meisten Ablehner bestätigten die Annahme eines fehlenden Einkaufserlebnisses bei Teleshopping und die damit verbundene Angst vor Verlust der sozialen Kontakte. Als zweitwichtigsten Nachteil bewerteten die Ablehner die Aussage: „Das Teleshopping führt nur dazu, daß noch mehr Werbung ins Haus kommt".[146] Die Akzeptierer begründeten ihre Einstellung überwiegend mit ihrer Unzufriedenheit über die Einkaufssituation.[147] Obwohl 40 % der Befragten das Einkaufen über Kabel ablehnten, ergibt sich für die Zukunft des Teleshopping ein positives Bild. Hintergrund der optimistischen Einschätzung sind Aussagen von sog. Meinungsführern, die als Informationsmittler Einfluß auf die Meinung anderer Haushaltsmitglieder nehmen:

> „Trotz der anscheinend geringen Prozentzahl an Akzeptierern bestehen aufgrund der großen Zahl akzeptierender Meinungsführer recht gute Chancen auf eine relativ rasche Annahme und Verbreitung des neuen Absatzkanals."[148]

Die Bestimmung der Meinungsführer orientierte sich dabei an zwei Kompetenzbereichen. Über eine Selbsteinschätzung hinsichtlich der fachlichen Kompetenz (Wissensstand) in Technik, Fernsehen und Einkauf sowie der kommunikativen Kompetenz konnten 12 % der befragten Personen als Meinungsführer identifiziert werden.[149] Davon gehörten 57 % zu den Akzeptierern von Teleshopping und nur 25 % zu den ablehnenden Meinungsführern.[150] Neben einer Prognose zur Diffusion von Teleshopping lieferte die Studie der Universität München auch Aussagen über die Eignung einzelner Produktgruppen. Zum einen wurde untersucht, welche Produkteigenschaften für Teleshopping notwendig sind. Zum anderen wurde eine Reihenfolge für die Absatzchancen von häufig gekauften Konsumprodukten ermittelt, die sich wie folgt darstellt:[151] Tonträger, Bücher und elektronische Geräte sind am besten geeignet für Teleshopping.

---

144 Vgl. Neidhart (1995) S. 7.

145 Vgl. Witte (1995) S. 10. Die Studie wurde am Institut für Organisation der Universität München durchgeführt. Insgesamt wurden 1.000 Fragebögen im Großraum München verschickt mit einer Rücklaufquote von 26,4 %. Zusätzlich wurden noch 33 Anbieter explorativ (telefonisch) befragt.

146 Witte (1995) S. 40.

147 Die Erhebung wurde vor Verlängerung der (gesetzlichen) Ladenschlußzeiten durchgeführt.

148 Franke u.a. (1995) S. 201.

149 Indikatoren für die kommunikative Kompetenz waren die Einschätzung der eigenen Bedeutung als Ratgeber und das Bedürfnis, Empfehlungen weiterzugeben.

150 Vgl. Witte (1995) S. 29.

151 Vgl. Witte (1995) S. 46.

„Möbel, Designer- und Luxusartikel sowie leicht verderbliche Lebensmittel scheinen dagegen kaum über Teleshopping absetzbar.“[152] Bezüglich der Produkteigenschaften wurde festgestellt, daß die Höhe der Produktpreise von nachrangiger Bedeutung ist. Als wichtigen Vorteil von Teleshopping nannten die Befragten die Möglichkeit umfassender Produktinformationen und das Angebot von seltenen Spezialprodukten.[153]

Trotz des Gesetzes zur Regelung des Rechts der Allgemeinen Geschäfts- und Lieferbedingungen (AGBG) existieren hinsichtlich des Verbraucherschutzes noch zahlreiche Lücken für sämtliche Teleshopping-Applikationen.[154] Es fehlen häufig Angaben zu den Versandkosten, Nachnahmegebühren und Rückgaberechten bei Nichtgefallen oder Mängeln. Ferner zeichnen sich auf dem Bildschirm präsentierte Produkte oft durch unzureichende Vergleichbarkeit mit handelsüblichen Waren aus. Während namhafte Anbieter mittlerweile von sich aus vergleichbare Rechte wie beim – ausschließlich – postalischen Versandhandel einräumen, sind weniger bekannte Anbieter mit Zusatzinformationen und -leistungen noch sehr zurückhaltend. Verbraucherberatungen und einschlägige Fachzeitschriften informieren zwar über Teleshopping und geben Verbrauchertips für die sichere Bestellabwicklung, dennoch konnte die Unsicherheit in vielen Haushalten dadurch nicht beseitigt werden. Langfristig ist deshalb eine in privaten Haushalten verbreitete Nutzung von Teleshopping nur zu erreichen, wenn die Anbieter das Problem der Erfahrungs- bzw. Vertrauensgüter, d.h. derjenigen Güter, deren Nutzen sich erst nach dem Kauf offenbart, explizit berücksichtigen.

2.3.3. Teleservice am Beispiel von Telebanking

Unter Teleservice versteht man die mediengestützte Koordination und Abwicklung von Dienstleistungsgeschäften. Während bei der Telerecherche Informationsinhalte und bei Teleshopping Sachgüter überwiegen, stehen bei Teleservice Bankleistungen, Versicherungsleistungen oder individuell abrufbare Dienstleistungen anderer Branchen im Vordergrund.[155] Der bedeutendste Anwendungsbereich von Teleservice für private Haushalte ist die elektronische Abwicklung von Bankgeschäften, das sog. *Telebanking*. Grund hierfür ist einerseits der besondere Stellenwert des Bankensektors im

---

152 Franke u.a. (1995) S. 201.

153 Vgl. Franke u.a. (1995) S. 201.

154 Für Verkaufsshows über Fernsehsender gilt zusätzlich noch das Rundfunkrecht.

155 Die Differenzierung wird hier hinsichtlich der angebotenen Produktkategorien getroffen und nicht hinsichtlich der mit dem Produkt verbundenen Verkaufsleistung.

Wirtschaftskreislauf, andererseits die speziell für Haushalte hohe Informationsintensität bei der Abwicklung von spezifischen Banktransaktionen wie Sparanlagen oder Wertpapierhandel.[156]

Mit der Gründung leistungsfähiger Online-Dienste entstand auch die Möglichkeit zum Telebanking. Wegen unzureichender Datensicherheit in Netzen der international agierenden Online-Dienstbetreiber beschränkte sich das Telebanking in Deutschland bis Ende 1995 auf *T-Online*. T-Online ist der größte kommerzielle Online-Dienst in deutschsprachigen Ländern und realisierte bereits 1996 die technische Vermittlung von 1,8 Millionen Telekonten bei einer Teilnehmerzahl von knapp einer Million Kunden.[157] Mit der Entwicklung neuer Verschlüsselungsmethoden sind seit Juni 1996 zahlreiche Banken auch über Compuserve und America Online (AOL) sowie seit Januar 1997 über das Internet erreichbar.[158] Dadurch erhöhte sich bis Ende 1998 die Zahl der Telekonten bei deutschen Banken auf insgesamt fünf Millionen.[159]

Elektronische Dienstleistungen für Privatkunden können prinzipiell differenziert werden nach frei zugänglichen *Bankinformationen* und nach kundenindividuellen *Zugriffsdiensten*.[160] Zur ersten Kategorie gehören allgemeine Informationen zur Börse und zur Konjunkturentwicklung oder bankspezifische Informationen über Produkte, Zinsen und Bankzahlen. Die zweite Kategorie beinhaltet alle Dienste im Rahmen des Zahlungsverkehrs, wie z.B. Überweisungsaufträge, Kontoabfragen oder Scheckbestellungen. Ferner gehören Serviceleistungen für Geldanlagen dazu, wie z.B. Spareinlagen oder Kauf von Wertpapieren. Das Angebotsspektrum ist dabei von Bank zu Bank sehr unterschiedlich. Während Leistungen der ersten Kategorie mittlerweile von fast allen Banken angeboten werden, sind Leistungen der zweiten Kategorie oft noch nicht verfügbar oder auf Überweisungen und Kontoabfragen begrenzt.[161] Wie sich der

---

156 Vgl. Mahler (1996) S. 115.

157 Vgl. o.V. (1996j) S. 14; vgl. Mahler (1996) S. 116. Ein Telekonto unterscheidet sich von einem normalen Bankkonto nur durch die Zugriffsmöglichkeit über einen Online-Dienst. Kontonummer, Bankleitzahl und Rahmenbedingungen, wie Dispolimit oder Zinsen, bleiben unverändert.

158 Verschlüsselungsmethoden sind abhängig vom Zahlungsmittel. Bei Banküberweisungen werden PIN/TAN-Sicherungsverfahren mit Geheimzahl und Transaktionsnummern eingesetzt. Seit 1998 kommen Chip-Karten in Verbindung mit dem Standard *Homebanking Computer Interface* (HBCI) zur Anwendung. Für die Absicherung von Kreditkarten-Zahlungsvorgängen wurde das Protokoll *Secure Electronic Transaction* (SET) entwickelt. Vgl. Braun u.a. (1999) S. 140 f.

159 Vgl. Braun u.a. (1999) S. 138.

160 Vgl. Mahler (1996) S. 117.

161 Vgl. o.V. (1996j) S. 15.

Leistungsumfang von Telebanking für 17 deutsche Banken und Sparkassen im Vergleich darstellt, zeigt **Anhang A4**.

Vorteile von Telebanking aus Sicht der privaten Haushalte sind die höhere Markttransparenz, die hohe Flexibilität durch nicht limitierte Zugriffszeiten und die schnelle Reaktionsmöglichkeit, z.B. bei Wertpapiergeschäften.[162] Nachteile bestehen hinsichtlich der unklaren Datensicherheit, der oft langen Einarbeitungszeit und des anfallenden Investitions- sowie laufenden Gebührenaufwands. Vergleicht man ein normal geführtes Bankkonto mit einem Telekonto von T-Online, so zeigt sich, daß letzteres zusammen mit den anfallenden Telefongebühren für den privaten Haushalt meist teurer ist.[163] Mit dem Einsatz neuer Kommunikationstechnologien und gebührenfreien Abrufdiensten im Internet werden sich die Kosten von Telebanking jedoch weiter verringern. Inwieweit elektronische Bankleistungen für den einzelnen Haushalt zu Kostenersparnissen, Flexibilität oder Informationsvorteilen führen, muß getrennt nach Haushaltstypen geprüft werden. Es obliegt dabei den Banken, entsprechende Untersuchungen durchzuführen, um konsumentengerechte und damit erfolgreiche Leistungen über Telebanking anbieten zu können.

Nicht nur das Telebanking, sondern auch neue Lösungen für die Abwicklung des Zahlungsverkehrs bei Online-Geschäften werden in Zukunft die Rolle der Banken im Wirtschaftskreislauf verändern. Setzen gegenwärtig noch viele Unternehmen bei Online-Transaktionen auf das Zahlungsmittel *Kreditkarte*, so wird im Geld- und Kreditgewerbe bereits eine neue Form des Geldes, das sog. *digitale oder elektronische Geld (E-Cash)* getestet.[164] Mit Hilfe eines asymmetrischen Verfahrens werden dabei digitale Daten so verschlüsselt, daß sie sich zum einen nicht doppelt benutzen lassen und zum anderen nur auf den Datenverarbeitungsanlagen der Sender und Empfänger gelesen werden können.[165] Abbildung III-17 zeigt, wie ein solcher Zahlungsvorgang mit elektronischem Geld ablaufen kann.

---

162 Vgl. Mahler (1996) S. 119; o.V. (1998) S. 2 f.

163 Vgl. Korne (1995) S. 81. Mit zunehmender Häufigkeit der Kontobewegung verbessert sich die Kostenrelation zu Gunsten von T-Online.

164 Vgl. Müller u.a. (1997) S. 312; Hendricks (1994) S. 46 ff.

165 Vgl. Mahler (1996) S. 125.

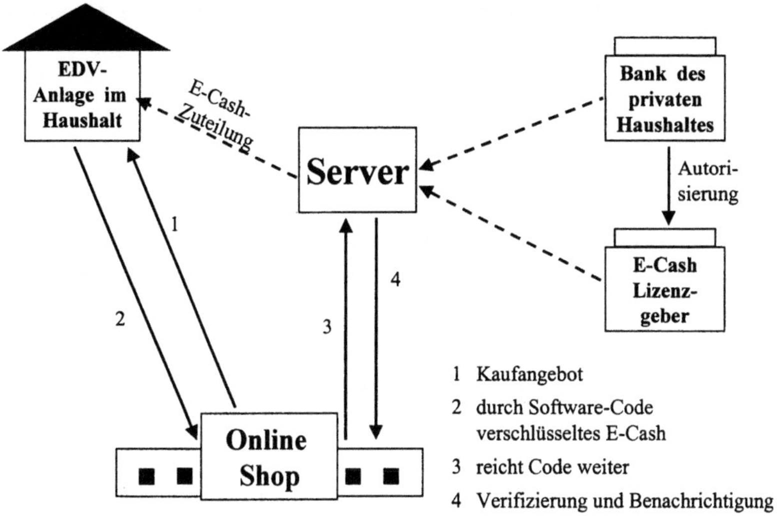

Abbildung III-17 Online-Transaktionen mit elektronischem Geld

Mit Annahme eines Kaufangebotes (Schritt 1) durch den privaten Haushalt wird an den Online-Verkäufer das verschlüsselte E-Cash übertragen (Schritt 2). Dieser übermittelt einen zugehörigen Code entweder direkt an die Datenverarbeitungsanlage (Server) der Bank des privaten Haushalts oder an ein E-Cash-Lizenzunternehmen (Schritt 3), das über eine generelle Autorisierung der Bank verfügt. Mit der Verifizierung des Codes und der Benachrichtigung (Schritt 4) des Verkäufers ist die Online-Transaktion abgeschlossen. Eine solche Transaktion, bestehend aus Bestell- und Zahlungsvorgang, erfolgt je nach Datenübertragungsverfahren in Sekundenbruchteilen und basiert auf einer softwaretechnischen Lösung. In Kombination mit Chipkarten läßt sich das Verfahren durch erhöhten Datenschutz und mehr Flexibilität zu einem umfassenden Zahlungssystem ausbauen: „Denkbar wäre dann auch eine Übertragung eines derartigen elektronischen Geldes zwischen Privatpersonen.“[166]

Unabhängig davon, ob und wie schnell sich elektronisches Geld durchsetzen wird, kann in Deutschland dem Telebanking und anderen Formen von Teleservice mit über 10 Millionen Online-Nutzern im Jahre 1998 eine aussichtsreiche Perspektive beschei-

166 Mahler (1996) S. 126.

nigt werden.[167] Dabei werden in Zukunft immer mehr Leistungen über das Internet abgewickelt, sofern sich die Sicherheitsrisiken hinreichend reduzieren lassen.

2.3.4. Teleentertainment am Beispiel von Pay-TV

Unter dem Begriff "Teleentertainment" können alle Anwendungsformen subsumiert werden, die zur Unterhaltung der Nutzer beitragen, sich durch integrative Verwendung verschiedener Medien auszeichnen sowie zunehmend auf multimedialen Kommunikationsdiensten mit digitaler Übertragungstechnik beruhen. Darunter fallen neben den Telespielen vor allem auch Produkte der elektronischen Medienindustrie (Hörfunk, Fernsehen, Film und Musik). Sie fokussieren entweder nur auf den Unterhaltungswert oder auf die Verbindung von Informations- und Lerninhalten (z.B. Dokumentationen, Nachrichten) mit Unterhaltungskomponenten.[168] Von Marktbeobachtern wird besonders die Bedeutung des Pay-TV hervorgehoben. Es ist die interessanteste, zugleich aber auch eine umstrittene Anwendungsform von Teleentertainment. Es wird deshalb in diesem Abschnitt stellvertretend für alle Entertainment-Applikationen vorgestellt.

Pay-TV kann über analoge Verteildienste und auf allen multimedialen Kommunikationsdiensten realisiert werden. In Deutschland kommt Pay-TV bisher nur über analoge oder digitale Rundfunkdienste zur Anwendung. Zwei Ausprägungen sind dabei von Bedeutung:

- "Pay per Channel"
- "Pay per View" mit "Near Video on Demand" (NVoD)

"Pay per Channel", auch Abonnementfernsehen genannt, ist ein kostenpflichtiges TV-Programm, für das eine Pauschalgebühr (z.B. Monatsbeitrag) zu zahlen ist. Bei "Pay per View" werden nur tatsächlich gesehene Sendungen abgerechnet. Voraussetzung für "Pay per View" ist eine vorige Anmeldung seitens des Benutzers. Werden einzelne Sendungen mehrfach parallel mit versetzten Anfangszeiten gesendet, so spricht man von "Near Video on Demand" (NVoD). Durch die hohe Flexibilität dieses Verfahrens erhoffen sich die Programmanbieter eine erhöhte Akzeptanz für ihr Film-

---

167 Vgl. Fachverband Informationstechnik im VDMA und ZVEI (1999).

168 In der Praxis werden mit Spielkomponenten verknüpfte Anwendungen aus Telerecherche und Telelernen auch als Infotainment und Edutainment bezeichnet.

angebot.[169] Aufgrund des erforderlichen Einsatzes leistungsfähiger Netztechnologien beschränkt sich NVoD bisher auf regional begrenzte Angebote und Pilotprojekte.[170]

Annähernd flächendeckend hingegen stehen "Pay per Channel" seit 1990 und einzelne "Pay per View"-Angebote über digitales Fernsehen seit 1996 den deutschen Haushalten zur Verfügung. Neben den beiden großen deutschen Medienkonzernen *Kirch-Gruppe* und *Bertelsmann AG*, die das Pay-TV und zahlreiche Free-TV-Sender in Deutschland kontrollieren, bieten auch die öffentlich-rechtlichen Sender neue digitale Programme an.[171] Begründet wird dieser Schritt mit der zunehmenden Programmflut seitens der privaten Anbieter und der erweiterten Satellitenkapazität durch die Umstellung auf digitale Sendeeinheiten.[172] Ob die Digitalisierung der öffentlich-rechtlichen Sender eine geeignete Antwort auf die Programmflut ist, bleibt jedoch mehr als fraglich. Wie in *Kapitel II, Abschnitt 2.1* dieser Arbeit bereits ausgeführt wurde, fallen die Prognosen für die Verbreitung digitaler Empfangstechnologien und damit auch von Decodergeräten noch sehr unterschiedlich aus.[173] Sowohl private TV-Sender als auch die öffentlich-rechtlichen Anstalten gehen mit den Investitionen in neue Fernsehprogramme ein hohes Risiko ein, da das digitale Fernsehen sich in Zukunft auf den Wettbewerb mit kommerziellen Online-Diensten und Internetdiensten für bewegtbildorientierte Anwendungen einstellen muß.[174]

Die gegenwärtige Entwicklung von Pay-TV umfaßt mehrere Stufen (siehe Abbildung III-18).[175] Zur Stufe eins zählt *"Pay per Channel"*, das sich bereits mit analoger Übertragungstechnik realisieren läßt. Anwendungen auf der Stufe zwei und auf der Stufe drei sind zeitversetzte Sendungen unter den Bezeichnungen "*Pay per View*" und "*Near Video on Demand*". Sie beruhen auf Diensten des digitalen Fernsehens ohne Rückkanal.

---

169 Vgl. unveröffentlichte Schrift, Stein (1995) S. 4.

170 Vgl. **Anhang A2.**

171 Programmkosten werden zunächst über die Rundfunkgebühr abgedeckt. Vgl. zu digitalen Programmen der deutschen Fernsehsender **Anhang A5.**.

172 Vgl. zur Verflachung der Programminhalte obigen *Abschnitt III.2.1.2.*

173 Vgl. auch o.V. (1996a) S. 32.

174 Der digitale DF1-Sender (Kirch-Gruppe) hatte drei Monate nach Sendebeginn (September 1996) nur 2.430 Abonnenten. Auch nach knapp zwei Jahren konnten nicht mehr als 160.000 Abonnenten gewonnen werden, Stand: Mai 1998. Vgl. **Anhang B**, Expertengespräch Supit (1997).

175 Vgl. Hansen (1997) S. 359; Müller u.a. (1997) S. 258 f.

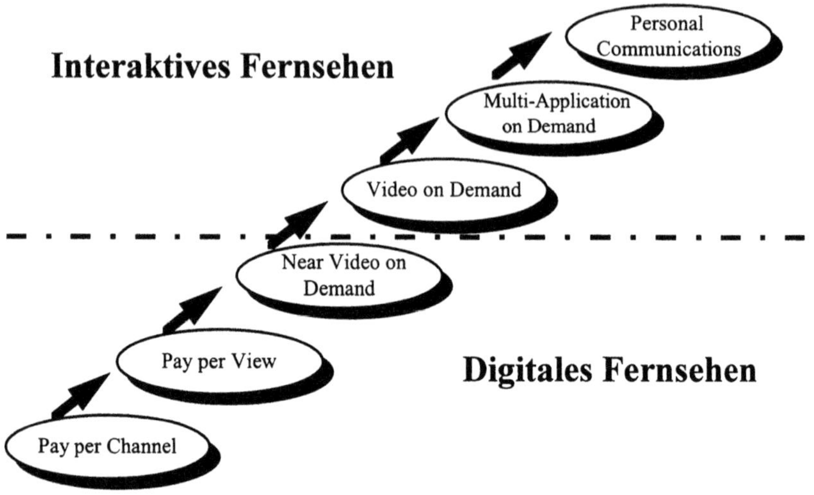

Abbildung III-18 Entwicklungsstufen von Pay-TV

Auf Stufe vier wird der Wechsel zum interaktiven Fernsehen vollzogen. Der Nutzer kann sich nun über einen Rückkanal aktiv an der Programmauswahl und am Programmablauf beteiligen. Die einfachste Form ist das sog. *Video on Demand (VoD)*, wo sich die Interaktivität auf die angebotenen Fernsehsendungen beschränkt. In Pilotversuchen wird für VoD, wie bei "Pay per View" oder NVoD, eine mit dem Fernsehgerät gekoppelte Set-Top-Box als Endgerät verwendet. Voraussetzung dafür ist die Empfangsmöglichkeit von komprimierten Daten nach dem MPEG-2 Verfahren und eine geeignete Breitband-Netzanbindung der Haushalte, z.B. durch FTTH oder ADSL.[176] Der Haushalt kann damit zu beliebigen Zeiten Spielfilme, Nachrichten oder sonstige TV-Angebote individuell abrufen und auf seiner eigenen Datenverarbeitungsplattform abspielen lassen. Außerdem stehen ihm die vom Videorecorder bekannten Funktionen wie Vorlauf, Rücklauf, Pause, Standbild usw. zur Verfügung. Die beiden letzten Stufen sind Resultate der Einbindung weiterer Anwendungsmöglichkeiten. Auf Stufe fünf vollzieht sich eine Erweiterung um text- und bildorientierte Anwendungen, wie z.B. Telebanking. Stufe sechs schließlich führt zu einer vollständigen Integration aller An-

[176] Vgl. zur Datenkompression und zu Netztechnologien für private Haushalte *Abschnitt III.1.3.*

wendungsmöglichkeiten und erlaubt eine freie und individuelle Kommunikation in jede Richtung und auf jedem Netz.[177]

Das interaktive Fernsehen mit *Video on Demand* ist ein Beispiel dafür, wie sich wirtschaftliche Strukturen durch elektronischen Geschäftsverkehr verändern können. Sofern eine leistungsfähige technische Infrastruktur vorhanden ist, kann Video on Demand von privaten Haushalten direkt erworben werden. Bisherige Handelsstufen, wie z.B. Videotheken für Verleihvideokassetten sowie Groß- und Einzelhandel für Kaufvideokassetten, entfallen sukzessive. Distributionsseitige Kostenvorteile dieser Entwicklung können entweder in sinkenden Endverbraucherpreisen für Film- und Fernsehprodukte oder in höheren Gewinnspannen der Anbieter zum Ausdruck kommen. Gegen die sofortige Realisierung höherer Gewinne sprechen die anfänglich zu überwindenden Markteintrittsbarrieren, da sich nur über reduzierte Preise eine weitreichende Marktpenetration von VoD einstellen kann.[178]

Den Einfluß der Gerätepreise für die Marktdurchdringung macht die Absatzentwicklung von Videorecordern, die aus Anwendersicht mit VoD-Endgeräten vergleichbar sind, deutlich. 1986 besaßen 29 % der privaten Haushalte einen Videorecorder, 1992 waren es bereits 54 % der 35 Millionen privaten Haushalte in Gesamtdeutschland (siehe Abbildung III-19). Als der durchschnittliche Preis pro Videorecorder auf ca. 1.500,- DM gefallen war, kam es in Deutschland ab 1985 zu einem starken Anstieg der Verkaufszahlen für Videorecorder: „Erst das Unterschreiten (oft psychologischer) Preisgrenzen eröffnet den Eintritt in den Massenmarkt".[179]

---

177 Vgl. Bayerische Staatskanzlei (1995a) Anlage 4, S. 2.

178 Vgl. unveröffentlichte Schrift, Deuss (1996) S. 30.

179 Booz Allen & Hamilton (1997b) S. 55.

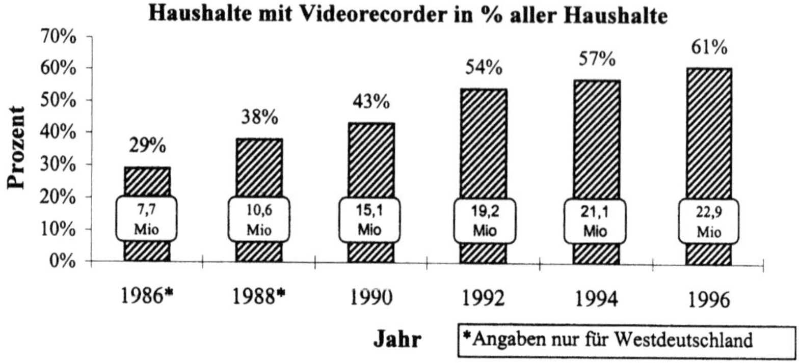

Abbildung III-19 Die Haushaltsausstattung mit Videorecordern in Deutschland
Quelle: Bundesverband Video (1997)

Dauerte es beim Videorecorder noch 15 Jahre bis zum Erreichen einer Marktpenetration von über 50 %, so hoffen die Anbieter auf eine beschleunigte Marktdurchdringung von neuen Endgeräten für Pay-TV.[180] Ihre Zuversicht orientiert sich dabei an der hohen Penetrationsgeschwindigkeit innovativer Kommunikationstechnologien, wie z.B. die digitale Telefontechnik.[181] Begründet ist dieser Optimismus jedoch nur, wenn nicht am Konsumenten vorbei entwickelt wird. Die Anbieter müssen sich bei allen Technologien systematisch mit der Frage auseinandersetzen, ob Konsumenten in Zukunft technisch innovative Produkte benötigen und auch einsetzen. Trotz möglicher Preisvorteile gegenüber den herkömmlichen Formen der Film- und Fernsehdistribution werden sich neue Pay-TV-Applikationen ohne den Abbau von Akzeptanz- und Unsicherheitsbarrieren nicht durchsetzen können. Für Pay-TV, aber auch für Teleshopping oder Telebanking, gibt es somit auf der einen Seite große Chancen – aufgrund immer schneller verlaufender Diffusionskurven – auf der anderen Seite besteht das Risiko, daß Kundenanforderungen unterschätzt werden.

---

180 Der erste Videorecorder für den Heimbereich wurde 1977 angeboten.

181 Vgl. Kurz / Altgeld (1995) S. 33; unveröffentlichte Schrift, Altgeld (1996) S. 21.

2.4. Technologische Anwendungsgrenzen

Zwischen Anwendungen für elektronischen Geschäftsverkehr und zugrundeliegenden Kommunikationsdiensten besteht keine "Eins zu Eins"-Beziehung. Das sich ständig ändernde Beziehungsgeflecht ist für viele Nutzer kaum noch überschaubar. Für die im weiteren Verlauf dieser Arbeit vorzunehmende sozioökonomische Analyse des elektronischen Geschäftsverkehrs werden im folgenden Anwendungsmöglichkeiten für private Haushalte (siehe Abbildung III-16) den multimedialen Kommunikationsdiensten (siehe Abbildung III-10) zugeordnet. Dabei wird das "Digital Audio Broadcasting" aufgrund der gegenwärtig geringen Akzeptanz nicht berücksichtigt. Wegen ihrer nachrangigen Bedeutung für elektronischen Geschäftsverkehr werden auch Einzeldienste der Telekommunikation sowie Dienste, die auf POS- und POI-Systeme basieren, ausgeklammert.

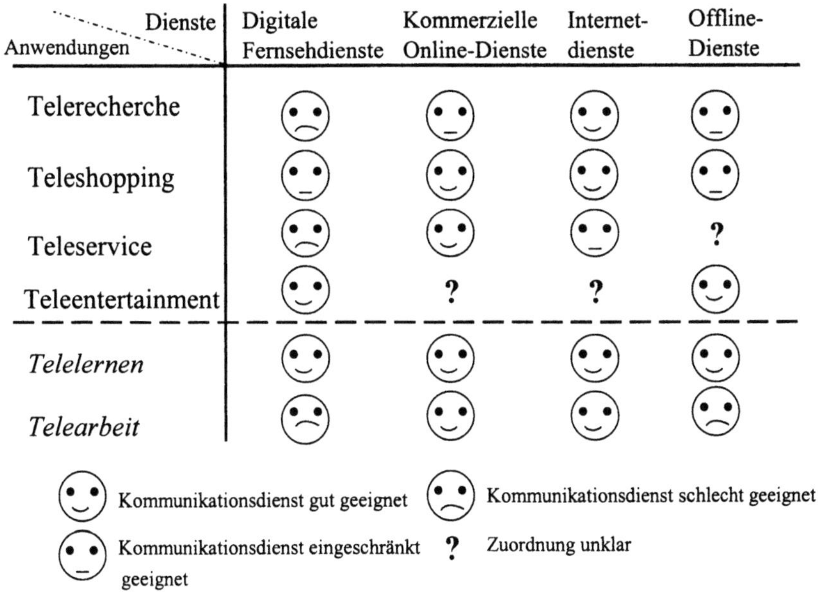

Abbildung III-20 Technologische Anwendungsgrenzen multimedialer Kommunikationsdienste

Die Matrix in Abbildung III-20 beruht auf einer dreistufigen Rating-Cunin-Skala, welcher Expertenaussagen zum technischen Leistungsvermögen von Kommunikationsdiensten zugrunde liegen.[182] Ergebnis der Gegenüberstellung sind einzelne Anwendung-Dienst-Kombinationen (A-D-K) mit unterschiedlicher Eignung für private Haushalte. Horizontal sind die wichtigsten Kommunikationsdienste für elektronischen Geschäftsverkehr aus Sicht privater Haushalte dargestellt: Digitale Fernsehdienste, kommerzielle Online-Dienste, Internetdienste und abschließend die Offline-Dienste. Den multimedialen Kommunikationsdiensten sind auf der vertikalen Dimension der Matrix verschiedene Anwendungen gegenübergestellt. Die ersten vier Anwendungen sind in der Reihenfolge angegeben in der sie im vorhergehenden Abschnitt behandelt wurden. Ergänzend sind in Anlehnung an Abbildung III-16 noch Telelernen und Telearbeit aufgeführt.

Die in Deutschland noch nicht sehr verbreitete *Telerecherche* beschränkt sich im wesentlichen auf Internetdienste und die kommerziellen Online-Dienste. Aufgrund seiner weltweiten Verbreitung bietet das Internet eine besonders große Informationsauswahl. Beispielsweise kann Literatur weltweit in den Katalogen aller an das Internet angeschlossenen Bibliotheken recherchiert werden. Digitale Fernsehdienste hingegen sind für Recherchearbeit kaum geeignet, da bisher Unterhaltungssendungen im Vordergrund stehen und abgesehen von einigen Pilotprojekten zum interaktiven Fernsehen kein Rückkanal zur Steuerung verfügbar ist.

Bei *Teleshopping* und *Teleservice* zeigt sich eine mit der Recherche vergleichbare Situation. Allerdings sind die kommerziellen Online-Dienste wegen ihrer höheren Datensicherheit im Vergleich zu Internetdiensten als besser zu bewerten. Das gilt ganz besonders für Finanztransaktionen, die überwiegend dem Telebanking zuzurechnen sind.[183] Solange der Ausbau leistungsfähiger Kommunikationsnetze nicht abgeschlossen ist, werden trotz der Online-Dienste auch in Zukunft noch zahlreiche "Verkaufssendungen" und "Infomercials" auf den analogen Fernsehkanälen zu sehen sein. Erst durch die flächendeckende Verfügbarkeit von Breitband-Technologien mit Rückkanal werden sich Teleshopping und Teleservice zunehmend auf die neuen Online-Dienste verlagern.

---

182 Vgl. **Anhang B**, Expertengespräche; vgl. zur Rating-Cunin-Skala Schnell u.a. (1992) S. 398.

183 Trotz bekannter Sicherheitsrisiken prüfen viele Finanzdienstleister ein verstärktes Engagement im Internet.

Auf *Teleentertainment* (Pay-TV, Infotainment, Edutainment) sind vor allem das digitale Fernsehen und mobile Speichermedien spezialisiert.[184] Ob sich Internetdienste und kommerzielle Online-Dienste ebenfalls als elektronische Vermittler für Pay-TV oder sonstiges Teleentertainment durchsetzen werden, bleibt zunächst offen. Der Ausbau der technischen Infrastruktur dieser Dienste und die damit verbundenen Kosten werden über die zukünftige Nutzung von Teleentertainment entscheiden.

Die zuletzt aufgeführten Anwendungen *Telelernen* und *Telearbeit* basieren häufig noch auf anwendungsspezifischen Lösungen in geschlossenen (privaten) Kommunikationsnetzen. Sofern doch öffentliche Netze genutzt werden, kommen für private Haushalte nur das Internet und leistungsfähige Verbindungsangebote der kommerziellen Online-Dienste in Betracht. So lassen sich z.B. über *Internet* dauerhafte Verbindungen mit Arbeitgebern oder mit Lehreinrichtungen schalten. Vorteil solcher Verbindungen ist, daß zu den üblichen Dienst- und Netzgebühren keine weiteren Kosten für Wartung und Ausbau anfallen.[185] Nachteile gegenüber privaten Netzen ergeben sich häufig aus der unzureichenden Übertragungsgeschwindigkeit. Bewegtbilder lassen sich über öffentliche Netze bisher nur mit großen Einschränkungen übertragen. Allerdings verringern sich mit digitalen Übertragungsverfahren (ISDN, Breitband-ISDN) und neuen Kompressionsstandards die Leistungsunterschiede zu privaten Netzen zunehmend. Neue Möglichkeiten für Bewegtbildübertragung im Internet oder auf Netzressourcen der kommerziellen Online-Dienste bietet auch die plattformunabhängige Programmiersprache JAVA. Mit ihrer Hilfe lassen sich durch spezielle Programme (sog. Applets) Applikationen mit Videosequenzen und Echtzeit-Grafiken, z.B. über Aktienkursverläufe, anreichern.[186]

Abschließend ist nochmals darauf hinzuweisen, daß die Bewertung der Anwendung-Dienst-Kombinationen (A-D-K) in Abbildung III-20 auf einer Ratingskala beruht, die nur auf das technische Leistungsvermögen multimedialer Kommunikationsdienste abzielt.

---

[184] Vgl. zu dem Begriff Infotainment **Anhang C.**

[185] Vgl. zu den Gebühren der kommerziellen Online-Dienste **Anhang A3**.

[186] Vgl. Sun Microsystems GmbH (1996) S. 27 ff. Java-Applets ermöglichen auf allen Online-Anwendungen einen Echtzeitbetrieb. Beispiele sind Wetterberichte, Finanzkalkulationen, Telespiele oder Telemedizin.

3. Resümee

Die in diesem Kapitel vorgenommene Charakterisierung der Infrastruktur für elektronischen Geschäftsverkehr diente zum Aufbau einer homogenen Begriffswelt. Damit wurde nicht nur die Strukturierung eines sehr umfassenden Forschungsgebietes bezweckt, sondern vor allem eine Grundlage für die Betrachtung psychischer, sozialer und ökonomischer Faktoren geschaffen. Eine weitere Auseinandersetzung mit diesen Faktoren setzt ein klares Verständnis der Beziehungen zwischen den verschiedenen Technologien und Kommunikationsdiensten sowie deren Anwendungsmöglichkeiten voraus. In diesem Kontext ist die abschließende Diskussion der Anwendung-Dienst-Kombinationen (A-D-K) von besonderer Bedeutung. Sowohl bei der Bestimmung der Einsatzunsicherheit privater Haushalte als auch bei der darauf aufbauenden informationsökonomischen Analyse muß fallweise auf spezifische Anwendung-Dienst-Kombinationen Bezug genommen werden. Es lassen sich dadurch haushaltsbezogene Aussagen zur Implementierung und Nutzung vorkonfigurierter Marktsysteme für elektronischen Geschäftsverkehr treffen.

IV. Unsicherheit privater Haushalte beim Einsatz des elektronischen Geschäftsverkehrs

Gegenstand dieses Kapitels sind soziale und psychische Einflußfaktoren auf den elektronischen Geschäftsverkehr (siehe Abbildung IV-1). Als Diskussionsgrundlage dienen Forschungsergebnisse zur Nutzung elektronischer Medien und zum Konsumentenverhalten, die besonders für eine informationsökonomische Untersuchung von Bedeutung sind.

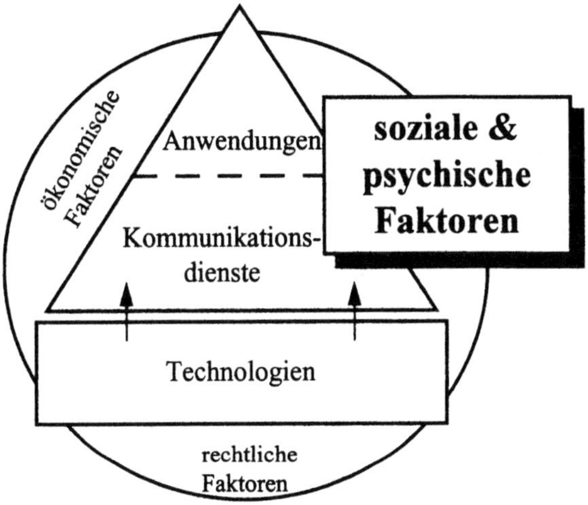

Abbildung IV-1 Soziale und psychische Faktoren des elektronischen Geschäftsverkehrs

Ausgehend von den kritischen Fragestellungen in *Kapitel I, Abschnitt 2* werden im folgenden Ursachen der Einsatzprobleme des elektronischen Geschäftsverkehrs aus Sicht privater Haushalte diskutiert. Alle mit diesen Problemen in Verbindung stehenden Risiken, Ungewißheiten, aber auch persönlichen Ängste und Abneigungen werden unter den Begriff *Einsatzunsicherheit* (kurz: Unsicherheit) subsumiert.[1] Entsprechend der Unterscheidung nach Aktivitäten im elektronischen Geschäftsverkehr läßt sich die Einsatzunsicherheit weiter unterteilen. Während die Implementierungsunsicherheit mit Entscheidungen über die Einrichtung von erforderlichen Informations- und Kommunikationstechnologien zusammenhängt, bezieht sich die Nutzungsunsicherheit auf elektronische Marktdienste.

Für eine analytische Erklärung dieser Unsicherheiten ist zwischen umweltseitigen (exogenen) und haushaltsbedingten (endogenen) Ursachen zu unterscheiden (siehe Abbildung IV-2). Aus Sicht des privaten Haushalts sind die umweltseitigen Ursachen nicht beeinflußbar, da sie auf der Komplexität und Dynamik äußerer Umstände (z.B. Erfahrungsgüter und Medienflut) beruhen (*Abschnitt IV.1*). Für den privaten Haushalt werden sie vor allem dann zu einem Problem, wenn sie auf soziale oder psychische Hemmnisse stoßen. Solche Hemmnisse bzw. Restriktionen im Entscheidungsverhalten bilden somit die endogenen, d.h. haushaltsbedingten Ursachen der Einsatzunsicherheit. Sie stehen im Mittelpunkt des *Abschnittes IV.2.* Da alle Entscheidungen im privaten Haushalt wesentlich durch seine Mitglieder und deren Fähigkeiten und Einstellungen geprägt sind, wird den psychischen Faktoren eine besondere Bedeutung beigemessen.[2] Im Sinne der Haushaltstheorie wird der Haushalt zwar als Entscheidungseinheit betrachtet,[3] was aber einen dominanten Einfluß einzelner Haushaltsmitglieder auf die Entscheidungsfindung nicht ausschließt. Der letzte *Abschnitt IV.3* des vorliegenden Kapitels zeigt, wie für die privaten Haushalte eine Differenzierung von Nutzertypen für elektronische Geschäftsanwendungen entwickelt werden kann. Umweltseitige Ursachen von Nutzungsunsicherheit werden dabei als gegeben betrachtet, so daß nur haushaltsbedingte Ursachen als Abgrenzungsindikatoren dienen.

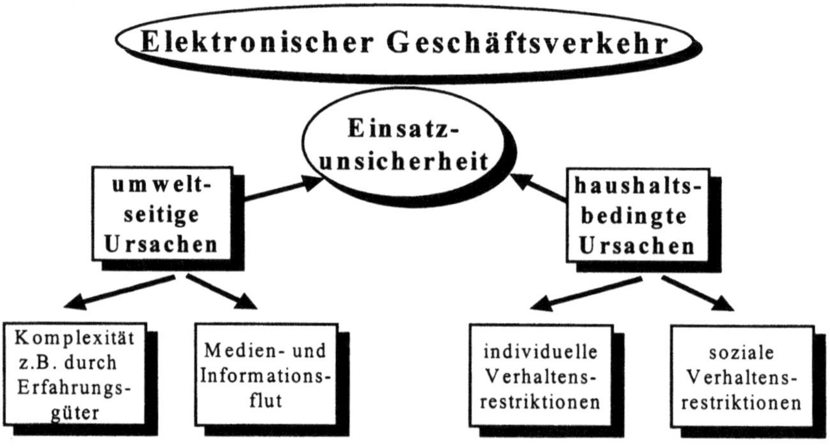

Abbildung IV-2 Ursachen der Einsatzunsicherheit

1 In der Entscheidungstheorie wird Unsicherheit als Oberbegriff von Risiko- und Ungewißheitssituationen verwendet.

2 Vgl. zur Bedeutung von subjektiven Persönlichkeitsmerkmalen Piorkowsky (1997) S. 62 f.

3 Vgl. Steinmüller (1991) S. 53; Wißmann (1997) S. 33.

1. Umweltseitige Ursachen der Einsatzunsicherheit

Während Unternehmen und staatliche Stellen sich fast euphorisch auf die Informationsgesellschaft einstellen, sind bei den privaten Haushalten noch ausgeprägte Widerstände zu beobachten. Es besteht bei Experten inzwischen jedoch der Konsens, daß gerade Anstrengungen in diesem Wirtschaftssektor entscheidend sind für den Ausbau neuer Infrastrukturen für elektronischen Geschäftsverkehr.[4] In diesem Zusammenhang wird von Industrie, Politik und auch Wissenschaft für eine gezielte Förderung der Informations- und Medienkompetenz aller Gesellschaftsgruppen plädiert.[5] Bei genauerer Betrachtung zielt diese Förderung auch auf den Abbau haushaltsbedingter Hemmnisse beim Einsatz des elektronischen Geschäftsverkehrs. Allerdings läßt dieser Anspruch exogene, umweltseitige Probleme unberücksichtigt. Will man ein besseres Verständnis der Unsicherheit erreichen, dürfen jedoch weder im Rahmen der Implementierung geeigneter Technologien noch im Rahmen der Nutzung von elektronischen Marktdiensten die umweltseitigen Ursachen vernachlässigt werden.

1.1. Ursachen im Rahmen der Implementierung

Zum Zeitpunkt der Implementierung, d.h. der Beschaffung und Einrichtung von Informations- und Kommunikationstechnologien, sind Haushalte oft einem Informationsdefizit (information lag) ausgesetzt. Es äußert sich im Fall des elektronischen Geschäftsverkehrs in nicht verfügbarem Technologiewissen. Beispielsweise finden Endverbraucher kein geeignetes Endgerät (Set-Top-Box oder PC), sie sind unsicher bezüglich notwendiger Peripheriegeräte (Modem, CD-Laufwerk), und sie können den gewünschten Kommunikationsdiensten nicht die geeignete Netzanbindungsform gegenüberstellen.[6] Der lückenhafte Informationsstand privater Haushalte beruht auf dem Problem der Erfahrungsgüter und der allgemeinen Informationsüberflutung im Bereich der Informations- und Kommunikationstechnologien.[7] Sehr treffend wird von Hildenbrand eine ähnliche Problematik in den Beziehungen zwischen Hersteller und Handel als „Zustand des Mangels im Überfluß" beschrieben.[8] Der technologische Fortschritt führt zu einem breiten Spektrum neuer Produkte mit immer kürzeren Lebenszyklen.

---

4 Vgl. Thierbach (1995) S. 17; vgl. auch **Anhang B**, Expertengespräche.

5 Vgl. o.V. (1995c) S. 12.

6 Viele der privaten Haushalte haben keine Anschlußmöglichkeit an leistungsfähige Kommunikationsnetze (z.B. Breitband-ISDN).

7 Vgl. zu Erfahrungsgütern *Kapitel I, Abschnitt 2.*

8 Hildenbrand (1983) S. 68; vgl. zum Informationsdefizit bei Endverbrauchern auch Berndt (1983) S. 22 f.

Die Angebotsvielfalt ist heute für den Konsumenten kaum noch überschaubar. Beispiele aus allen Branchen der TIME-Industrie unterstreichen diese Entwicklung. So zeigen marktpsychologische Tests, „daß von der Vielzahl neuer Funktionen bei Hard- und Software nur wenige genutzt werden.“[9] Viele Konsumenten versuchen sich den neuen Angeboten sogar vollständig zu entziehen, indem sie den Kauf von Personal Computern oder Datenübertragungsanlagen konsequent ablehnen.[10] Die Heterogenität und Komplexität vieler Technologien als Grund für Implementierungsunsicherheit im Rahmen des elektronischen Geschäftsverkehrs wiegt so schwer, daß eine zusätzliche Betrachtung haushaltsbedingter Ursachen, wie z.B. negativer Einstellungen oder Ablehnungsmotive, vernachlässigt werden kann. Vielmehr kann an dieser Stelle bereits festgehalten werden, daß Maßnahmen zur verbesserten Produkthomogenität seitens der Hersteller dringend erforderlich sind. Nur mit einer einheitlicheren Produktlandschaft läßt sich die Unsicherheit privater Haushalte bei der Implementierung von Technologien für elektronischen Geschäftsverkehr vermindern.

1.2. Ursachen im Rahmen der Nutzung

Auch bei der Nutzung von elektronischen Marktdiensten spielt, ähnlich wie bei der Implementierung, das Problem der Vertrauensgüter verbunden mit der Informationsüberflutung eine bedeutende Rolle.[11] Anders als bei der Implementierung ist der private Haushalt jedoch zusätzlich der Gefahr einer direkt mit der Nutzung von E-Marktdiensten in Verbindung stehenden Medienflut ausgesetzt. Inwieweit diese wachsende Medienvielfalt zu Unsicherheit in privaten Haushalten führt, ist noch sehr umstritten, wie folgende Studien zeigen.

Bereits bei den herkömmlichen Verteildiensten für die elektronische Massenkommunikation kamen *Brünne u.a.* in einer Untersuchung zur gesellschaftlichen Informationsüberlastung zu dem Ergebnis, daß lediglich knappe zwei Prozent des verfügbaren Informationsangebots von den Empfängern beachtet werden, den Rest bezeichneten sie als Informationsmüll.[12] Die Informationsüberlastung wurde dabei aus dem Verhältnis von Informationsnachfrage und Informationsangebot bestimmt.[13] Die Nachfrage

---

9 Barth (1995) S. 17.

10 Vgl. Brychcy (1996) S. 21.

11 Vgl. zu Vertrauensgütern *Kapitel I, Abschnitt 2.*

12 Vgl. Brünne u.a. (1987); vgl. auch Kroeber-Riel / Weinberg (1996) S. 613 f. Für den Hörfunk wurde ein Informationsüberlastungsgrad von 99,4 % und für das Fernsehen von 96,8 % gemessen.

13 Es lag folgende Berechnungsformel zugrunde: ($\textit{Überlastung} = 1 - \frac{\textit{Nachfrage}}{\textit{Angebot}}$).

wurde operationalisiert, indem die durchschnittlich wahrgenommene Informationsmenge pro Zeiteinheit mit der Lesezeit und einem Aufmerksamkeitskoeffizienten multipliziert wurde. Das Informationsangebot resultierte aus der Summe der kleinsten, visuell und akustisch noch (subjektiv) wahrnehmbaren Informationselemente. Es stellt sich die Frage, ob durch multimediale Kommunikationsdienste, die von *Brünne u.a.* gemessene Informationsüberlastung reduziert oder weiter erhöht wird. *Backhaus und Glomb* vertreten in dieser Frage eine optimistische Sicht. Sie behaupten, daß die sinkende Informationseffizienz der herkömmlichen One-Way-Massenkommunikation nur durch multimediale und interaktive Kommunikationsdienste aufgefangen werden kann.[14] Ihrer Argumentation zufolge kann mit Hilfe dieser Dienste die Bildlosigkeit und Anonymität herkömmlicher Kommunikationsträger aufgebrochen werden. Das wirke sich wiederum positiv auf die individuelle Leistung der Informationsverarbeitung aus und baue allgemein Unsicherheit hinsichtlich des Einsatzes elektronischer Kommunikationsformen ab. Auch *Raffée u.a.* schließen aus der zunehmenden Nutzung neuer Medien auf eine Erweiterung der Informationsverarbeitungskapazität privater Haushalte.[15] Sie unterstellen, daß der individuelle und situationsgerecht dosierte Zugriff über Offline- oder Online-Dienste die Selektion relevanter Informationen erleichtert und dem Entstehen von Informationsüberlastung sowie Unsicherheit vorbeugt.

Opaschowski, der von einer deutschen Medienphobie spricht, vertritt einen entgegengesetzten Standpunkt. In einer Repräsentativbefragung von 2.600 Personen ab 14 Jahren kommt er zu dem Ergebnis, daß in Deutschland eine große Unsicherheit gegenüber neuen Medien und deren Anwendungen besteht.[16] Viele der Befragten fühlen sich von Möglichkeiten wie *Teleshopping* und *Video on Demand* überfordert oder sogar bedroht. Vor allem Höhergebildete befürchten eine Vereinsamung bzw. einen Verlust von zwischenmenschlichen Kontakten. Das entspricht den Bedenken vieler Kommunikationswissenschaftler, die durch multimediale Kommunikationsdienste und deren Anwendungen Einbußen bei sozialen Kontakten, d.h. Einbußen auf der pragmatischen Ebene von Kommunikation, erwarten.[17] Neben den Ängsten vor sozialen Folgen haben viele der Befragten das Gefühl, „daß die Industrie gar nicht wissen will, ob die Kon-

---

[14] Vgl. Backhaus / Glomb (1994) S. 6.

[15] Vgl. Raffée u.a. (1988) S. 8 f.

[16] Vgl. Opaschowski (1995) S. 36 - 40. Auch eine erweiterte Befragung im Jahre 1997 bestätigte das Ergebnis. Vgl. Opaschowski (1997).

[17] Befürworter argumentieren gerade umgekehrt, indem sie neuen Medien ein hohes Potential für pragmatische Informationsinhalte zuweisen.

sumenten das eigentlich haben wollen",[18] obwohl nach dieser Studie 35 % der deutschen Bevölkerung davon überzeugt sind, daß das Angebot an neuen Medien von Seiten der privaten Haushalte nicht akzeptiert wird. Kritiker, vor allem aus dem Lager der Anbieter, bemängeln, daß in der Studie von Opaschowski die Meinung von qualifizierten Minderheiten nicht ausreichend beachtet wird.[19] Zudem kann *Opaschowski* mit seiner Untersuchung zwar eine ausgeprägte Unsicherheit in der Bevölkerung nachweisen, verengt aber die Ursachenforschung auf die exogene Größe der Medien- bzw. Informationsflut.

Wirtschaftliche Apekte der Unsicherheit werden in den Untersuchungen von *Brünne u.a.*, *Backhaus und Glomb, Raffée u.a.* oder auch *Opaschowski* nicht ausreichend analysiert, obwohl bei den Kommunikationsdiensten und deren Anwendungen für elektronischen Geschäftsverkehr häufig eine *geringe Kostentransparenz* vorliegt. Wie aus **Anhang A3** ersichtlich, existiert z.B. für den kommerziellen Online-Dienst *T-Online* eine Nutzungs-, Grund- und Anschlußgebühr. Die Nutzungsgebühr besteht aus einem Normal- und einem Billigtarif für Gateway-Zugänge und einem Standardtarif für PPP-Zugänge. Bei Einwahl über das Telekom-Gateway fällt zudem noch eine gesonderte Gebühr für die Internetnutzung an. Rechnet man noch die Kosten für die Nutzung eines Fernsprechnetzes mit drei verschiedenen (zeitbedingten) Ortstarifen hinzu, so wird deutlich, daß potentielle Nutzer von *T-Online* sich insgesamt mit zwei Fixgebühren (Anschluß- und Grundgebühr) und 6 Tarifen (2x3) im Rahmen der Nutzungs- und Internetgebühren auseinandersetzen müssen. Unübersichtliche Gebührenregelungen finden sich auch innerhalb einzelner Anwendungen elektronischer Marktdienste.[20] Beispielsweise haben Konsumenten häufig Schwierigkeiten, vorliegende Angebote im Rahmen von Telebanking oder Teleshopping hinsichtlich ihrer Seriosität einzuschätzen. Neben der geringen Kostentransparenz werden auch individuelle, auf einzelne Haushaltsmitglieder bezogene Ursachen der Unsicherheit vernachlässigt. So lassen sich in Deutschland potentielle Nutzer wegen Sprachbarrieren von neuen E-Marktdiensten, deren Inhalte zum Teil in englischer Sprache verfaßt sind, abschrekken.[21] Ferner übergehen die oben genannten Untersuchungen soziale Merkmale, wie z.B. Rollenverteilung oder Gewohnheiten im privaten Haushalt.

---

18 Opaschowski (1995) S. 38.
19 Vgl. Gertz (1995b) S. 18.
20 Vgl. o.V (1998) S. 3; Kürble (1996) S. 112.
21 Eine Verringerung der Sprachprobleme ist jedoch mit neuen Übersetzungsprogrammen (z.B. Web Translator) zu erwarten.

2. Haushaltsbedingte Ursachen der Einsatzunsicherheit

Weniger umstrittene und exaktere Ergebnisse zu umweltseitigen Ursachen der Unsicherheit beim Einsatz des elektronischen Geschäftsverkehrs sind voraussichtlich erst mit Abschluß der laufenden Pilotversuche zu erwarten.[22] Davon unabhängig kann jedoch festgehalten werden, daß bei der derzeitigen Entwicklungsdynamik des elektronischen Geschäftsverkehrs die Unsicherheit bei privaten Haushalten eher noch zunehmen wird. Allerdings kann diese Unsicherheit sehr verschieden ausgeprägt sein. Sie hängt ab von den Anwendungsmöglichkeiten einzelner Kommunikationsdienste sowie von haushaltsbedingten Faktoren.[23] Aussagen hinsichtlich auftretender Unsicherheit haben somit nur einen Wert in Verbindung mit der Beschreibung der haushaltsinternen Beschränkungen beim Einsatz des elektronischen Geschäftsverkehrs. Dabei sind sowohl personenzentrierte als auch personenübergreifende Hemmnisse in privaten Haushalten zu berücksichtigen.

2.1. Aktivitäten im Entscheidungsverhalten privater Haushalte

Mit der technisch bedingten Beschleunigung von Informations- und Kommunikationsaktivitäten in Wirtschaft und Gesellschaft konzentriert sich die Erforschung der Entscheidungsbildung bei Individuen und Gruppen zunehmend auf deren Informationsverhalten. Empirische Erhebungen von Witte und Mitarbeitern zeigen, daß Informationsaktivitäten den Großteil aller Handlungen in wirtschaftlichen Entscheidungsprozessen ausmachen.[24] Das Informationsverhalten von privaten Haushalten wird vor allem von der Haushaltswissenschaft und der Konsumentenforschung im Rahmen der wirtschaftswissenschaftlichen Disziplin *Marketing* aufgegriffen. Beschränkte man sich anfangs auf einzelne, beobachtbare Variablen, so stehen seit Beginn der 80er Jahre theoretische Erklärungsansätze im Vordergrund.[25] Aus der Fülle vorhandener Ansätze wird im folgenden zunächst eine prozeßorientierte Sichtweise des Informationsverhaltens vorgestellt, bevor auf weitere Einzelansätze Bezug genommen wird.[26] Die prozeßorientierte Sichtweise unterteilt das menschliche Informationsverhalten in einzelne

---

22 Allerdings sind in Deutschland viele Pilotprojekte für elektronischen Geschäftsverkehr nur auf den zwischenbetrieblichen Bereich ausgerichtet.

23 Vgl. zu Anwendungsmöglichkeiten multimedialer Kommunikationsdienste *Abbildung III-20*.

24 Vgl. Witte (1972).

25 Vgl. Datzer (1983) S. 81.

26 Weitere Erklärungsansätze sind der dissonanztheoretische Ansatz, das Konzept der Informationsneigung, das Mehr-Speicher-Modell und der Komplexitätsansatz. Vgl. Datzer (1983) S. 80 ff.

Informationsphasen. Analog lassen sich für das Informationsverhalten im privaten Haushalt, das von seinen Mitgliedern abhängt, folgende Aktivitäten unterscheiden:[27]

1. Informationsaufnahme
2. Informationsverarbeitung
3. Informationsspeicherung
4. Informationsverwendung

Die *Informationsaufnahme* umfaßt bei privaten Haushalten die Ermittlung des Informationsbedarfs und die Informationsbeschaffung. Der Informationsbedarf resultiert aus bestimmten Problemstellungen, Zielen und Rahmenfaktoren, die dem menschlichen Entscheidungs- bzw. Informationsverhalten zugrunde liegen.[28] Man unterscheidet generell zwischen dem objektiven Informationsbedarf, der sich aus der inhaltlichen Problemstruktur ergibt, und dem subjektiven Informationsbedarf, der von der Sichtweise des Problemträgers ausgeht.[29] Vor allem in Entscheidungssituationen, die ein bewußtes Informationsverhalten voraussetzen, sind beide Komponenten oft nicht deckungsgleich. Bei privaten Haushalten dominiert dann der subjektive Bedarf, da sie aufgrund beschränkter Informationsaktivitäten den objektiven Informationsbedarf nur schwer ermitteln können.

Die Informationsbeschaffung bedient sich unterschiedlicher Quellen.[30] Grundsätzlich gibt es die Möglichkeit der haushaltsinternen Informationsgewinnung (Wissensvorrat einzelner Haushaltsmitglieder) und des Fremdbezugs aus externen Quellen. Bei privaten Haushalten sind vor allem externe Quellen, die sich aus persönlichen Kontakten zu Freunden oder Bekannten ergeben, von Bedeutung. Hingegen spielen Informationsquellen aus dem weiteren Umfeld, wie Printmedien oder Informationsdienste (Verbraucherberatung), bisher nur eine untergeordnete Rolle.[31]

Eine *Informationsverarbeitung* findet bei privaten Haushalten überwiegend über die Mitglieder ohne Einsatz technischer Hilfsmittel statt. Informationen können deshalb

---

27 Vgl. Karg (1993) S. 67; Raffée u.a. (1988) S. 93 ff; Tschammer-Osten (1979) S. 151 ff.

28 Vgl. Picot u.a. (1998) S. 106.

29 Objektiver Informationsbedarf ergibt sich z.B. aus einer konkreten Aufgabenstellung. Subjektiver Informationsbedarf resultiert demzufolge aus nicht aufgabenkonformen Wünschen und Vorstellungen.

30 Vgl. Tschammer-Osten (1979) S. 152.

31 Vgl. Raffée (1969) S. 96 ff. Elektronische Informationsdienste können hier jedoch eine Änderung bewirken.

nur partiell verarbeitet werden: „Selbst wo (z.B. durch Testzeitschriften) Totalinformationen bereitstehen, macht der Haushalt nur zu einem kleinen Teil davon Gebrauch.“[32] Wie die Gedächtnis- und Verhaltenspsychologie zeigt, hat die Ausgestaltung bestimmter kognitiver und emotionaler Verhaltensweisen, wie Lernverhalten oder Einstellungen, einen entscheidenden Einfluß auf die individuelle Fähigkeit zur Informationsverarbeitung.[33] Deutlich werden diese Fähigkeiten an sozialen Faktoren (z.B. Ausbildung, Beruf), die allerdings auch umgekehrt die Entwicklung der Verhaltensweisen beeinflussen können.

Die *Informationsspeicherung* bei privaten Haushalten ist ebenfalls geprägt von Begrenzungen durch kognitive Fähigkeiten (z.B. Behaltensfähigkeit) und von emotionalen Verhaltensweisen. Technische Speichermedien, wie sie häufig in Unternehmen anzutreffen sind, werden nur selten verwendet. Es gibt nur in Ausnahmefällen ein ausgebautes Informationswesen, z.B. in Form einer Buchhaltung oder Kostenrechnung, und es fehlt häufig eine Dokumentation und Archivierung von Informationen. Allerdings ist anzunehmen, daß auch private Haushalte von den verbesserten Möglichkeiten organisierter Datenspeicherung in zunehmendem Maße profitieren und davon Gebrauch machen werden.[34]

Die letzte und vierte Phase ist die *Informationsverwendung*. Sie geht direkt in eine Entscheidung mit anschließender Handlung über. Die Handlung kann dabei auch eine Weitergabe von Informationen an Haushaltsmitglieder, Freunde oder an Personen aus dem staatlichen und wirtschaftlichen Umfeld beinhalten. Letzteres bezieht sich auf den elektronischen Geschäftsverkehr, wo Informationen zu Transaktionszwecken gesendet und empfangen werden.

2.2. Psychische Verhaltensrestriktionen

Aus der Betrachtung der einzelnen Phasen des Informationsverhaltens geht hervor, daß haushälterische Entscheidungsprozesse einer Reihe von Beschränkungen unterliegen. Eine theoretische Erklärung für personenzentrierte kognitive Beschränkungen ermöglicht der Komplexitätsansatz. Er basiert auf Untersuchungen zur menschlichen Wahrnehmungs- und Gedächtnisleistung, in denen der Einfluß der Informationsmenge auf

---

32 Tschammer-Osten (1979) S. 154.

33 Vgl. auch zum Ablauf der menschlichen Informationsverarbeitung Rosenstiel v. / Neumann (1992) S. 44; Hagge (1994) S. 18 ff.

34 Vgl. Karg (1993) S. 70.

das Informationsverhalten bestimmt wird.[35] Durch mehrere Experimente von Jacoby u.a. konnte nachgewiesen werden, daß das Überschreiten einer bestimmten Informationsmenge zur Informationsüberlastung bzw. zur Informationsüberflutung (information overload) führt.[36] Miller konkretisiert diese Beobachtung durch das empirische Ergebnis, daß im Durchschnitt die simultane Informationsaufnahme und -verarbeitung auf maximal sechs bis sieben Informationseinheiten beschränkt ist.[37] Die Kapazität kann jedoch durch die Zusammenfassung von Einheiten zu größeren Kategorien (information chunks) ausgedehnt werden.[38] Nach Miller kennzeichnet vor allem diese kognitive Organisationsmöglichkeit die individuellen Unterschiede beim menschlichen Problemlösungs- und Lernverhalten. Neuere Untersuchungen berücksichtigen neben der Informationsmenge noch eine Reihe weiterer Einflußgrößen.[39] So unterscheidet Katz, vergleichbar zu der für dieses Kapitel getroffenen Unterscheidung, zwischen endogenen Faktoren, die er der kognitiven Komplexität zuordnet, und exogenen Faktoren, die bestimmend für Informations- und Situationskomplexität sind.[40] Zu den endogenen Faktoren gehören die menschlichen Selektionsfähigkeiten sowie das einer Person zur Verfügung stehende Repertoire an Integrationsregeln (Kategorisierungsfähigkeit). Die exogenen Faktoren beinhalten objektiv bestimmbare Aspekte einer Informationssituation, wie die Menge, Vielfalt, Veränderungsrate oder das syntaktische und semantische Niveau von Informationen sowie alle Einflußgrößen aus der Umwelt. Emotionale Merkmale von Konsumenten werden von Katz nur eingeschränkt im Rahmen der Situationskomplexität berücksichtigt. Faktoren wie das individuelle Interesse, Akzeptanz oder Furcht besitzen jedoch in vielen Entscheidungssituationen einen erheblichen Einfluß auf das Informationsverhalten. Nach dem Schrifttum zum Entscheidungsverhalten von Konsumenten sind emotionale Faktoren sogar ausschlaggebend dafür, welche Informationen wie aus dem Informationsangebot wahrgenommen und weiterverarbeitet werden.[41] Dabei werden nicht nur die originären, psychischen Informationsaktivitäten

---

35 Vgl. zum Komplexitätsansatz Schroder u.a. (1975); Silberer (1979) S. 97; Katz (1983) S. 163 ff.

36 Jacoby u.a. verwendeten als Informationsitems verschiedene Eigenschaften von Waschmittelmarken. Vgl. Jacoby u.a. (1974); Berndt (1983) S. 94 ff.

37 Vgl. Miller (1967) S. 81 - 97. Der Komplexitätsansatz und die Ergebnisse von Miller sind Grundlage zahlreicher Ansätze der Informationsökonomik (z.B. Theorie der beschränkten Rationalität).

38 Ein Beispiel für *information chunking* ist die Kodierung von Binärziffern zu Dezimalzahlen. Vgl. Hagge (1994) S. 111 f.

39 In der Literatur wird häufig auch von Informationspathologien gesprochen. Vgl. Evans / Wurster (1997) S. 73 f; Scholl (1992); Willensky (1967).

40 Vgl. Katz (1983) S. 163 - 182.

41 In der Literatur wird in diesem Zusammenhang von der Informationsneigung und der subjektiven Bedeutung, Interessantheit, Glaubwürdigkeit oder Entscheidungsrelevanz von Informationen gesprochen. Vgl. dazu Kroeber-Riel / Weinberg (1996) S. 247 f.; Hagge (1994) S. 101; Berndt (1983) S. 19 f.

berücksichtigt, sondern auch der damit verbundene Einsatz von Informationsquellen oder von technischen Hilfsmitteln. Emotionale Merkmale zeigen sich bereits vor Abschluß einer Entscheidung an grundlegenden Einstellungen (Überzeugungen) der Beteiligten.[42] Bezogen auf elektronischen Geschäftsverkehr sind vor allem Einstellungen, wie z.B. Aufgeschlossenheit gegenüber Technik, elektronischen Medien oder Konsum, von zentraler Bedeutung.[43] Ihr Fehlen kann den Einsatz des elektronischen Geschäftsverkehrs grundlegend in Frage stellen.[44]

Unter Berücksichtigung weiterer Einzelansätze zur Erklärung des Entscheidungsverhaltens differenziert Kroeber-Riel zwischen kognitiven, emotionalen und sozialen Restriktionen.[45] Während sich die kognitiven und emotionalen Restriktionen aus den Merkmalen einzelner Personen ergeben, werden unter sozialen Restriktionen alle Beschränkungen, die mit der Umwelt einer Person zusammenhängen, subsumiert. In Anlehnung an diese Abgrenzung bietet sich folgende Unterteilung von Einflußgrößen auf Entscheidungen über den Einsatz des elektronischen Geschäftsverkehrs an:

Kognitive und emotionale Hemmnisse können begrifflich als **psychische Verhaltensrestriktionen** bezeichnet werden. Sie beruhen auf Faktoren der individuellen Wahrnehmung, Lernfähigkeit, Behaltensfähigkeit und auf der Einstellung der Haushaltsmitglieder. Aufgrund ihres direkten Einflusses auf das Entscheidungs- bzw. Informationsverhalten privater Haushalte stehen sie im Vordergrund einer Beurteilung der Unsicherheit beim Einsatz des elektronischen Geschäftsverkehrs.[46] Ursachen, die Kroeber-Riel als Beschränkungen aus der sozialen Umwelt klassifiziert und die nur mittelbar die Entscheidungen privater Haushalte beeinflussen, bilden die sozialen Restriktionen. Diese Faktoren besitzen zwar einen starken Einfluß auf die psychischen Merkmale, aber als bestimmend werden im Entscheidungsverhalten privater Haushalte die aktivierenden und kognitiven Prozesse angesehen.[47] Für die Bewertung von Unsicherheit im Rahmen des Einsatzes des elektronischen Geschäftsverkehrs sind somit **soziale Restriktionen** als ergänzende Faktoren zu berücksichtigen.

42 Im Schrifttum zum Konsumentenverhalten werden emotionale Merkmale auch als aktivierende Prozesse bezeichnet. Vgl. Kroeber-Riel / Weinberg (1996) S. 53 - 58; Piorkowsky (1997) S. 63.
43 Vgl. Witte (1995) S. 18.
44 Vgl. Nagler-Springmann (1997) S. 25.
45 Vgl. Kroeber-Riel / Weinberg (1996) S. 369.
46 Mit der wachsenden Zahl der Einpersonenhaushalte in Deutschland nimmt die Bedeutung der psychischen Faktoren zu. Vgl. Kutsch (1997) S. 186 f.
47 Vgl. Piorkowsky (1997) S. 65.

2.3. Soziale Verhaltensrestriktionen

Soziale Verhaltensrestriktionen ergeben sich aus den soziodemographischen und soziokulturellen Gegebenheiten privater Haushalte. *Soziodemographische Merkmale* beziehen sich im wesentlichen auf die Zusammensetzung und Finanzstruktur eines Haushalts. Dazu gehören z.B. Merkmale wie Zahl, Alter und Ausbildung der Haushaltsmitglieder (Haushaltsgröße) sowie Größe des Vermögens und Höhe des Einkommens.[48] Entsprechend dieser Merkmale variiert der Entscheidungsspielraum privater Haushalte. Studien der OECD zeigen, daß Haushalte mit vielen (und vor allem jüngeren) Personen, sowie Haushalte mit überdurchschnittlichem Einkommen und hohem Bildungsstand der Mitglieder geringe Unsicherheit gegenüber modernen Kommunikationstechnologien und deren Anwendungsmöglichkeiten aufweisen.[49] Allerdings bleibt zu berücksichtigen, daß sich der Einsatz technischer Hilfsmittel zur Abwicklung geschäftlicher Vorgänge auch lohnen muß. Nach Meyer und Schulze kommt elektronischer Geschäftsverkehr für private Haushalte vor allem bei knappem Zeitbudget in Frage, wie es z.B. bei Familienhaushalten, Haushalten mit vollerwerbstätigen Personen oder Single-Haushalten mit hoher Mobilität oft der Fall ist.[50]

Aus anthropologischer Sicht beschreiben *soziokulturelle Merkmale* die Gesamtheit der gelebten und gewachsenen Traditionen sowie Wertorientierungen.[51] Sie zeigen sich in privaten Haushalten an Gewohnheiten, Beziehungsstrukturen und an der Einstellung von Haushaltsmitgliedern. Von besonderer Bedeutung sind sie bei der Informationsaufnahme, da sie die subjektive Sichtweite von Entscheidungsträgern widerspiegeln. Die Haushaltskultur kann zum Ausschluß von externen (sachlichen und persönlichen) Informationsquellen führen oder informelle Filter hervorbringen, die eine Aufnahme bestimmter Informationsinhalte nicht zulassen. Während beim Filtern eingehende Informationen zumeist einer unbewußten und schnellen Gewichtung unterzogen werden, unterbleibt dies beim Ausschluß.[52]

Bei Einpersonenhaushalten sind Einstellungen und gewachsene Gewohnheiten zentraler Teil der Kultur. Bei Mehrpersonenhaushalten sind zusätzlich noch Beziehungsstrukturen zu berücksichtigen, die sich z.B. in Meinungsführerschaft manifestieren.

---

48 Vgl. *Kapitel I, Abschnitt 1.2*; Piorkowsky (1997) S. 35 f.

49 Vgl. OECD (1997b) S. 87 ff.

50 Vgl. Meyer / Schulze (1996) S. 55 f.; vgl. auch *Kapitel III, Abschnitt 1.3.3*.

51 Vgl. Schreyögg (1992) Sp. 1526; Schweitzer v. (1991) S. 146 ff.

52 Auslassen und Filtern von Informationen sind grundlegende Fähigkeiten der menschlichen Informationsselektion. Vgl. Hagge (1994) S. 98 - 106.

Meinungsführer agieren als Informationsmittler zwischen Außen- und Innenwelt eines Haushalts und üben Einfluß auf die Meinung anderer Mitglieder aus.[53] Sie tragen damit wesentlich zur Informationsfilterung bei Mehrpersonenhaushalten bei. Meinungsführerschaft in Haushalten zeigt sich in der Rollenverteilung zwischen den an Entscheidungsprozessen beteiligten Mitgliedern.[54] Abhängig vom Entscheidungsobjekt (z.B. Produkt) und der Entscheidungssituation (Verhaltenskontext, soziokultureller Hintergrund) finden sich im Mehrpersonenhaushalt meist mehrere Meinungsführer. Parsons und Bales unterscheiden dabei für Familienhaushalte zwischen aufgabenorientierten und stimmungsorientierten Meinungsführern, wobei sie die aufgabenbezogene Rolle überwiegend den Männern und die stimmungsbezogene Rolle eher den Frauen zuweisen.[55] Trotz der kulturbedingten Veränderungen im Rollenverständnis von Mann und Frau wird dieser grundlegenden Differenzierung auch heute noch Relevanz beigemessen.[56] Allerdings lassen sich die beiden Rollen nicht mehr durchgehend geschlechtsspezifisch trennen, sondern können je nach Haushaltstyp ganz unterschiedliche Verteilungen aufweisen. Beide Rollen üben jedoch einen starken Einfluß auf Entscheidungsergebnisse aus, indem sie die Informationsaufnahme der übrigen Mitglieder durch Filterung steuern. Ein zurückgehender Einfluß der soziokulturellen Beschränkungen kann den Einsatz des elektronischen Geschäftsverkehrs nachhaltig begünstigen. Die abnehmende Bedeutung traditioneller Bindungen und zunehmender gesellschaftlicher Wertpluralismus weisen in vielen Ländern in diese Richtung. Insbesondere die Globalisierung von Denk- und Lebensräumen verändert regionale Traditionen und läßt international vernetzte Kommunikationsbeziehungen entstehen.[57]

Aufgrund der Restriktionen in privaten Haushalten sinkt ab einer bestimmten Grenze wachsender Umweltkomplexität die Fähigkeit, sich für gezielte Handlungen zu entscheiden. Die Grenze kann sehr unterschiedlich sein. Sie variiert, je nach individueller Wahrnehmungs- und Lernfähigkeit und entsprechend den Einstellungen sowie den sozialen Gegebenheiten im Haushalt.[58] Die Folge hoher Umweltkomplexität, gepaart mit ausgeprägten Verhaltensrestriktionen, ist Unsicherheit. Sie kann in der Phase der Informationsverwendung zu Fehlentscheidungen führen. Sie kann sich darüber hinaus

---

53 Vgl. zum Konzept des Meinungsführers Rosenstiel v. / Neumann (1992) S. 192. Vgl. zu Meinungsführern bei Teleshopping *Kapitel III, Abschnitt 2.3.2.*

54 Vgl. zur Rollenstruktur im privaten Haushalt Kirchler (1989); Kroeber-Riel / Weinberg (1996) S. 452 ff; Kutsch (1997) S. 274 ff.

55 Vgl. Parsons / Bales (1955); Kirchler (1989) S. 30.

56 Vgl. Kroeber-Riel / Weinberg (1996) S. 460 f.

57 Vgl. Höfling (1996) S. 17.

58 Vgl. Henry (1980) S. 47; vgl. zur menschlichen Problemlösungsfähigkeit Minnig (1991) S. 153 ff.

auch bis zur kognitiven Dissonanz verstärken.[59] Der aus der Sozialpsychologie stammende Begriff der *kognitiven Dissonanz* besagt, daß nach der Aufnahme widersprüchlicher Informationen bei Informationsüberfluß oder nach unbestätigten Erwartungen kognitive Abwehrreaktionen entstehen können.[60] Solche Abwehrreaktionen können zu einer sofortigen Verminderung der kognitiven Dissonanz führen. Oft lösen sie auch ein nachträgliches Informationsverhalten aus, um über die Aufnahme und Verarbeitung zusätzlicher Bestätigungs- oder Ablehnungsinformationen eine Dissonanzreduktion herbeizuführen.[61]

Auf der Grundlage einer Analyse der genannten Restriktionen im Entscheidungsverhalten lassen sich Haushaltstypen definieren, die sich durch Unterschiede in den kognitiven Fähigkeiten und Einstellungen der Haushaltsmitglieder und in den sozialen Merkmalen auszeichnen. Ohne Betrachtung solcher Haushaltstypen sind Aussagen zur Nutzung von elektronischen Marktdiensten nur begrenzt möglich.

3. Abgrenzung von Haushaltstypen für elektronische Geschäftsanwendungen

In der Phase der Implementierung von E-Markttechnologien wird Unsicherheit in privaten Haushalten vor allem durch umweltseitige Ursachen, wie Komplexität und Vielfalt der Informations- und Kommunikationstechnologien, hervorgerufen.[62] Eine Eingrenzung dieser Ursachen ermöglicht die matrixförmige Darstellung aus Abbildung III-20, wo jeder Anwendung-Dienst-Kombination (A-D-K) ein klares technologisches Anforderungsprofil zugeordnet wird. Damit läßt sich aber nicht nur das Ausmaß der Unsicherheit bei der Implementierung bestimmen, sondern es können auch erste Schlußfolgerungen für die Entwicklung solcher Technologien abgeleitet werden. So gilt generell, daß nur über durchschaubare und konsumentengerechte Lösungen für Endgeräte, Datenübertragungseinrichtungen und Kommunikationsnetze die Implementierung von E-Markttechnologien in privaten Haushalten begünstigt wird.

Für die Beurteilung der Nutzung von E-Marktdiensten ist die alleinige Betrachtung der technischen Komplexität bzw. der Anwenderfreundlichkeit einzelner A-D-K, also von umweltseitigen Faktoren, unzureichend. Mit dieser Sichtweise würde man unterstellen,

---

[59] Vgl. Festinger (1957).

[60] Vgl. Berndt (1983) S. 35; Kroeber-Riel / Weinberg (1996) S. 183 ff.

[61] Nachträgliches Informationsverhalten zeigt sich z.B. in der Nachkaufphase, wenn weitere Informationen über das erworbene Gut eingeholt werden.

[62] Vgl. *Abschnitt IV.1.1.*

daß zwischen dem technischen Leistungsvermögen multimedialer Kommunikationsdienste und der Unsicherheit seitens der Nutzer eine Abhängigkeit besteht. Kommunikationsdienste mit technisch ausgereiften Anwendungen für elektronischen Geschäftsverkehr würden damit zu einem geringeren Unsicherheitsniveau bei ihren Anwendern führen. Umgekehrte Zustände hätten eine Verstärkung der Nutzungsunsicherheit zur Folge. Am Beispiel Telebanking über Internetdienste ließe sich dieser Zusammenhang sogar begründen, da der niedrige technische Sicherheitsstandard im Internet zu einer ausgeprägten Verunsicherung bei der Mehrzahl der Nutzer führt. Berücksichtigt man aber zusätzlich die haushaltsbedingten Ursachen von Unsicherheit, dann geht diese Korrelationsthese an der Realität vorbei. Private Haushalte, die sich über ihre Mitglieder konstituieren, unterliegen zum einen einer sehr beschränkten Informationsverarbeitungskapazität. Beispielsweise kann im *World Wide Web* aufgrund von *kognitiven Beschränkungen* oftmals nur ein Bruchteil des umfangreichen Informationsangebotes verarbeitet und genutzt werden. Zum anderen wird der Einsatz technisch aufwendiger und gebührenpflichtiger Kommunikationsdienste für elektronischen Geschäftsverkehr durch negative Einstellungen (*emotionale Merkmale*), denen häufig Ausbildungs-, Vermögens- oder Einkommenslimitierungen zugrunde liegen (*soziodemographische Merkmale*), erschwert. Schließlich können auch bestimmte Gewohnheiten, z.B. in der Mediennutzung oder im Einkaufsverhalten, die Unsicherheit im Umgang mit elektronischem Geschäftsverkehr noch weiter verstärken (*soziokulturelle Merkmale*).

Möchte man die Nutzung elektronischer Marktdienste durch private Haushalte einer genaueren Analyse unterwerfen, so bietet sich die Bildung verschiedener Haushaltstypen an. Auf diesem Wege lassen sich Unterschiede zwischen den Nutzern aufzeigen und Konsequenzen für die Realisierung elektronischer Marktsysteme ziehen. Konkret können Anbieter damit z.B. das Potential bestimmter Anwendung-Dienst-Kombinationen (A-D-K) für neue Vertriebswege differenzierter planen. Auch kann die Entwicklung und Bereitstellung entsprechender Systemtechnologien an die besonderen Bedürfnisse und Erwartungen einzelner Haushaltsgruppen exakter angepaßt werden. Beginnend mit Typenbeschreibungen aus abgeschlossenen Studien zum Teleshopping wird im folgenden eine Basistypologisierung entwickelt, die die haushaltsbedingten Ursachen von Unsicherheit gegenüber elektronischen Geschäftsanwendungen in den Mittelpunkt stellt. Abschließend wird im Rahmen eines Exkurses auf die Operationalisierung und Messung dieser Ursachen, auf die datenanalytische Auswertung und Abgrenzung von Haushaltstypen eingegangen.

3.1. Haushaltstypologisierung am Beispiel von Teleshopping

Allgemein findet man in der Literatur zur Konsumentenforschung zahlreiche praktische Beispiele, die Konsumenten- bzw. Haushaltstypologien vor allem mit Hilfe von Segment- oder Clusteranalysen entwickeln.[63] Ein vergleichbares Vorgehen für Teleshopping kann aus der bereits erwähnten Studie der Universität München entnommen werden.[64] Ausgehend von einer Akzeptanzuntersuchung wurde mittels Clusteranalyse eine Typologie für 264 befragte Haushalte erstellt. Dabei lag die Hypothese zugrunde, daß besonders Einstellungen hinsichtlich Innovationen, Technik, Fernsehen, Werbung und Konsum sowie das Einkaufs- und Freizeitverhalten einen entscheidenden Einfluß auf die Beurteilung von Teleshopping besitzen. In einem zweiten Schritt wurde mit Hilfe von Korrelationen der Zusammenhang zwischen den Ausprägungen dieser Einstellungen und Verhaltensweisen mit der Akzeptanz von Teleshopping überprüft. Für Innovations- und Technikaufgeschlossenheit sowie affirmative Grundhaltung zu Fernsehen und Werbung ergab sich mit der Akzeptanz eine positive Korrelation. Die Konsumfreude korrelierte hingegen negativ mit der Akzeptanz. Einkaufs- und Freizeitverhalten hatten nur einen marginalen Einfluß auf die Akzeptanz, dienten aber als weiteres Merkmal zur Abgrenzung der Haushaltstypen, die sich wie folgt darstellen:

- die "Vorsichtigen"
- die "Genießer"
- die "Technokraten"

Die "*Vorsichtigen*", die 51 % der Befragten ausmachen, zeigen eine eher abwehrende Einstellung gegenüber Innovationen, Technik, Fernsehen, Werbung und Konsum. Ihr Einkaufsverhalten ist immer rational und geplant. Ihre Freizeit verbringen sie in bekannter Umgebung. Gegenüber Teleshopping nehmen sie eine ablehnende Haltung ein. Die "*Genießer*" (33 % der Befragten) dagegen zeichnen sich durch eine sehr emotionale Einkaufsweise aus, was sich in der positiven Einstellung zu Konsum, Werbung und Freizeit widerspiegelt. Allerdings bleibt ihre Einstellung zu Teleshopping indifferent, da ihre Technik- und Innovationsaufgeschlossenheit nur eine Mittelstellung einnimmt. Die kleinste Gruppe mit 16 % der Befragten, die "*Technokraten*", gehören zu den potentiellen Akzeptierern von Teleshopping. Ihre Freizeit gestalten sie eher passiv und zeigen nur geringe Konsumfreude. Jedoch sind sie gegenüber neuen Innovationen,

---

63 Vgl. Freter (1995) Sp. 1810; Datzer (1983) S. 133 f.

64 Vgl. Witte (1995) S. 18 - 26; Franke u.a. (1995) S. 200.

Techniken und dem Fernsehen ganz besonders aufgeschlossen. Sie sehen im Teleshopping einen nutzenstiftenden Ersatz für traditionelle, oft mühsame Einkaufswege.

Zusammenfassend läßt sich feststellen, daß diese drei Einstellungscluster ein differenziertes Bild möglicher Haushaltstypen vermitteln. Es geht weit über das Kriterium Akzeptanz von Teleshopping hinaus. Betrachtet man die Einstellungsmuster der Befragten als emotionale Verhaltensrestriktionen, so lassen sich die drei Cluster auch als Haushaltstypen mit Unterschieden hinsichtlich ihrer Sicherheit im Umgang mit Teleshopping interpretieren. Da in der Clusteranalyse der Teleshopping-Studie weder kognitive noch soziale Merkmale der befragten Haushalte berücksichtigt werden, liegt allerdings keine umfassende Kennzeichnung der gebildeten Typen vor.[65] Auch wird die Bedeutung von alternativen Diensten der Telekommunikation für das Teleshopping vollständig vernachlässigt. Aufgrund der Vielzahl möglicher Kommunikationsdienste existieren sehr unterschiedliche Formen von Teleshopping, die sich hinsichtlich technologischer Komponenten und im Nutzerprofil unterscheiden. Eine für Anbieter zweckmäßige Typenbildung von Teleshopping-Nutzern erfordert deshalb im Vorfeld eine Einschränkung auf Haushalte, die einen bestimmten Kommunikationsdienst (z.B. WWW) bereits nutzen oder zumindest präferieren.[66]

Für Teleshopping findet sich neben der Studie der Universität München noch ein interessanter Segmentierungsvorschlag bei Meffert. Er unterscheidet Haushaltsgruppen hinsichtlich ihrer Nutzung von *Bildschirmtext als Einkaufsinstrument* nach der Aktivität im Informationssuchverhalten (Informationsneigung).[67] Diese Aktivität beschreibt er – analog mit den obig dargestellten Verhaltensrestriktionen in privaten Haushalten – mit psychischen und soziodemographischen Merkmalen. Er differenziert drei Typen: aktive, neutrale und passive Informationssucher. Im Gegensatz zu den passiven zählen die aktiven Informationssucher zu den ersten Teilnehmern am Bildschirmtext. Sie sind jüngeren Alters und zeichnen sich durch Innovationsaufgeschlossenheit sowie durch eine hohe Aktivierung aus.[68] Sie verfügen im Durchschnitt über ein höheres Einkommen und einen höheren Ausbildungsstand als die passiven Informationssucher. Für den neutralen Typus gibt es keine klare Beschreibung. Er zeigt nur

65 In der Stichprobe wurden zwar soziodemographische Daten erhoben, sie ergaben aber keine signifikanten Unterschiede zwischen den Haushaltstypen. Vgl. Witte (1995) S. 20.

66 Diese Einschränkung bezieht sich vor allem auf Anbieter, die eine Haushaltsegmentierung zur Einrichtung elektronischer Vertriebswege durchführen.

67 Vgl. Meffert (1983) S. 82 f. Bildschirmtext (BTX) gilt als Vorläufer des kommerziellen Online-Dienstes *T-Online*.

68 Vgl. zur Aktivierung durch Motivation Rosenstiel v. / Neumann (1992) S. 146 ff.

partielles Interesse für den Einkauf über Bildschirmtext. Im Falle einer starken Identifizierung mit der angebotenen Marktleistung ist jedoch auch er zu den potentiellen Nutzern des elektronischen Einkaufs zu rechnen.[69]

3.2. Entwurf einer Basistypologisierung

Ausgehend einerseits von der Erkenntnis, daß Restriktionen im Verhalten privater Haushalte zu Unsicherheit führen, andererseits von den empirischen Ergebnissen der Teleshopping-Studie, kann im folgenden eine – erweiterte – Basistypologie entworfen werden. Dazu wird in Anlehnung an die Klassifikation von Meffert nach zwei gegenpoligen Haushaltstypen und einer indifferenten Gruppe unterschieden (siehe Abbildung IV-3). Die drei Typen werden primär durch unterschiedliche Ausprägung der psychischen Merkmale abgegrenzt. Ergänzend werden soziale Faktoren *(kursiv dargestellt)* herangezogen, die sich aus den Ausführungen in *Abschnitt IV.2.3*, den theoriegeleiteten Überlegungen von Meffert und einer empirischen Untersuchung über *Electronic Commerce in der Lebensmittelbranche* der Technischen Universität München ergeben.[70] Die Charakterisierung der Basis-Nutzertypen unterstreicht zunächst die Bedeutung der psychischen und sozialen Verhaltensrestriktionen für Entscheidungen über den Einsatz des elektronischen Geschäftsverkehrs. Sie kann ferner als Grundlage für die empirische Untersuchung neuer Anwendungen elektronischer Marktdienste verwendet werden.

---

[69] Meffert zieht als weiteres Kriterium zur Typenbildung das Produktinteresse heran.

[70] Vgl. Meffert (1983) S. 82 f; vgl. zur *E-Commerce-Studie* am Institut für Sozialökonomik des Haushaltes der Technischen Universität München / Weihenstephan die unveröffentlichten Schriften von Michelbach (1999) S. 75 ff.; Rieder (1999) S. 43 ff.

Typen / **Merkmale**	Typ A "Der sichere Nutzer"	Typ B "Der indifferente Nutzer"	Typ C "Der unsichere Nutzer"
Psychische			
Einstellung zu elektronischem Geschäftsverkehr	aufgeschlossen "Technokrat"	abwartend "Genießer"	ablehnend "Vorsichtiger"
Wahrnehmungs-, Lern- und Behaltensfähigkeit	gut entwickelt	[71]	weniger entwikkelt
Soziale			
Alter der Mitglieder	*jünger*	[71]	*älter*
Ausbildungsstand	*hoch*	[71]	*niedrig*
Vermögen / Einkommen	*überdurchschnittlich*	[71]	*unterdurchschnittlich*
Gewohnheiten	*wenig verfestigt*	[71]	*stark verfestigt*
Beziehungsstruktur	*kooperativ*	[71]	*hierarchisch*
Klassifikation nach Meffert	Aktiver Informationssucher	Neutraler Informationssucher	Passiver Informationssucher

Abbildung IV-3 Basistypologisierung der Nutzer des elektronischen Geschäftsverkehrs

Haushaltstyp A, der sichere Nutzer von E-Marktdiensten, entspricht weitgehend dem aktiven Informationssucher der Klassifikation nach Meffert. Tendenziell gehören zu ihm private Haushalte mit mittlerem bis hohem Einkommen.[72] Seine Kultur ist durch kooperative Beziehungsstrukturen und wenig verfestigte Gewohnheiten geprägt, was den Abbau von informellen Filtern begünstigt. Seine Mitglieder besitzen ein eher jüngeres Lebensalter und zeichnen sich aus durch einen hohen Ausbildungsstand verbunden mit gut entwickelten Wahrnehmungs-, Lern- und Behaltensfähigkeiten. Die Einstellung zu elektronischem Geschäftsverkehr, d.h. zu Innovation, Technik, elektronischen Medien, Konsum und Freizeit, ist vergleichbar mit der des Technokratentyps aus der Teleshopping-Studie.

[71] Ausprägungen variieren, abhängig von der Anwendungsform (z.B. Telebanking).

[72] Vgl. *Abschnitt IV.2.3.*

Vergleichbar mit dem neutralen Informationssucher bei Meffert ist *Haushaltstyp B*. Er kann als indifferenter Nutzer von E-Marktdiensten bezeichnet werden, da er ein sehr anwendungsabhängiges Interesse zeigt. Bei ihm steht nicht elektronischer Geschäftsverkehr an sich im Vordergrund, sondern einzelne Einsatzfelder mit dafür geeigneten Anwendungen (z.B. Teleshopping oder Teleentertainment). Als Gründe für dieses Nutzungsverhalten sind sein beschränktes Budget für den Kauf leistungsfähiger E-Markttechnologien, die eher durchschnittliche Ausprägung der kognitiven Einflußgrößen und zahlreiche informelle Filter, hervorgerufen durch eine heterogene Einstellungsstruktur, zu nennen.[73]

Der *Haushaltstyp C*, zu bezeichnen als unsicherer Nutzer, ist weitgehend konträr zu Typ A. Zu ihm zählen nicht nur sozial schwache Gruppen der Gesellschaft mit niedrigem Vermögen und Einkommen, sondern zunehmend auch Haushalte der sog. Mittelschicht, die sich nicht oder nur langsam mit dem technologischen Fortschritt identifizieren können. Maßgebliches Kennzeichen dieser dritten Gruppe ist deshalb, ähnlich wie bei dem Typus des "Vorsichtigen" aus der Teleshopping-Studie, die negative Einstellung gegenüber neuen, elektronisch unterstützten Formen des Geschäftsverkehrs. Ein Indiz für dieses Einstellungsmuster liefert die Haushaltskultur. So können verfestigte Gewohnheiten z.B. im Einkaufsverhalten oder hierarchische Beziehungsstrukturen in Mehrpersonenhaushalten auf negative Einstellungen hinweisen. Auch Wissenslücken oder Defizite im kreativen Umgang mit technischen Innovationen sind in diesem Zusammenhang zu nennen.[74] Negative Einstellungen verknüpft mit kognitiven und sozialen Restriktionen führen Haushaltstyp C zu hoher Nutzungsunsicherheit beim elektronischen Geschäftsverkehr. Aufgrund dieses Unsicherheitsniveaus sollte der Haushaltstyp C vor allem aus sozialpolitischer Sicht mit besonderer Aufmerksamkeit bedacht werden. Er ist in Zukunft einer Gesellschaftsgruppe zuzurechnen, für die der wachsende Einfluß des elektronischen Geschäftsverkehrs zu großen beruflichen und sozialen Risiken führt. Neil Postman spricht in diesem Zusammenhang von Verlierern der Informationsgesellschaft.[75] „Nur wer Geld, Bildung und einen Netzwerkanschluß hat, gehört zu den Gewinnern.“[76]

---

73 Einstellungen haben bedeutenden Anteil an der Haushaltskultur und am Aufbau informeller Filter. Bei Mehrpersonenhaushalten ist Meinungsführerschaft ein Indiz für informelle Filter.

74 Vgl. dazu die ausführliche Diskussion über *Wissensmanagement* in Probst / Raub (1998) S. 132 ff.; Reinmann-Rothmeier / Mandl (1997) S. 32 ff.

75 Vgl. Postman (1992); vgl. auch Höfling (1996) S. 10 f.

76 Höfling (1996) S. 11.

3.3. Exkurs: Vorschlag für ein empirisches Untersuchungsdesign

Voraussetzung für eine methodische und praktisch umsetzbare Differenzierung von Haushaltstypen ist die empirische Analyse der Unsicherheit, die mit der Nutzung elektronischer Marktdienste in Verbindung steht. Erforderlich ist dazu ein Untersuchungsdesign. Es umfaßt die Gesamtheit aller Entscheidungen, die im Rahmen mehrerer Untersuchungsschritte zu treffen sind. Für eine Analyse der Nutzungsunsicherheit mit anschließender Klassifikation der privaten Haushalte sind insgesamt sechs Untersuchungsschritte zu durchlaufen (siehe Abbildung IV-4).[77]

1. Definition der Grundgesamtheit
2. Auswahlverfahren
3. Untersuchungsform
4. Operationalisierung und Formulierung von Indikatoren
5. Messung bzw. Erhebung von Indikatoren
6. Datenanalytische Auswertung und Typenbildung

Abbildung IV-4 Empirisches Untersuchungsdesign

Von besonderer Relevanz sind die Untersuchungsschritte vier bis sechs. Sie werden im folgenden deshalb gleich zu Beginn diskutiert. Die Schritte eins bis drei beinhalten formal zwar vorgelagerte Entscheidungen, sind jedoch stark abhängig von praktischen Erwägungen und finanziellen Möglichkeiten.

3.3.1. Operationalisierung und Messung

Zentrales Forschungsproblem einer empirischen Analyse der Nutzungsunsicherheit bei E-Marktdiensten ist die Operationalisierung. Dabei muß angegeben werden, mit welchen Indikatoren (unabhängige, beobachtbare Meßvariablen) eine Analyse dieser Unsicherheit vorgenommen werden kann. Geeignete Indikatoren lassen sich aus den Restriktionen privater Haushalte ableiten. Im Vordergrund stehen zunächst die psychischen Restriktionen (Wahrnehmung, Lern- und Behaltensfähigkeit sowie Einstellungen). Werden kognitive Restriktionen von Haushaltsmitgliedern herangezogen, so muß

77 Vgl. zum empirischen Forschungsprozeß Schnell u.a. (1992).

der Zusammenhang mit der Nutzung von E-Marktdiensten gewährleistet sein. Auf eine Formulierung solcher Indikatoren kann jedoch verzichtet werden, wenn im Vorfeld bereits Aufgeschlossenheit gegenüber elektronischem Geschäftsverkehr gemessen wurde. Nach verhaltenspsychologischen Erkenntnissen werden nämlich die individuellen Wahrnehmungs-, Lern- und Behaltensfähigkeiten durch positive Einstellungen gefördert.[78]

Wie Studien zu dem Verhalten von Konsumenten zeigen, sind psychische Faktoren nur schwer operationalisierbar.[79] Einfacher aus forschungsökonomischer Sicht gestaltet sich die Indikatorenauswahl aus den soziodemographischen Merkmalen. Aufgrund ihrer direkten Beobachtbarkeit (z.B. Alter, Einkommen und Vermögen) entfällt eine aufwendige Indikatorensuche.[80] Sie beeinflussen zwar das Verhalten von privaten Haushalten nur mittelbar, können aber, abgesehen von ihrer ergänzenden Funktion, ersatzweise als zentrale Erklärungsvariablen für Unsicherheit bei der Nutzung elektronischer Marktdienste herangezogen werden. Anhand des Bildungsgrades oder der Zugehörigkeit zu einer sozialen Schicht sind auch Rückschlüsse auf psychische Restriktionen möglich.[81] Die Spezifizierung von Indikatoren aus den soziokulturellen Merkmalen ist hingegen wieder mit erheblichem Aufwand verbunden. Allerdings erklären sie zum Teil psychische Restriktionen und tragen damit indirekt zur Entstehung von Unsicherheit im Rahmen der Nutzung von E-Marktdiensten bei. Unter dem Aspekt der Validität sollten sie deshalb in eine Erhebung einfließen.

Generell sollten mehrere Indikatoren ausgewählt werden.[82] Das kommt nicht nur einer validen Operationalisierung zu Gute, sondern es lassen sich damit auch Haushaltstypen exakter abgrenzen. Ferner können verschiedene Messungen verglichen und Meßfehler korrigiert werden.

Wie die Operationalisierung gestaltet sich auch die Messung von Indikatoren aus dem Bereich der psychischen Restriktionen und der soziokulturellen Merkmale aufwendig und schwierig. Zur Messung von Einstellungen eignen sich besonders Befragungs-

---

78 Vgl. zum Einfluß von Einstellungen auf kognitive Fähigkeiten Nagler-Springmann (1997) S. 25; Picard (1997).

79 Vgl. Datzer (1983); Hagge (1994); Meffert (1980) S. 221.

80 Vgl. Freter (1983) S. 58.

81 Voraussetzung sind allerdings empirisch belegte Abhängigkeiten zwischen den soziodemographischen Merkmalen und den psychischen Restriktionen. Vgl. Katz (1983) S. 180 f.; Schroder u.a. (1976) S. 81 ff.

82 Die Auswahl geeigneter Indikatoren kann über – nicht repräsentative – Pretests erfolgen.

techniken mit einer in der sozialwissenschaftlichen Forschung üblichen Ratingskalierung.[83] Soziokulturbedingte Merkmale wie Rollenverteilung und Meinungsführerschaft in privaten Haushalten können über soziometrische Techniken oder über die Selbsteinschätzung der Befragten erhoben werden. Dagegen ist die Erhebung von soziodemographischen Merkmalen (Zahl, Alter und Ausbildung der Haushaltsmitglieder, Vermögen und Einkommen) aufgrund ihrer direkten Meßbarkeit einfacher durchzuführen. Auch sie können über Befragungsmethoden erhoben werden, wobei sich in erster Linie standardisierte Befragungen anbieten. Bei empirischen Analysen mit umfangreichen Stichproben muß aus forschungsökonomischen Gründen ein kombinierter Einsatz mehrerer Erhebungsmethoden ausgeschlossen werden. Das betrifft vor allem auch Untersuchungen zu ökonomischen Institutionen, wie z.B. – auch elektronischen – Konsumgütermärkten, wo große Stichproben für repräsentative Ergebnisse eine notwendige Voraussetzung darstellen. Für eine empirische Analyse der Unsicherheit im Rahmen des elektronischen Geschäftsverkehrs sollte somit nur **eine** Erhebungstechnik gewählt werden. Sofern keine Sekundäranalyse vorgenommen wird, bieten sich dazu verschiedene Formen der standardisierten Befragung an. Auch wenn damit nicht alle verfügbaren Indikatoren gemessen werden können, erlauben standardisierte Befragungen dennoch eine sehr breite Analyse der Verhaltensrestriktionen. Zudem sind sie aus forschungsökonomischer Sicht kostengünstiger als zahlreiche Spezialmethoden der Konsumentenforschung und liefern trotzdem eine brauchbare Grundlage für die datenanalytische Auswertung und Abgrenzung von Haushaltstypen.

3.3.2. Auswertung

Als Ergebnis einer empirischen Erhebung der genannten Indikatoren erhält man Ausprägungen für mehrere Verhaltensrestriktionen. Die Differenzierung von Haushaltstypen mit Hilfe dieser umfangreichen Datensätze kann durch multivariate Datenanalyseverfahren durchgeführt werden.[84]

Die multivariaten Verfahren stehen weniger in einem konkurrierenden, sondern vielmehr in einem neutralen Verhältnis zueinander.[85] Es empfiehlt sich deshalb für die Typenbildung aus potentiellen Nutzern elektronischer Geschäftsanwendungen auf ein bewährtes Verfahren zurückzugreifen. Als solches Verfahren bietet sich die in der

---

[83] Hierbei bieten sich besonders mehrdimensionale Skalierungsverfahren (semantisches Differential) an. Vgl. Schnell u.a. (1992) S. 188.

[84] Vgl. zu multivariaten Verfahren Freter (1995); Sp. 1810; Gierl (1995) S. 94 - 172; Roth (1995).

[85] Vgl. auch Freter (1983) S. 100 - 108.

Konsumentenforschung häufig verwendete Segmentanalyse an. Sie ermöglicht die Bildung einer Haushaltstypologie zunächst nach der jeweiligen Ausprägung der abhängigen Variablen, d.h. der Unsicherheit bei der Nutzung von E-Marktdiensten. Im Anschluß daran werden die Typen sukzessive ausdifferenziert nach weiteren Einflußgrößen. Ergebnis ist eine baumähnliche Typenstruktur, an deren Ende jedes Segment die wichtigsten Merkmale aus den Verhaltensrestriktionen umfaßt. So kann anhand ergänzender Merkmale (soziale Restriktionen) eine genaue Kennzeichnung hinsichtlich Haushaltsgröße, Alter der Haushaltsmitglieder, Bildungsstand, Vermögen und Einkommen, informeller Filterung oder Wertorientierung durchgeführt werden. Wie eine solche Ausdifferenzierung für einen Haushaltstyp – mit geringer Unsicherheit bei der Nutzung von Teleshopping – aussehen kann, läßt sich an der bereits genannten E-Commerce-Studie der Technischen Universität München veranschaulichen (siehe auch Abbildung IV-3):[86]

- gegenüber Innovationen, Technik und elektronischen Medien aufgeschlossene und interessierte Haushaltsmitglieder
- großer Informationsbedarf, Nutzung zahlreicher Informationsquellen
- Mehrpersonenhaushalt
- eher jüngere Haushaltsmitglieder mit guter Ausbildung
- durchschnittliches bis hohes Einkommen und großes Vermögen
- verfestigte Gewohnheiten[87]

Obige Kennzeichnung verdeutlicht, daß die Segmentanalyse nicht nur eine Abgrenzung, sondern auch eine genaue Beschreibung von Haushaltstypen unterstützt. Sofern in der Erhebung berücksichtigt, können die Typologien auch Erkenntnisse über das elektronische Nutzungsverhalten sowie erste Implikationen für das Marketing von Anbietern beinhalten. Voraussetzung für eine praktisch einsetzbare Typenbeschreibung sind jedoch Daten über einzelne Transaktionsvorgänge des elektronischen Geschäftsverkehrs. Nur durch die zusätzliche Betrachtung der primären Transaktionsobjekte (Sachgüter bei Teleshopping, Finanzdienstleistungen bei Telebanking) und der voraussichtlichen Nutzungsintensität können anwendungsbezogene Aussagen über elektronischen Geschäftsverkehr im privaten Haushalt getroffen werden.

---

86 Vgl. unveröffentlichte Schriften, Michelbach (1999) S. 80 ff.; Rieder (1999) S. 50 ff.

87 Hier zeigte sich ein Widerspruch zur Ausgangshypothese in Abbildung IV-3; vgl. unveröffentlichte Schrift, Rieder (1999) S. 54.

3.3.3. Ergänzende Untersuchungsschritte

Eine empirisch-methodische Differenzierung von Haushaltstypen für Anwendungen elektronischer Marktdienste beinhaltet neben der Operationalisierung und Messung von Indikatoren sowie der Auswertung noch die Klärung weiterer Untersuchungsschritte. Nach dem Untersuchungsdesign, dargestellt in Abbildung IV-4, betreffen diese vor allem vorgelagerte Entscheidungen. Sie werden deshalb als Schritte eins bis drei eingestuft.

Der *erste Schritt* einer empirischen Abgrenzung von Haushaltstypen beginnt mit der Auswahl einer Grundgesamtheit. Diese hängt zunächst ab von der Verfügbarkeit eines Kommunikationsdienstes und der zu untersuchenden Geschäftsanwendung. Sie kann weiter auf bestimmte Regionen oder soziodemographische Merkmale eingeschränkt werden. So wurden z.B. in der E-Commerce-Studie der Technischen Universität München alle privaten Haushalte, die zu den Kunden einer regional marktbeherrschenden Einzelhandelskette zählen, als Grundgesamtheit definiert.[88]

Nach Definition der Grundgesamtheit muß im *zweiten Schritt* ein Verfahren zur Auswahl der Untersuchungsobjekte angegeben werden. Grundsätzlich kommen Vollerhebung oder Stichprobe in Betracht. Für Anbieter auf elektronischen Märkten, die nur über begrenzte finanzielle Ressourcen verfügen, ist aus Kostengründen die Stichprobe der Vollerhebung vorzuziehen. Zu klären bleibt die Frage nach der Art und Weise der Ziehung einer Stichprobe aus der Grundgesamtheit. Die empirische Sozialforschung stellt ein großes Spektrum verschiedener Auswahlverfahren zur Verfügung, die je nach Zusammensetzung der Grundgesamtheit und Zielsetzung der Untersuchung zum Einsatz kommen.[89] Bei Untersuchungen mit sehr heterogener Grundgesamtheit bietet sich z.B. eine Schichtung der Stichprobe nach homogenen Untergruppen an, wodurch das Varianzproblem dezimiert wird.

Im *dritten Schritt* bedarf es der Festlegung der Untersuchungsform. Dabei ist zu klären, ob ein sekundär- oder primäranalytisches Vorgehen zu bevorzugen ist. Da bei Sekundär- bzw. Inhaltsanalysen aufwendige Datenerhebungsprozesse entfallen, führen sie zwar zu erheblichen Einsparungen an finanziellen Mitteln, scheitern jedoch in vielen Fällen an der Beschaffung geeigneter Daten aus vorhandenen Beständen. Ferner

---

[88] Vgl. unveröffentlichte Schrift, Rieder (1999) S. 13 und 46.

[89] Vgl. zur Funktionsweise von Auswahlverfahren Schnell u.a. (1992) S. 285.

sind bei der Untersuchungsform noch Entscheidungen hinsichtlich der Versuchsanordnung zu treffen. Während Indikatoren für psychische Restriktionen eher im Rahmen von Laboruntersuchungen gemessen werden können, beschränkt sich die Analyse der sozialen Restriktionen weitgehend auf Feldstudien. Die Untersuchungsform ist eng verknüpft mit Operationalisierung und Messung. Über die Auswahl von Indikatoren wird häufig auch die Untersuchungsform festgelegt, die wiederum über den Einsatz spezifischer Erhebungstechniken entscheidet.

Wie ein vollständiges Untersuchungsdesign zur Differenzierung von Haushaltstypen für die bereits genannte Studie *Electronic Commerce in der Lebensmittelbranche* aussieht, zeigt Abbildung IV-5.[90] Ausgehend von der Zielsetzung einer repräsentativen Felduntersuchung in einer Region, die nördlich der süddeutschen Stadt München liegt, wurden Einzelmethoden zur direkten Messung psychischer Verhaltensrestriktionen ausgeschlossen. Vielmehr wurde in Anlehnung an die Literatur bei den Haushaltsmitgliedern ein direkter Zusammenhang zwischen Nutzung von *Neuen Medien* und Wahrnehmung sowie zwischen Ausbildung und Lern- bzw. Behaltensfähigkeit unterstellt.[91] Alle Indikatoren der Unsicherheit gegenüber dem elektronischen Einkauf konnten somit über eine schriftliche Befragung erhoben werden.

Grundgesamtheit	Ca. 4000 Kunden einer Einzelhandelsfiliale in Moosburg an der Isar (bei München)
Auswahlverfahren	Zufallsstichprobe von 401 Personen; 2-stufiges Auswahlverfahren
Untersuchungsform	Empirisch-primäranalytische Untersuchung; Feldstudie
Operationalisierung / Formulierung von Indikatoren	Einstellung zu Konsum, elektronischen Medien und Electronic Commerce; Nutzung *Neuer Medien*; Einkaufsverhalten; Soziodemographika
Messung / Erhebungsmethode	Interview, anschließend standardisierte schriftliche Befragung; geschlossene Fragen; mehrstufige Ratingskalierung
Auswertungsverfahren	Clusterbildung über Einstellungen; Berücksichtigung weiterer Indikatoren durch Korrelationsanalysen

Abbildung IV-5 Untersuchungsdesign am Beispiel einer Studie über Electronic Commerce in der Lebensmittelbranche

90 Vgl. unveröffentlichte Schriften, Michelbach (1999) S. 75 ff.; Rieder (1999) S. 10 ff.
91 Vgl. Katz (1983) S. 180 f.; Schroder u.a. (1976) S. 81 ff.

4. Resümee

Entscheidungen privater Haushalte hinsichtlich eines Einsatzes des elektronischen Geschäftsverkehrs werden häufig unter Unsicherheit getroffen. Ausgangspunkt einer näheren Spezifizierung der Implementierungsunsicherheit sind einzelne Anwendung-Dienst-Kombinationen. Sie definieren Anforderungen an Informations- und Kommunikationstechnologien und legen fest, welche Maßnahmen bei der Einrichtung z.B. einer *Datenverarbeitungsanlage für Teleshopping über Internetdienste* ergriffen werden müssen. Für die Analyse der Nutzungsunsicherheit bei E-Marktdiensten ist zusätzlich eine genaue Betrachtung der haushaltsbedingten Ursachen, d.h. der psychischen Restriktionen im Entscheidungsverhalten und ergänzend der Beschränkungen aufgrund sozialer Merkmale notwendig. Mit Hilfe einer empirischen Messung dieser Merkmale und geeigneter Auswertungsverfahren lassen sich Nutzertypen nach verschiedenen Unsicherheitsniveaus abgrenzen.

Die Einsatzunsicherheit privater Haushalte und ihre Ursachen sind wichtige Faktoren, die eine ökonomische Untersuchung des elektronischen Geschäftsverkehrs berücksichtigen sollte. Dem folgenden Kapitel liegt daher ein Untersuchungsansatz zugrunde, der umweltseitige Faktoren, wie Komplexität oder Informationsflut, sowie Restriktionen im Entscheidungsverhalten privater Haushalte einbezieht.

V. Informationsökonomische Zusammenhänge des elektronischen Geschäftsverkehrs

Untersuchungen zu Implementierungs- und Nutzungsproblemen des elektronischen Geschäftsverkehrs können aus unterschiedlichen Perspektiven erfolgen. Der sozio-technische Systemgedanke dieser Arbeit stellt einen umfassenden Analyseansatz aus technischer, sozialer, psychischer und ökonomischer Sicht in den Vordergrund.[1] Im Zentrum der nun folgenden Abschnitte stehen ökonomische Gesichtspunkte des elektronischen Geschäftsverkehrs (siehe Abbildung V-1), die ausgehend von den bisherigen Ausführungen Informationsprobleme einbeziehen. Für dieses abgesteckte Forschungsfeld wird im weiteren Verlauf die Bezeichnung *informations*ökonomische Untersuchung gewählt.

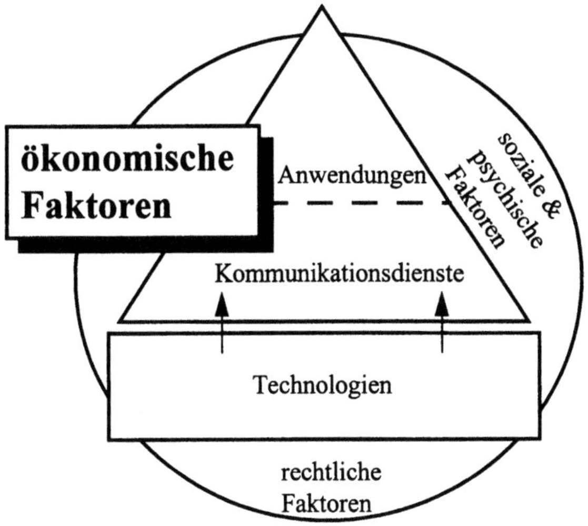

Abbildung V-1 Ökonomische Faktoren des elektronischen Geschäftsverkehrs

Allgemein wird in der Wirtschaftswissenschaft zwischen Betrachtungen auf mikro- und makroökonomischer Ebene unterschieden. Während sich die Mikroökonomik mit

[1] Vgl. zum Begriff sozio-technisches System *Kapital I, Abschnitt 1.1.*

Angebots- und Nachfrageentscheidungen der Wirtschaftssubjekte *Haushalte* und *Unternehmen* beschäftigt, untersucht die Makroökonomik Zusammenhänge zwischen gesamtwirtschaftlichen Größen wie Sozialprodukt, Beschäftigung oder Preisniveau.[2] Informationsökonomische Fragestellungen zu elektronischem Geschäftsverkehr lassen sich auf beiden Betrachtungsebenen analysieren. Bereits im Teil *"Grundlagen"* dieser Arbeit wurden gesamtwirtschaftliche Effekte neuer Informations- und Kommunikationstechnologien diskutiert. Sie sind Basis für ein besseres Verständnis mikroökonomischer Effekte, die im Mittelpunkt der folgenden Ausführungen stehen.

Im folgenden wird zunächst die Informationsökonomik von der traditionellen Mikroökonomik abgegrenzt (*Abschnitt V.1*). Nach Prüfung verschiedener Ansätze der Informationsökonomik auf ihre Anwendbarkeit (*Abschnitt V.2*) erfolgt eine Untersuchung ökonomischer Auswirkungen des elektronischen Geschäftsverkehrs auf private Haushalte (*Abschnitt V.3.1 bis 3.2.2*). Als Untersuchungsinstrument dient ein Ansatz, der nicht nur Informationsprobleme, sondern auch die Interaktion zwischen privaten Haushalten und Anbietern erklärt. Aufbauend auf einer Bestimmung informationsökonomischer Kosten des elektronischen Geschäftsverkehrs wird ein Modell entwickelt, das die Analyse konkreter Anwendungssituationen ermöglicht (*Abschnitt V.3.2.3*). Abschließend wird dieses Modell um Vorschläge zu einer empirischen Umsetzung vervollständigt. Ziel ist dabei ein praxisnahes Instrument zur Realisierung elektronischer Marktsysteme.[3] Wie in den vorhergehenden Ausführungen werden auch in diesem Kapitel rechtliche Elemente nur so weit angesprochen, wie sie aus informationsökonomischer Sicht relevant sind.

1. Informationsökonomik versus traditionelle Mikroökonomik

Untersuchungsgegenstand der Mikroökonomik sind Entscheidungen der Wirtschaftssubjekte mit den Konsequenzen für die Preisbildung auf Güter- und Faktormärkten oder für die optimale Allokation von Ressourcen.[4] Zudem werden externe Effekte, öffentliche Güter und der staatliche Einfluß auf die Preisbildung und den Wettbewerb betrachtet. Werden Einzelmärkte untersucht, so spricht man von partialanalytischen

---

[2] Vgl. Gruber / Kleber (1992) S. 53 und S. 165.

[3] Mit *Kapitel IV, Abschnitt 3.3* wurden bereits Teilaspekte einer empirischen Umsetzung dieses Ansatzes behandelt.

[4] Vgl. Gruber / Kleber (1992) S. 53.

Modellen. Steht hingegen eine Gesamtheit von Teilmärkten im Mittelpunkt der mikroökonomischen Betrachtung, so spricht man von einer Totalanalyse.

Zur Analyse von Haushaltsentscheidungen verwendet die traditionelle Mikroökonomik Partialmodelle. Die gebräuchlichsten Modelle basieren auf Preis-Mengen-Diagrammen, mit denen sich mögliche Preisänderungen auf Veränderung von relevanten Einflußgrößen zurückführen lassen.[5] Um Entscheidungen aller Wirtschaftssubjekte einzubeziehen, werden Partialmodelle über Haushalte und Unternehmen zu einem Totalmodell zusammengefügt. Hiermit lassen sich Aussagen hinsichtlich der Koordination und Kompatibilität der jeweiligen Wirtschaftspläne ableiten. Für die Bestimmung des ökonomischen Nutzens und alternativer Wirkungen des elektronischen Geschäftsverkehrs ist diese Vorgehensweise jedoch wenig geeignet. Eine Diskussion komplexer, elektronischer Märkte kann sich nicht nur auf die Preisbildung beschränken, sondern es bedarf einer eingehenden Auseinandersetzung mit Informationsproblemen.

Die traditionelle Mikroökonomik ermittelt in ihren Analysemodellen die optimale Mittelverwendung unter der Annahme der vollkommenen Information. Alle Entscheidungen der Wirtschaftssubjekte bzw. Marktakteure sind damit vollständig determiniert.[6] Auch werden vorgelagerte Aktivitäten im Entscheidungsverhalten ausgeschlossen. Unter der Voraussetzung der vollkommenen Information wird in den meisten mikroökonomischen Modellen ferner unterstellt, daß Unternehmen und Haushalte eigenverantwortlich und rational handeln. Konkreter besagt diese Annahme, daß die Wirtschaftssubjekte immer anstreben, „... einen bestimmten Erfolg mit einem möglichst geringen Aufwand zu erreichen oder (...) mit gegebenen Mitteln den größtmöglichen Erfolg zu erzielen.“[7]

Obwohl sie bis heute im Zentrum der mikroökonomischen Theorie stehen, wird an den Verhaltensannahmen der vollkommenen Information und der Rationalität zunehmend Kritik geübt. Ansätze, die der *Informationsökonomik* zuzurechnen sind, versuchen diese Annahmen zu durchbrechen, sie finden jedoch bislang in der mikroökonomischen

---

5 Vgl. Gruber / Kleber (1992) S. 61.

6 Unter Marktakteur ist ein mit Verhaltensannahmen modelliertes Individuum (z.B. homo oeconomicus) bzw. eine modellhafte Gruppe zu verstehen. Vgl. Picot / Wolff (1994) S. 2.

7 Gruber / Kleber (1992) S. 3. Die Volkswirtschaftslehre spricht in diesem Kontext vom Rationalitäts- oder Wirtschaftlichkeitsprinzip. Vgl. Steinmüller (1994) S. 140.

Literatur nur langsam Eingang.[8] Gemeinsames Merkmal dieser neuen Ansätze ist die Berücksichtigung von Informationsproblemen. Optimale Entscheidungen auf Märkten werden nicht nur als Problem der Preisbildung auf Märkten betrachtet, sondern der Informationsstand und das Verhalten der Akteure wird explizit mit einbezogen.[9]

2. Ausgewählte Ansätze der Informationsökonomik

In der Literatur wird der Begriff *Informationsökonomik* nicht immer einheitlich gebraucht. Eine häufig anzutreffende und auch für diese Arbeit zweckmäßige Charakterisierung rechnet der *Informationsökonomik* alle ökonomischen Theorien zu, „... die eine oder mehrere der Sicherheitsannahmen der Theorie des allgemeinen Gleichgewichts aufgeben."[10] Nach dieser Abgrenzung sind der Informationsökonomik nicht nur Ansätze zuzurechnen, die die Auswirkungen unterschiedlicher Informationszustände in ökonomischen Systemen (wie Unternehmen, private Haushalte oder Märkte) untersuchen, sondern auch solche, die sich mit deren Ursachen auseinandersetzen. Dabei kommt der kritischen Reflexion der einzel- oder gesamtwirtschaftlichen Folgen neuer Informations- und Kommunikationstechniken eine besondere Bedeutung zu.[11] Zu den ersten Ansätzen in der Mikroökonomik, die sich mit dem Informationsproblem bei Entscheidungen in ökonomischen Systemen befassen, gehören die Suchtheorie und die Theorie der begrenzten Rationalität. Während die Suchtheorie umweltseitige Informationsprobleme einbezieht, stellt die Theorie der begrenzten Rationalität das Informationsverhalten der Marktakteure in den Vordergrund.

2.1. Suchtheorie und Theorie der begrenzten Rationalität

Die Suchtheorie basiert, wie die traditionelle Mikroökonomik, auf dem neoklassischen Entscheidungsansatz.[12] Ausgehend von einer asymmetrischen Informationsverteilung werden aber zusätzlich Informationskosten und Qualitätsschwankungen der Güter berücksichtigt. In Modellen mit internalisierten Informationskosten wird den Wirtschaftssubjekten die Möglichkeit eingeräumt zu entscheiden, ob und welche Information beschafft werden soll. Dieser Suchvorgang ist der eigentlichen Marktentscheidung

8 Vgl. Frambach (1993) S. 229 ff.
9 Vgl. Evans / Wurster (1997) S. 72 f.; Picot (1982) S. 267.
10 O.V. (1992) S. 1612.
11 Vgl. Picot / Wolff (1997) Sp. 1871.
12 Vgl. zu Modellen der Suchtheorie Varian (1994) S. 443 ff.; Picot / Wolff (1997) Sp. 1876 f.

vorgelagert und verursacht Kosten. Mit steigender Zahl der Suchvorgänge erhöht sich die Wahrscheinlichkeit einen Minimumpreis zu finden. Der beste erwartete Minimumpreis ist gefunden, wenn sich eine Suche nicht mehr lohnt, d.h. wenn die Grenzsuchkosten größer werden als der Grenznutzen bei einem neuen Suchvorgang. Im Ansatz von Salop und Stiglitz bemißt sich das Ausmaß der Suchvorgänge auch nach der Verteilungsfunktion der Marktpreise:[13] „Wenn die Streuung der Preise größer wird, sinkt der erwartete Mindestpreis, und als Folge davon ergibt sich eine Verringerung der Gesamtkosten der Informationssuche."[14]

Zusätzlich zu den Informationsasymmetrien versuchen andere Ansätze der Suchtheorie die Inhomogenität von Gütern einzubeziehen.[15] Eines der bekanntesten Beispiele für dieses Vorgehen ist der "Market for Lemons" von Akerloff.[16] Aufgrund der Qualitätsunsicherheit beim Kauf sogenannter Erfahrungsgüter (z.B. Gebrauchtwagen)[17] folgert Akerloff, daß schlechte Güter, die er als "Lemons" bezeichnet, durch rational handelnde Marktakteure gegenüber guten (qualitativ hochwertigen) Gütern vorrangig zum Verkauf angeboten werden. Der Anteil an guten Gütern wird dadurch auf dem Gesamtmarkt im Zeitablauf immer geringer. Langfristig werden alle guten Güter durch schlechte Güter verdrängt, so daß es zu Marktversagen kommt. Akerloff spricht auch von einem *Selbstauslese*-Mechanismus des "Market for Lemons".[18] Betrachtet man den elektronischen Geschäftsverkehr mit seiner Infrastruktur und seinen Transaktionen, so ist auch der langfristige Nutzen elektronischer Marktsysteme für private Haushalte grundlegend in Frage zu stellen. Während bei den Technologien und Kommunikationsdiensten das Problem der Erfahrungsgüter im Vordergrund steht, basieren die Transferleistungen elektronischer Geschäftsbeziehungen häufig auf Vertrauen. Das Modell von Akerloff liefert zwar einen Erklärungsansatz für umweltseitige Ursachen der Unsicherheit beim Einsatz des elektronischen Geschäftsverkehrs, ermöglicht jedoch keine weitergehende Analyse der ökonomischen Effekte. Zudem bleibt in diesem Modell des "Market for Lemons", wie auch bei anderen Ansätzen der Suchtheorie, immer noch die Rationalitätsannahme bestehen, die es zu überwinden gilt.

---

13 Vgl. Salop / Stiglitz (1976) S. 493 ff.

14 Picot / Wolff (1997) Sp. 1876.

15 Vgl. Wessling (1991).

16 Vgl. Akerloff (1970) S. 488 ff. Unter "Market for Lemons" versteht man im Englischen den Markt „ ... for something, especially a manufactured article that is defective or imperfect." Webster (1970) S. 808.

17 Vgl. zu Erfahrungsgütern *Kapitel I, Abschnitt 2.*

18 Vgl. Varian (1994) S. 473 f. Betrachtet man Versicherungsmärkte, so wird auch von "adverse selection" gesprochen.

Einer der bedeutendsten Ansätze in der Wirtschaftswissenschaft, der die Annahme des rationalen Verhaltens in Entscheidungsprozessen aufgibt, ist die Theorie der begrenzten Rationalität von Simon.[19] Nach dieser Theorie, die sich stark an den Komplexitätsansatz der kognitiven Verhaltenswissenschaft anlehnt, besitzt jedes Individuum nur begrenzte Möglichkeiten der Aufnahme, Verarbeitung, Speicherung und Verwendung von Informationen.[20] Individuen in ihrer Eigenschaft als Marktakteure müssen deshalb auf optimale Entscheidungen zu Gunsten von befriedigenden (second-best) Lösungen verzichten. Dies bedeutet auf Haushalte bezogen: Diese können nicht mehr ihren Maximalnutzen anstreben. Stattdessen ziehen sie nach der Theorie von Simon ihre Mindestanforderungen heran, denen der Zufriedenheitsgrad als Basis dient. Entscheidungsprozesse können je nach Haushaltstyp zu verschiedenen Anspruchsniveaus führen. Der Haushalt verhält sich also nicht mehr als *homo oeconomicus*, sondern als Anspruchsniveauanpasser. Stärke des Ansatzes von Simon ist die verhaltenswissenschaftliche Fundierung. Wirtschaftssubjekte werden nicht mehr als abstrakte ökonomische Konstrukte gesehen. Vielmehr steht bei der Analyse ökonomischer Entscheidungen das Informationsverhalten des einzelnen, isolierten Individuums im Mittelpunkt. Allerdings weist der Ansatz auch einige Schwächen auf. So werden keine Aussagen zu Informationskosten getroffen, wie es z.B. in den Ansätzen der Suchtheorie der Fall ist. Auch beschränkt sich die Betrachtung Simons auf das Auftreten kognitiver Informationsüberlastung. Weitere Ursachen für begrenzte Rationalität, wie Einstellungen oder soziale Faktoren, werden nicht berücksichtigt. Vergegenwärtigt man sich z.B. das Entscheidungsverhalten beim *Kauf einer Datenverarbeitungsanlage*, so sind jedoch positive Einstellungen zu Technik und elektronischen Medien sowie zeitliche und finanzielle Ressourcen von außerordentlicher Bedeutung.

Zusammenfassend ist festzustellen, daß Ansätze der Suchtheorie das Informationsverhalten von Entscheidungsträgern vollständig negieren. Die Theorie der begrenzten Rationalität berücksichtigt zwar kognitive Begrenzungen, vernachlässigt aber emotionale sowie soziale Faktoren. Zur Analyse des elektronischen Geschäftsverkehrs aus Sicht der privaten Haushalte bedarf es deshalb eines Ansatzes, der sowohl mikroökonomisches Effizienzkalkül als auch die in *Kapitel IV* herausgearbeiteten Restriktionen im Haushaltsverhalten berücksichtigt.

---

[19] Vgl. Simon (1955); Simon (1957). Simon beschränkt sich bei seinen Untersuchungen zunächst auf Unternehmen. Dabei vertritt er den Standpunkt, daß nicht das Gewinnmaximierungsprinzip, sondern befriedigende Profitraten die Handlungsweisen in Unternehmen leiten.

[20] Vgl. Simon (1955) S. 99 f; vgl. zum Komplexitätsansatz *Kapitel IV, Abschnitt 2.2.*

2.2. Ansätze der Neuen Institutionenlehre

Für die Untersuchung ökonomischer Effekte des elektronischen Geschäftsverkehrs aus Sicht privater Haushalte bieten sich unter den genannten Anforderungen besonders Ansätze der *Neuen Institutionenlehre* an. Obwohl in der anglo-amerikanischen Literatur schon seit vielen Jahrzehnten als mikroökonomische Denkrichtung anerkannt und auch in der Praxis bewährt, fand sie in Deutschland erst sehr spät Eingang in die Wirtschaftswissenschaft.[21] Enstanden ist die Neue Institutionenlehre aus der Kritik an den realitätsfernen Prämissen der Neoklassik und aus den Erkenntnissen der psychologischen Verhaltensforschung. Sie ist heute allgemein als Erweiterung des neoklassischen Paradigmas unter Einbeziehung institutioneller Gegebenheiten aus Organisationstheorie und Rechtswissenschaft akzeptiert.[22] Anwendung findet sie überwiegend bei ökonomischen Fragestellungen zu organisatorischen und marktlichen Regelungen. Da Probleme der Koordination einer Leistungsbeziehung immer auch als Informationsprobleme der beteiligten Partner (Individuen, Gruppen oder Institutionen) zu bezeichnen sind, findet die Neue Institutionenlehre Eingang in das weite Feld der Informationsökonomik. Vergleichbar mit der Organisationstheorie beschränkt sie sich aber nicht nur auf Untersuchungsfelder aus dem Bereich der Ökonomie, sondern sie wird auch für die Analyse von politischen und soziologischen Fragen genutzt. Voraussetzung für eine interdisziplinäre Anwendung ist allerdings, daß das eigentliche Koordinationsproblem nicht von kollektiven Entscheidungen, z.B. von staatlicher Seite, überlagert wird.[23]

Die wichtigsten Ansätze der Neuen Institutionenlehre sind die Property-Rights-, die Principal-Agent- und die Transaktionskostentheorie. Alle drei Ansätze zeichnen sich durch ihre theoretische Fundierung und ihr breites Anwendungsspektrum aus. Unterschiede bestehen in der Betrachtungsperspektive und in der Vorgehensweise bei der Analyse ökonomischer Fragestellungen.[24] Während die Property-Rights-Theorie auf die institutionellen Rahmenbedingungen fokussiert, bauen Principal-Agent- und Trans-

---

[21] Vgl. Wolff / Neuburger (1995) S. 4. Die verzögerte Aufmerksamkeit im deutschsprachigen Raum für Ansätze der Institutionenlehre erklärt sich zum einen aus der starken Dominanz situativer Ansätze, zum anderen aus dem Bestreben, eigene Theorien zu entwickeln.

[22] In der Literatur wird diese Denkschule auch als "Moderne Mikroökonomik" bezeichnet. Vgl. Frambach (1993) S. 229 f.; Picot u.a. (1989) S. 359 f.

[23] Vgl. Wolff / Neuburger (1995) S. 4.

[24] Vgl. Picot (1991) S. 154.

aktionskostentheorie zwar auf diesen auf, stellen aber die Ausgestaltung von Leistungsbeziehungen in den Vordergrund:

„Der Transaktionskosten- und Principal-Agent-Ansatz stehen untereinander in einem eher konkurrierenden Verhältnis, gegenüber der Property-Rights-Theorie in einer überwiegend komplementären Beziehung.“[25]

Unter dem Gesichtspunkt von Einsatzunsicherheit und der Bedeutung von Anbieter-Haushalt-Beziehungen für elektronischen Geschäftsverkehr erweisen sich besonders Instrumente des Transaktionskostenansatzes als geeignet für eine informationsökonomische Untersuchung. Wie die folgenden Ausführungen zeigen, besitzen dagegen Property-Rights- und Principal-Agent-Theorie einen eher grundlegenden Erklärungswert.

2.2.1. Verhaltensannahmen der Neuen Institutionenlehre

Ansätze der Neuen Institutionenlehre unterscheiden sich von anderen ökonomischen Theorien durch eine Reihe von Verhaltensannahmen. Zu den wichtigsten Annahmen gehören:

- Nutzenmaximierung

Marktakteure maximieren ihren individuellen Nutzen im Rahmen der vorgegebenen institutionellen Regelungen. Nach dieser Definition legen Unternehmen ihre Ziele bzw. ihr Zielsystem unter Beachtung von Satzung und Organisationsregeln fest. Bei privaten Haushalten geht es um die maximale Befriedigung ihrer Bedürfnisse unter der Annahme individueller Präferenzen. Die Bedürfnisse sind dabei nicht nur auf materielle Güter gerichtet. Auch muß eine monetäre Bewertung nicht zwingend gegeben sein.[26]

- Begrenzte Rationalität

Diese Verhaltensannahme, im obigem *Abschnitt 2.1.* bereits dargestellt, besagt im Verständnis der Institutionenlehre, daß Marktakteure einerseits Rationalität anstreben, anderseits ihre Entscheidungen durch institutionsinterne Begrenzungen determiniert sind. Im Gegensatz zum Konzept von Simon, der von kognitiven Beschränkungen ausgeht,

[25] Picot (1991) S. 160.
[26] Vgl. Becker (1976) S. 3; Frambach (1993) S. 235 ff.

kommen noch emotionale und bei privaten Haushalten auch soziale Verhaltensrestriktionen hinzu.

- Opportunistisches Verhalten

Diese von Williamson begründete Annahme geht von begrenzter Rationalität aus und weist zusätzlich auf die Möglichkeit hin, daß Transaktionspartner sich der List oder Täuschung bedienen können, um eigene Ziele durchzusetzen.[27] Das schließt auch extreme Formen ein wie Lügen, Stehlen oder Betrügen. Opportunismus bedroht vor allem die Abwicklung von *spezifischen* Leistungsbeziehungen. Ökonomische Nachteile können sich in diesem Fall bereits dann ergeben, wenn nur ein Transaktionspartner sich opportunistisch verhält. Ansatzpunkte für opportunistisches Verhalten finden sich z.B. bei unvollständigen Verträgen, die häufig zur Verfolgung des Eigeninteresses verleiten.

Verbunden mit den drei genannten Verhaltensannahmen ist noch die übergreifende Annahme des *methodologischen Individualismus*.[28] Sie stellt das Individuum in den Vordergrund. Dabei liegt die Auffassung zugrunde, daß Wirtschaftssubjekte keine Identität wie einzelne Personen besitzen.[29] Kollektive Entscheidungen und daraus hervorgehende Handlungen lassen sich nur aus Sicht beteiligter Individuen analysieren. Zusammenfassend kann festgestellt werden, daß Entscheidungen aller Marktakteure der Neuen Institutionenlehre zufolge begrenzt rational, aber effizienzorientiert unter dem Einfluß unvollkommener Information, psychischer und sozialer Verhaltensrestriktionen sowie opportunistischen Verhaltens getroffen werden.[30]

2.2.2. Property-Rights- und Principal-Agent-Ansatz

Als umfassendster Ansatz im Rahmen der Neuen Institutionenlehre gilt die *Property-Rights-Theorie*. Ausgehend von den Verhaltensannahmen ermöglicht sie die Analyse von externen Effekten und institutionellen Handlungs- und Verfügungsrechten.[31] Die Property Rights stehen für ein ganzes Rechtebündel, das die mit einem Gut ver-

---

27 Vgl. Williamson (1990) S. 49 ff.
28 Vgl. Wolff / Neuburger (1995) S. 5.
29 Auch Einpersonenhaushalte werden von der traditionellen Mikroökonomik als Wirtschaftssubjekte betrachtet.
30 Unvollkommene Information ist zurückzuführen auf Umweltkomplexität und Dynamik. Vgl. dazu umweltseitige Ursachen der Einsatzunsicherheit in *Kapitel IV, Abschnitt 1*.
31 Vgl. zur Property-Rights-Theorie Leipold (1978) S. 518 ff.

bundenen Vertragsbeziehungen zwischen Individuen regelt.[32] Mit der Zuordnung, Durchsetzung und Übertragung der Verfügungsrechte entstehen Transaktionskosten, die sich u.a. auch in Form von nicht monetär bewertbarer Anstrengung, z.B. Zeitaufwand, bemerkbar machen. Hohe Transaktionskosten weisen auf wenig spezifizierte (verdünnte) Property Rights hin. Aus verdünnten Handlungs- und Verfügungsrechten kann wiederum ein Anstieg der externen Effekte resultieren, der zu Wohlfahrtsverlusten bei Dritten führt. Ziel ökonomischen Handelns aus Sicht der Property-Rights-Theorie ist nun eine möglichst vollständige Zuordnung entsprechender Rechte zu den beteiligten Individuen. Konkret verlangt diese Zielsetzung eine genaue Aufschlüsselung aller Rechte, die sich auf Eigentum und Handlungen von Marktakteuren beziehen. Mit Hilfe des Property-Rights-Ansatzes lassen sich Entstehung und Wirkungen verschiedenster Institutionen und Rechtsformen erklären. Anwendungsbereiche hierfür sind z.B. das Unternehmens-, Lizenz- oder Umweltrecht. Der Schwerpunkt dieses Ansatzes liegt dabei auf der Untersuchung der institutionellen Rahmenbedingungen hinsichtlich ihrer Effizienz. Als Instrument zur Klassifikation und Auswahl alternativer Institutionen, insbesondere marktlicher Transaktionsvorgänge, ist er nur begrenzt geeignet.[33] Primär werden rechtliche, nicht abwicklungstechnische Probleme beschrieben. Mit Blick auf elektronischen Geschäftsverkehr ist eine ökonomische Analyse, die sich überwiegend auf rechtliche Aspekte bezieht, abzulehnen. Vielmehr muß bei einer Untersuchung elektronischer Marktsysteme der eigentliche Transaktionsvorgang unter Berücksichtigung von Informations- und Kommunikationsproblemen im Vordergrund stehen. Anders als bei der Property-Rights-Theorie wird diese Forderung im Rahmen der Principal-Agent- und der Transaktionskostentheorie weitgehend berücksichtigt.

Grundidee des *Principal-Agent-Ansatzes* ist die Analyse und Klassifikation von arbeitsteiligen Leistungsbeziehungen zwischen einem Auftraggeber (Principal) und einem Auftragnehmer (Agent). Ausgehend von den Verhaltensannahmen der Institutionenlehre wird unterstellt, daß solchen Beziehungen unterschiedliche Arten von In-

---

[32] Das Rechtebündel besteht aus vier unterscheidbaren Rechten, die der allgemeinen Rechtstradition folgen:
a) Recht auf Nutzung eines Gutes (usus)
b) Recht, das Gut zu verändern (abusus)
c) Recht auf Aneignung von Gewinnen und Verlusten, die aus dem Gut entstehen (usus fructus)
d) Veräußerungsrecht an Dritte (Liquidationsrecht).

[33] Vgl. Picot (1991) S. 154.

formationsasymmetrien zugrunde liegen. Im einzelnen werden folgende Typen von Asymmetrien unterschieden:[34]

- hidden characteristics
- hidden action oder hidden information
- hidden intention

Im Fall der *hidden characteristics* sind dem Principal bedeutende Eigenschaften des Agent oder der von ihm angebotenen Leistungen vor Vertragsabschluß nicht bekannt. Von *hidden action* oder *hidden information* wird gesprochen, wenn der Principal die Handlungen des Agent nach Vertragsabschluß nicht beobachten oder beurteilen kann. Bei *hidden intention* hat der Principal vor Vertragsabschluß keine Vorstellung davon, wie der Agent sich während der eigentlichen Leistungsbeziehung verhalten wird. Durch Handlungen des Agent, die bewußt oder auch unbewußt eine dieser Informationsasymmetrien ausnutzen, kann es nun zu einer negativen Beeinflussung des Nutzens des Principals kommen. Um dieses Risiko zu begrenzen, bedarf es der jeweiligen Situation angepaßter Kontroll- und Garantiemechanismen, die in der Terminologie der Principal-Agent-Theorie zu sog. Agency-Kosten führen.[35] In Analogie zu den Ansätzen der Suchtheorie kann auch von Kosten für zusätzliche Informationsaktivitäten (Aufnahme, Verarbeitung, Speicherung und Verwendung), die zum Abbau von Ungleichverteilungen im Informationsstand dienen, gesprochen werden.

Mit Hilfe der Principal-Agent-Theorie können Probleme aus ganz unterschiedlichen Anwendungsgebieten untersucht werden.[36] Aus Sicht der Institutionenlehre stehen Beziehungen zwischen Arbeitnehmer und Arbeitgeber, Eigentümer und Geschäftsführer, Versicherer und Versichertem oder Kunden und Lieferanten bzw. Käufer und Verkäufer im Mittelpunkt der Betrachtung. Neben der Erklärung auftretender Agency-Kosten bezwecken solche Beziehungsuntersuchungen die Entwicklung von Gestaltungsempfehlungen.[37] Damit läßt sich, bezogen auf die Problemstellung dieser Arbeit, auch die Effizienz von Anbieter-Haushalt-Beziehungen unter den bereits genannten Verhaltens-

34 Vgl. Picot (1991) S. 151 f.; Wolff / Neuburger (1995) S. 11.

35 Nach Jensen und Meckling setzen sich die Agency-Kosten aus den Kontrollkosten des Principals, den Garantiekosten des Agenten und dem verbleibenden Wohlfahrtsverlust zusammen. Vgl. Jensen / Meckling (1976) S. 305 ff.

36 Vgl. Picot (1989) S. 370.

37 Vgl. Picot (1991) S. 150.

annahmen der *begrenzten Rationalität,* des *opportunistischen Verhaltens* und der *Nutzenmaximierung* diskutieren.

In Anlehnung an Picot, der die Ausgestaltung von betrieblichen Informations- und Kommunikationssystemen untersuchte, können auch für elektronische Marktsysteme mit ihren Geschäftsanwendungen vier Principal-Agent-Beziehungszustände unterschieden werden.[38] Zur Veranschaulichung dieser Beziehungszustände werden in der Kopfzeile der Abbildung V-2 Leistungsanbieter (Agenten), die Informations-, Dienst- oder Sachleistungen vertreiben, mit ihrem Einfluß auf Prozesse des elektronischen Geschäftsverkehrs dargestellt. Die vertikale Dimension zeigt den Haushalt (Principal) mit seinen Kontrollmöglichkeiten gegenüber den Anbietern.

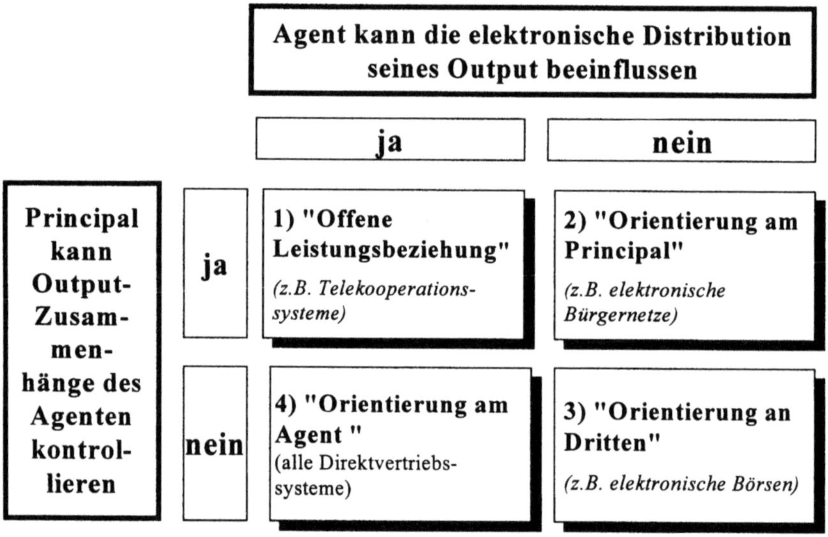

Abbildung V-2 Elektronischer Geschäftsverkehr in Principal-Agent-Situationen
Quelle: In Anlehnung an Picot (1989) S. 375

In der Situation ***eins*** der Abbildung V-2 bestehen nur geringe Informationsasymmetrien. Der Haushalt kann sich ohne größere Anstrengungen, d.h. mit niedrigen Agency-Kosten, genaue Informationen über die Erstellung der angebotenen Güter und über

[38] Vgl. Picot (1989) S. 371. Picot wiederum orientiert sich an den Überlegungen Spremanns zu Kunde-Lieferant-Beziehungen. Vgl. Spremann (1988) S. 613 ff.

technologische Komponenten der elektronischen Vertriebsform beschaffen. Opportunistischem Verhalten seitens des Anbieters kann problemlos entgegengewirkt werden. Informationen über die Output-Zusammenhänge und deren Beeinflußbarkeit durch den Agenten ermöglichen weitgehend *offene Beziehungen* zwischen den Leistungspartnern.[39] Eine vergleichbare Situation ist bei bestimmten Formen der Telearbeit gegeben, wenn zum Beispiel freiberufliche Heimarbeiter(innen) im Rahmen einer intensiven Telekooperationsbeziehung Einblick in die Geschäftsprozesse des Partnerunternehmens erhalten. Aus Sicht des Haushalts liegen in der Situation ***zwei*** ähnliche Bedingungen wie in der Situation eins vor. Allerdings wird der elektronische Markt von der öffentlichen Hand unter Mitwirkung der privaten Haushalte initiiert. Ein Beispiel dafür sind sog. elektronische Bürgernetze.[40] Sie werden auf Initiative gemeinnütziger Fördervereine von deutschen Städten oder Gemeinden eingerichtet und erlauben eine kostengünstige und flächendeckende Internet-Anbindung privater Haushalte. Der Zugang von Leistungsanbietern zu diesem Netz ist streng reglementiert und unterliegt der Kontrolle bzw. Überwachung seitens des Fördervereins. In der Situation ***drei*** ist die Möglichkeit einer Steuerung durch den Haushalt nicht mehr gegeben. Weder Leistungsanbieter noch Haushalt können Einfluß auf die Kernelemente elektronischer Marktsysteme nehmen. Betrieb und Realisierung dieser Systeme obliegen ausschließlich Dritten, die kommerziellen Dienstbetreibern (sog. Clearing-Center) zuzurechnen sind. Insgesamt betrachtet sind die Situationen eins bis drei nur für wenige Anwendungsfälle des elektronischen Geschäftsverkehrs zutreffend. Sie beschränken sich auf Geschäftsbeziehungen, denen besonders enge Beziehungen zwischen Haushalt und Anbieter oder sehr lose Beziehungen über unabhängige Dienstbetreiber zugrunde liegen (siehe kursiv unterlegte Beispiele in Abbildung V-2).

Vergegenwärtigt man sich bei privaten Haushalten die ausgeprägte Unsicherheit im Umgang mit dem elektronischen Geschäftsverkehr, so kann angenommen werden, daß die Mehrzahl elektronischer Marktsysteme der Situation ***vier*** zuzuordnen ist. Hier ist es dem Haushalt nicht möglich, die aufwendigen und komplexen Realisierungsprozesse der Anbieter nachzuvollziehen. Aufgrund von Informationslücken, induziert durch das Problem der Erfahrungs- und Vertrauensgüter, auf der einen Seite und Medienflut auf

---

39 Mit der Principal-Agent-Situation **eins** liegt eine Annäherung an die Annahme der *vollkommenen Information* aus der traditionellen Mikroökonomik vor.

40 Vgl. Bayerische Staatskanzlei (1996) S. 54; vgl. *http://www.weihenstephan.org* als Beispiel für ein Bürgernetz.

der anderen Seite sind Kontrollmöglichkeiten dem Haushalt weitgehend entzogen. Die Qualität der elektronischen Marktsysteme und ihrer Dienste hängt von den Leistungsanbietern ab, wodurch Spielraum für opportunistisches Verhalten geschaffen wird.[41] Um dennoch für beide Seiten vorteilhafte, d.h. gesamtwirtschaftlich effiziente Leistungsbeziehungen zu ermöglichen, bedarf es eines angemessenen Vertrauens zwischen den Partnern. Nach Spremann, der Beziehungen von Kunden und Lieferanten untersuchte, ist vor allem Vertrauen, das dem Agenten entgegengebracht wird, von Bedeutung.[42] Er spricht in diesem Zusammenhang von der Reputation des Agenten, die gezielt aufgebaut werden kann, „... wenn sich die vom Agenten bei früheren Gelegenheiten gezeigte Sorgfalt und Berechenbarkeit des Ergebnisses bei potentiellen Prinzipalen herumspricht".[43] Bezogen auf Haushalt-Anbieter-Beziehungen über elektronischen Geschäftsverkehr gilt: Eine Reputationserhöhung des Leistungsanbieters führt zu einer Verringerung der transaktionsbegleitenden Informationsasymmetrien.

In der Literatur findet sich neben dem Reputationsaufbau noch eine Vielzahl zusätzlicher Lösungsvarianten zur Reduzierung des Informationsgefälles zwischen Kunde (Käufer) und Lieferant (Verkäufer).[44] Der Verwirklichung aller Vorschläge steht jedoch eine bis heute nur unzureichend entwickelte Operationalisierung der Principal-Agent-Theorie entgegen.[45] Weder die Agency-Kosten noch die verschiedenen Arten von Informationsasymmetrien und ihre Ursachen können annähernd exakt bestimmt werden.

2.2.3. Transaktionskostentheorie

Verglichen mit der Principal-Agent-Theorie lassen sich mit Hilfe einer Erfassung der Einflußgrößen von Transaktionskosten wesentlich genauere Aussagen treffen. Entsprechend ausgestaltete Instrumente der Transaktionskostenanalyse besitzen deshalb ein hohes Anwendungspotential für praktische Problemstellungen, worunter auch Fragen hinsichtlich eines effizienten Einsatzes des elektronischen Geschäftsverkehrs fallen. Hinzu kommt, daß der Transaktionskostenansatz als Teil der Neuen Institutionenlehre neben seiner theoretischen Fundierung die bereits diskutierten Anforderungen an

41 In Situation vier kann nur der Agent (Anbieter) die Distribution seines Output beeinflussen.
42 Vgl. Spremann (1988) S. 619.
43 Spremann (1988) S. 620.
44 Vgl. Wolff / Neuburger (1995) S. 12; Picot / Wolff (1994) S. 20 f.
45 Vgl. Picot (1991) S. 155.

einen ökonomischen Untersuchungsansatz beinhaltet. In den folgenden Abschnitten werden zunächst Entwicklungen und wichtige Begriffe der Transaktionskostentheorie aufgezeigt. Darauf aufbauend wird die Bedeutung von Transaktionskosten für private Haushalte und ihre Bestimmung über geeignete Einflußgrößen erläutert, bevor in *Abschnitt V.3* die eigentliche Untersuchung folgt.

2.2.3.1. Entwicklung der Transaktionskostentheorie

Ausgangspunkt der Transaktionskostentheorie sind die Erkenntnisse des Nobelpreisträgers Coase bezüglich der Existenz und Größe von erwerbswirtschaftlichen Unternehmen.[46] Coase stellte sich die Frage, warum Unternehmen viele Produktionsfaktoren unter einheitlicher Leitung zusammenfassen und nicht je nach Bedarf neu einkaufen. Entsprechend der traditionellen volkswirtschaftlichen Prämisse *„vollständige Information"* dürfte nämlich die Allokation von Ressourcen ausschließlich auf Märkten stattfinden. In Anlehnung an die Suchtheorie verwies Coase aber auf spezifische Kosten, die mit dem Preismechanismus (Preisinformationen, Vertragsabschluß, Kontrolle) verbunden sind:[47]
„The main reason why it is profitable to establish a firm would seem to be that there is a cost of using the price mechanism."[48] Die Höhe dieser Kosten, die von Coase als Transaktionskosten bezeichnet werden, entscheidet darüber, ob sich die Entstehung und Ausdehnung einer Unternehmung lohnt. Eine Nutzung des Marktes erfolgt nur dann, wenn die Kosten der Koordination von Unternehmensaktivitäten (Organisationskosten) größer sind als die Kosten des Preismechanismus.[49]

Die Betrachtungsweise von Coase geht weit über Fragen zur Existenz von Unternehmen hinaus. So lassen sich auch negative externe Effekte (z.B. Umweltverschmutzung), allgemeine rechtliche Probleme oder nicht erwerbswirtschaftliche Institutionen (z.B. private Haushalte) analysieren.[50] Trotz des weiten Anwendungsspektrums bleiben in der Theorie von Coase noch einige wichtige Aspekte unberücksichtigt. So liefert sie kein stichhaltiges Argument, „... weshalb die Koordination innerhalb der Unterneh-

---

46 Vgl. Coase (1937) S. 389; vgl. auch Picot (1992) S. 79.
47 Die Gedanken von Coase wurden erst später von der Informationsökonomik aufgegriffen.
48 Coase (1937) S. 391.
49 Vgl. Coase (1937) S.395 ff.; Bössmann (1983) S. 107.
50 Vgl. Coase (1991) S. 120 ff.

mung selbst hierarchisch und nicht etwa kollektiv im Team erfolgt.“[51] Außerdem beschränkt sie sich auf die Zweiteilung "Unternehmung — Markt", wodurch dazwischenliegende Koordinationsformen ausgeschlossen bleiben. Auch bietet sie keine operationalisierbare Erfassungsmethode für Transaktionskosten.

Diese noch offenen Fragen wurden mit besonderem Interesse von Williamson aufgegriffen. Er entwickelte aus der Synthese von verhaltenswissenschaftlichen Erkenntnissen und effizienzorientierter Mikroökonomik einen umfassenden Ansatz zur Erklärung und Bestimmung von Transaktionsproblemen. Den Ausgangspunkt seiner Überlegungen bildet die Transaktion und nicht das Unternehmen oder der Markt. In Anlehnung an Commons, der die Transaktion als *Basiseinheit mikroökonomischer Analyse* betrachtet, präzisierte er den Begriff folgendermaßen:[52] „A transaction occurs, when a good or service is transferred across a technologically separable interface. One stage of activity terminates and another begins.“[53] Primäre Gegenstände einer Transaktion können Sachgüter, Dienstleistungen oder nur Informationen sein. Übertragen werden diese Objekte bzw. Güter zwischen Transaktionspartnern, die natürliche und juristische Personen oder sonstige Institutionen (z.B. betriebliche Abteilungen) sein können.[54] Im Schrifttum wird häufig darauf hingewiesen, daß die Transaktion nicht nur für physischen Güteraustausch steht. Aus Sicht der Property-Rights-Theorie ist sie durch die Übertragung von Verfügungsrechten an den genannten materiellen aber auch immateriellen Transaktionsobjekten gekennzeichnet. Der Transaktionskostenansatz stellt also Handlungen vor und nach Abwicklung einer Leistungsbeziehung und nicht den physischen Übergang von Sachgütern oder Dienstleistungen in den Mittelpunkt. Im Sinne einer konsumentengerechten Realisierung elektronischer Marktsysteme wird damit besonders der Forderung, die Beziehung zwischen Anbieter und Haushalt zu optimieren, Rechnung getragen.

2.2.3.2. Transaktionskosten und ihre Bedeutung für private Haushalte

Alle Opfer und Reibungsverluste, die mit dem Transfer von Handlungsrechten entstehen, stellen sog. Transaktionskosten dar. Da eine genaue Fixierung der Transaktions-

---

51 Haury (1989) S. 28.
52 Vgl. Commons (1934) S. 4 ff.; Williamson (1975) S. 9.
53 Williamson (1983) S. 104.
54 „Als Gut gilt jedes Mittel, das der Bedürfnisbefriedigung / Zielerreichung dient.“ Steinmüller (1994) S. 140.

kosten große Probleme mit sich bringt, beschränkt sich Williamson auf eine inhaltliche Umschreibung. So differenziert er zwischen vorvertraglichen und nachvertraglichen Transaktionskosten.[55] Diesem Gedanken folgend, spricht Picot von Informations- und Kommunikationskosten, die bei der Anbahnung, Vereinbarung und Abwicklung sowie bei der Kontrolle und Anpassung von wechselseitigen Leistungsbeziehungen auftreten.[56] In der Literatur zur Unternehmenstheorie wird häufig eine Kennzeichnung von Transaktionskosten anhand einer Abgrenzung zu neoklassischen Produktionskosten, die sich aus den Faktoreinsätzen der technischen Produktionsfunktion ableiten, vorgenommen.[57] Die so definierten Produktionskosten sind aufgrund ihrer monetären Erfaßbarkeit für die Unternehmen bei der Suche nach Kosteneffizienz von zentraler Bedeutung. Das zeigt sich besonders in betrieblichen Kostenrechnungssystemen, die häufig nur Einzelkosten bzw. variable Kosten als Kalkulationsgrundlage berücksichtigen.[58] Transaktionskosten, die aufgrund von Informations- und Kommunikationsproblemen entstehen, werden nicht oder nur über eine kumulierte Betrachtung der Gesamtkosten, d.h. der Einzel- und Gemeinkosten, einbezogen. Das Problem der unzureichenden Berücksichtigung von Transaktionskosten gilt auch für private Haushalte. Als Produzenten vernachlässigen sie, analog zu erwerbswirtschaftlichen Betrieben, Reibungsverluste der Leistungserstellung. Als Konsumenten orientieren sie sich bei Leistungsbeziehungen oft nur an Marktpreisen, ohne den zusätzlichen und monetär schwer erfaßbaren Aufwand, z.B. in Form aufgewendeter Zeit, zu berücksichtigen. Ferner beziehen sie das Kalkül von Coase hinsichtlich der effizientesten Koordinationsform nicht methodisch in ihre Entscheidungsprozesse ein, obwohl sich auch für private Haushalte die Frage stellt, unter welchen Bedingungen die Bedarfsdeckung durch Eigenproduktion und unter welchen sie über den Markt erfolgen sollte.[59] Die Eigenproduktion ermöglicht die Reduzierung der marktseitigen Informations- und Kommunikationskosten. Andererseits erhöhen sich aber die internen Transaktionskosten, was dazu führt, daß der Haushalt weniger Arbeitskraft am Markt anbieten kann. Die Art der Bedarfsdekkung hängt damit von den relativen (Transaktions-)Kosten ab, die dem Haushalt einerseits verursacht werden, die ihm anderseits erspart bleiben.[60] Bei komplexen, mit Unsi-

55 Vgl. Williamson (1990) S. 22.

56 Vgl. Picot (1982) S. 270. Alle Transaktionskosten resultieren nach der Definition von Picot aus dem Mangel an Informationen.

57 Vgl. Williamson (1990) S. 69; vgl. auch Büchs (1991).

58 Vgl. zu Gemeinsamkeiten von Einzelkosten und variablen Kosten Schweitzer / Küpper (1986) S. 316.

59 Vgl. dazu Backhaus (1994) S. 231 - 236.

60 Vgl. Backhaus (1994) S. 232.

cherheit behafteten Gütern, wie z.B. Informations- und Kommunikationstechnologien oder Finanzdienstleistungen, besitzen Haushalte oft keine Wahlmöglichkeit zwischen alternativen Koordinationsformen. Sie sind festgelegt auf eine marktliche Abwicklung, da eine Eigenerstellung die psychischen und sozialen Grenzen im Haushalt bei weitem übersteigen würde. Allerdings kann elektronischer Geschäftsverkehr bei weniger komplexen Konsumgütern (z.B. Medienprodukten, Recherchediensten) zu einer Verschiebung in der Art der Bedarfsdeckung in Richtung Eigenerstellung führen.

In der Theorie setzt sich immer mehr die Überzeugung durch, daß die Gesamtkosten einer Leistungserstellung oder -beziehung zum größten Teil aus Transaktionskosten bestehen.[61] Für die Ermittlung einer aus Sicht privater Haushalte effizienten Leistungskoordination, die voll oder teilweise elektronisch unterstützt wird, wären somit neoklassische Produktionskosten oder Marktpreise von nachrangiger Entscheidungsrelevanz. Sowohl für Haushalte als auch für Anbieter ist daher eine verstärkte Einbeziehung von Informations- und Kommunikationsproblemen geboten. Diese informationsökonomische Sichtweise dient im weiteren Verlauf als Leitfaden, so daß elektronischer Geschäftsverkehr nicht anhand von Produktionskosten oder von Marktpreisen, sondern auf Basis von Transaktionskosten betrachtet wird.[62] Dabei stehen die Transaktionskosten der Konsumenten und nicht die der Anbieter im Mittelpunkt der Analyse. Das Postulat einer expliziten Berücksichtigung der privaten Haushalte erhält durch diesen Ansatz auch eine theoretische Fundierung.

2.2.3.3. Einflußgrößen von Transaktionskosten

Die Entstehung von Transaktionskosten wird nach Williamson durch Verhaltensannahmen (Humanfaktoren) und Einflußgrößen (Umweltfaktoren) sowie deren Zusammenwirken erklärt. Sie sind gewissermaßen die Ursache für Informationsdefizite und Marktversagen. Weder über die Human- noch über die Umweltfaktoren läßt sich eine exakte quantitative Messung von Transaktionskosten durchführen. Jedoch können über den Umweg einer empirischen Erfassung und inhaltlichen Beschreibung einzelner Einflußgrößen verschiedene Koordinationsformen hinsichtlich ihres jeweiligen Effizienz-

---

[61] Vgl. Büchs (1991) S. 16. Die Bedeutung von neoklassischen Produktionskosten verringert sich weiter mit zunehmender Spezifität einer Transaktion und durch den Einsatz moderner Technologien.

[62] Marktpreise ermitteln sich sowohl aus Produktions- als auch aus Transaktionskosten der Anbieter. Jedoch berücksichtigen sie vielfach nicht die Transaktionskosten der Konsumenten.

grades verglichen werden. Somit läßt sich für jede Leistungsbeziehung die transaktionskostengünstigste Ausgestaltung bestimmen.

Die Identifizierung wichtiger Einflußgrößen ist von zentraler Bedeutung in der Transaktionskostenanalyse. Abhängig von dem Anwendungsbereich und der damit verbundenen Bedeutung bestimmter Verhaltensannahmen findet sich in der Literatur ein umfangreiches Spektrum möglicher Einflußgrößen. Für die Untersuchung des elektronischen Geschäftsverkehrs eignet sich besonders eine Systematisierung nach Picot, die sich in Theorie und Praxis als bedeutende Methode zur Gestaltung von Informations- und Kommunikationssystemen in Unternehmen etabliert hat. Abgeleitet aus den Verhaltensannahmen der Institutionenlehre kennzeichnet Picot zunächst die *Unsicherheit* und *Spezifität* als zentrale Einflußgrößen vieler Leistungsbeziehungen. Sie beeinflussen die Struktur und Höhe von Transaktionskosten maßgeblich (siehe Abbildung V-3). Ergänzend bezieht er noch die unterstützenden Eigenschaften *Häufigkeit* und *Transaktionsatmosphäre* ein, die die Wirkung vorliegender Spezifität und Unsicherheit verfestigen können. Für unternehmerische Aktivitäten stellt die Spezifität das vorrangige Kriterium dar. Da im folgenden jedoch Leistungsbeziehungen aus Sicht der privaten Haushalte im Mittelpunkt der Betrachtung stehen, wird dieser Ansicht hier nicht entsprochen. Wie die Ausführungen im vorhergehenden Kapitel bereits zeigten, sind beim Einsatz des elektronischen Geschäftsverkehrs die Unsicherheit und ihre Ursachen von zentraler Bedeutung. Die Unsicherheit stellt für die folgende Untersuchung die wichtigste Einflußgröße dar. Die Spezifität ist der Unsicherheit untergeordnet. Häufigkeit und Transaktionsatmosphäre schließlich sind für die Ermittlung von Transaktionskosten bei privaten Haushalten nur zweitrangig.

Verhaltensannahmen	**Einflußgrößen**
Begrenzte Rationalität	Unsicherheit
Opportunismus	Spezifität
	Häufigkeit
	Transaktionsatmosphäre

Abbildung V-3 Verhaltensannahmen und Einflußgrößen von Transaktionskosten
Quelle: In Anlehnung an Picot (1991) S. 148

2.2.3.3.1. Unsicherheit und begrenzte Rationalität

Im Verständnis der Transaktionskostentheorie ist Unsicherheit ein Maß für die (Nicht-)Vorhersehbarkeit von qualitativen, quantitativen, zeitlichen oder technischen Änderungen.[63] Unsicherheit ist nur in Verbindung mit begrenzter Rationalität, d.h. mit Beschränkungen im Informationsverhalten der Entscheidungsträger von Bedeutung.[64] Sie erschwert vor der eigentlichen Transaktion (ex ante) die Anbahnung, Vereinbarung und Abwicklung von Verträgen und nach Vertragsabschluß (ex post) die Kontrolle und Anpassung der Leistungsbeziehung. Je höher die Unsicherheit bezüglich zukünftiger Entwicklungen (z.B. im Bereich neuer Technologien oder im Verhalten von Transaktionspartnern), desto höher sind die Transaktionskosten für vollständige Vertragsabschlüsse. Allgemein wird in der Literatur zur Transaktionskostentheorie zwischen Umweltunsicherheit und verhaltensbedingter Unsicherheit unterschieden.[65] Während Umweltunsicherheit aus unvollkommener Information in Verbindung mit Komplexität und Dynamik äußerer Umstände resultiert, ergibt sich die verhaltensbedingte Unsicherheit aus den Beschränkungen im menschlichen Informationsverhalten. Diese Restriktionen wiegen bei privaten Haushalten, die in der Regel nicht über technisch unterstützte und formalisierte Informationsaktivitäten verfügen, besonders schwer. Neben psychischen Restriktionen beruht ihre Unsicherheit beim Einsatz des elektronischen Geschäftsverkehrs auch auf sozialen Hindernissen. Für die Identifizierung der Einflußgröße *Unsicherheit* beim Einsatz des elektronischen Geschäftsverkehrs sind alle Verhaltensrestriktionen privater Haushalte zu berücksichtigen.

2.2.3.3.2. Spezifität und opportunistisches Verhalten

Die Einflußgröße *Spezifität* steht innerhalb von Leistungsbeziehungen für Beschreibungs- und Bewertungsprobleme, die sich aus besonderen Eigenschaften von Transaktionsobjekten und der an der Leistungsbeziehung beteiligten Partner ergeben. Eine hohe Ausprägung der Spezifität zeichnet sich durch eine begrenzte Menge an alternativen Verwendungsmöglichkeiten aus.[66] Zudem finden sich oft nur wenige Leistungspartner, die über das notwendige Qualifikations- oder Technologieprofil verfügen. In Extremsituationen kann hohe Spezifität sogar zu monopolartigen Austauschbeziehungen

---

63 Vgl. Picot (1991) S. 347.
64 Vgl. Williamson (1975) S. 40; Simon (1957) S. 197 ff.
65 Vgl. Williamson (1975) S. 21 ff.
66 Vgl. Büchs (1991) S. 11.

(small numbers) führen.[67] Je spezifischer ein Transaktionsobjekt, desto größer ist sein Eigenwert und desto eher werden Informationsprobleme ausgelöst, aus denen Transaktionskosten resultieren. Sofern spezifische Transaktionsobjekte zusätzlich mit opportunistischem Verhalten gekoppelt sind, muß der Preismechanismus auf Märkten als Informationsinstrument zwangsläufig versagen (Marktversagen). In der Literatur wird der Spezifitätsbegriff häufig mit Hilfe der sog. Quasi-Rente umschrieben:

> „Unter einer Quasi-Rente versteht man den Differenzbetrag derjenigen Werte, die einem Verfügungsrecht im Rahmen der beabsichtigten Transaktion bzw. der nächstbesten Verwendungsmöglichkeit beizumessen sind."[68]

Veranschaulichen läßt sich das Problem der Quasi-Rente sehr gut am Beispiel des digitalen Fernsehens. Aufgrund spezifischer Eigenschaften besitzen Fernsehgeräte mit Set-Top-Box einen besonders hohen Wert für diesen Rundfunkdienst.[69] Erwirbt ein Haushalt diese Gerätekonfiguration, ohne eine für digitalen Empfang geeignete Netz- oder Funkanbindung zu besitzen, so bleibt ihm höchstens die Nutzung des analogen Fernsehens. Zu Beginn des digitalen Fernsehens waren in Deutschland viele Haushalte einer solchen Situation ausgesetzt. So war der Empfang von Programmangeboten nur über das ASTRA-Satellitensystem möglich. Eine Ausstrahlung über das Kabelnetz verzögerte sich aufgrund von Vereinbarungsschwierigkeiten zwischen dem Dienstbetreiber und der Deutschen Telekom AG.[70] Für Haushalte, die über einen Kabelanschluß verfügten und an einer Nutzung des digitalen Fernsehens interessiert waren, führte diese Situation zu nachhaltigen Einschränkungen. Sie mußten entweder zusätzlich eine Satellitenempfangsanlage implementieren, oder ihr Nutzungsspielraum blieb auf analoges Fernsehen begrenzt.[71] Da sowohl Anschaffungskosten als auch Reibungsverluste bei einer verfehlten Implementierung eine Schädigung des Anwenders in Höhe der Quasi-Rente erwarten lassen, kann daraus ein ausgeprägtes Maß an Spezifität für das Transaktionsobjekt *Fernsehgerät mit Set-Top-Box* abgeleitet werden.

Für die Bestimmung der Transaktionskosten beim Einsatz des elektronischen Geschäftsverkehrs ist die Dimension *Spezifität* aber nur von untergeordneter Bedeutung.

---

67 Vgl. Williamson (1981) S. 555.

68 Picot / Dietl (1990) S. 179.

69 Vgl. zur Set-Top-Box **Anhang C**.

70 Dienstbetreiber war die Kirch-Gruppe mit dem Sender *DF1*.

71 Viele potentielle Nutzer erwarben kurz nach dem Start von DF1 entweder eine Set-Top-Box ohne Satellitenspiegel oder verzichteten auf digitales Fernsehen. Vgl. o.V. (1997a) S. 107 f.

Wie bereits beschrieben, erzeugen spezifische Objekte zumeist auch Unsicherheit. Allerdings läßt sich umgekehrt aus Unsicherheit nicht notwendigerweise auch auf spezifische Transaktionsobjekte schließen, da auch andere Ursachen, wie z.B. negative Einstellungen oder kognitive Restriktionen, zu Unsicherheit führen können.

2.2.3.3.3. Häufigkeit und Transaktionsatmosphäre

Die Transaktionshäufigkeit und -atmosphäre haben in Verbindung mit den anderen Einflußgrößen nur ein ergänzendes Gewicht, da sie nicht verursachend, sondern verstärkend auf Transaktionskosten wirken.[72] Zunehmende Häufigkeit, d.h. Wiederholung der Leistungsbeziehung kann zu einer Verringerung der Unsicherheit und damit zu niedrigeren Transaktionskosten führen. Gründe hierfür können Lerneffekte oder Spezialisierungsvorteile sein.

Gleiches gilt für die Transaktionsatmosphäre, die alle rechtlichen und technischen Rahmenbedingungen umfaßt. Klar definierte Rechtsnormen und ausreichende Verfügbarkeit von Informations- und Kommunikationstechnologien kann Anbahnungs-, Vereinbarungs-, Abwicklungs-, Kontroll- und Anpassungskosten reduzieren. Betrachtet man elektronischen Geschäftsverkehr als Marktsystem, so finden sich diese Rahmenbedingungen in den rechtlichen und technologischen Elementen wieder.

3. Transaktionskostentheoretische Analyse des elektronischen Geschäftsverkehrs

Analog zu der Bestimmung der Unsicherheit beim Einsatz des elektronischen Geschäftsverkehrs ist auch die Analyse von Transaktionskosten abhängig von umweltseitigen Faktoren (z.B. von den Anwendungsgrenzen multimedialer Kommunikationsdienste) sowie den psychischen und sozialen Bedingungen innerhalb privater Haushalte. Bevor jedoch auf eine Methode zur Erfassung von Transaktionskosten für einzelne Anwendungssituationen und Haushaltstypen eingegangen wird, werden zunächst grundlegende Effekte der Implementierung von Technologien und der Nutzung von Kommunikationsdiensten für elektronischen Geschäftsverkehr analysiert.

---

[72] Vgl. Picot / Dietl (1990) S. 180.

3.1. Transaktionskosten der Implementierung

Aufgrund der ausgeprägten Komplexität und Dynamik neuer Informations- und Kommunikationstechnologien und der Begrenzungen im menschlichen Informationsverhalten sind viele Haushalte mit einer hohen Unsicherheit bei der Implementierung von E-Markttechnologien konfrontiert. Der technische Fortschritt führt zwar zu einer Erweiterung des Produktangebotes, jedoch sind diese Angebote durch eine hohe Spezifität, d.h. durch eine begrenzte Zahl an Verwendungsmöglichkeiten, gekennzeichnet. Deutlich wird dieses Spezifitätsproblem an der Vielzahl alternativer Datenendgeräte und Anbindungsmöglichkeiten für analoge oder digitale Kommunikationsnetze.

Je nach der Auswahl elektronischer Geschäftsanwendungen kommen nur ganz bestimmte Kombinationen aus Informations- und Kommunikationstechnologien in Betracht. Möchte der private Haushalt z.B. Telerecherche im Internet nutzen, so benötigt er eine Datenverarbeitungsanlage mit Fernsprechnetzanbindung. Die Anlage sollte zum einen über ausreichende Rechenleistung zur Datenkompression verfügen, zum anderen neue (digitale) Übertragungstechniken, wie z.B. (Breitband-) ISDN oder ADSL, ausschöpfen.[73] Interessiert sich der Haushalt auch für Pay-TV über digitales Fernsehen, dann muß er noch eine zusätzliche Anlage (Set-Top-Box) zusammen mit einem Kabelanschluß oder einer Satellitenschüssel erwerben. Solange sich nicht eine standardisierte Plattform verbunden mit einer leistungsfähigen und flächendeckenden Datenübertragungstechnik für elektronischen Geschäftsverkehr durchsetzen kann, wird es zu keiner Reduzierung der Spezifität von *E-Markttechnologien* kommen. Hohe Spezifität fördert die Unsicherheit, so daß bei Kauf und Installation entsprechender Komponenten von hohen Transaktionskosten auszugehen ist. Verstärkt wird dieses Problem durch die seltene Wiederholung (Häufigkeit) der Implementierungsvorgänge. Nur bei Haushalten mit einem überdurchschnittlichen Bedarf an Kommunikationstechnologien ist denkbar, daß sich Lerneffekte und Spezialisierungsvorteile einstellen. Auch die unzureichenden technologischen Rahmenbedingungen – als Teil der Transaktionsatmosphäre – inner- und außerhalb privater Haushalte tragen zur Transaktionskostenerhöhung bei. Rechtliche Faktoren spielen dagegen bei der Implementierung seit der Deregulierung der öffentlichen Kommunikationsnetze in Deutschland nur noch eine untergeordnete Rolle. Bei der Nutzung elektronischer Marktdienste kommen sie deutlicher zum Tragen.

---

[73] Vgl. zu den Übertragungstechniken Abbildung III-7 und **Anhang C**.

Unter Berücksichtigung aller Einflußgrößen läßt sich zusammenfassend feststellen, daß die Schaffung einer technischen Infrastruktur für elektronischen Geschäftsverkehr im privaten Haushalt hohe Transaktionskosten verursacht. Veranschaulichen läßt sich dieses Problem auch an dem Erstmaligkeits-Bestätigungs-Modell zur pragmatischen Information.[74] Die Implementierung von Technologien für elektronischen Geschäftsverkehr tritt bei der Mehrzahl der potentiellen Anwenderhaushalte wegen ihres ausgeprägten Innovationscharakters erstmalig auf. Dieser Zustand löst zunächst hohe Unsicherheit aus. Die daraus resultierenden Transaktionskosten lassen sich nur durch den Aufbau zweckorientierten Wissens bzw. von pragmatischer Information reduzieren (siehe Abbildung V-4).

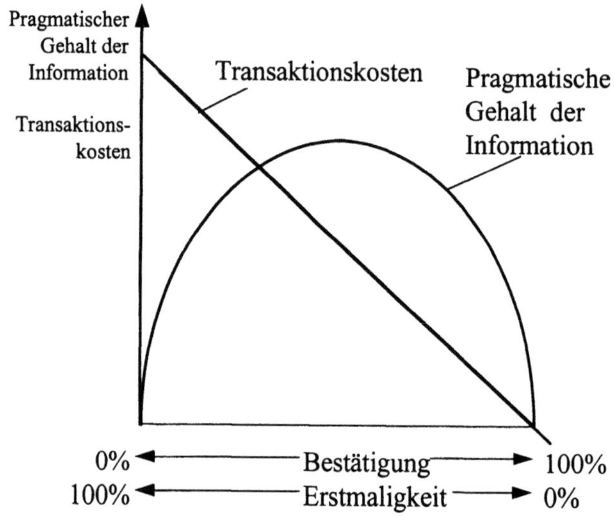

Abbildung V-4 Transaktionskosten in Abhängigkeit von Erstmaligkeit und Bestätigung
Quelle: Schneider / Zieringer (1991) S. 120

Mit zunehmender Bestätigung nimmt die Unsicherheit wieder ab, das Wissen verliert an pragmatischer Bedeutung, und die Transaktionskosten gehen zurück. Erst an dieser Stelle erfolgt der Übergang zur Nutzung elektronischer Marktdienste. Private Haushalte sind dann allerdings differenzierteren Transaktionskosten-Effekten ausgesetzt, die in der obigen Graphik nicht mehr berücksichtigt sind.

---

74 Vgl. Weizsäcker v. (1974) S. 82 ff; vgl. auch Abbildung II-3.

3.2. Transaktionskosten der Nutzung

Im Gegensatz zur Implementierung führt die Nutzung von elektronischen Marktdiensten aus transaktionskostentheoretischer Sicht zu zwei gegenläufigen Wirkungen. Auf der einen Seite kommt es wegen der zu erwartenden Nutzungsunsicherheit auch hier zu steigenden Transaktionskosten für private Haushalte. Auf der anderen Seite führen bestimmte Anwendungen, wie z.B. Telebanking oder Teleshopping, im Vergleich zu der konventionellen Abwicklung von Leistungsbeziehungen zu sinkenden Transaktionskosten. Dieser positive Effekt ist in Wissenschaft und Praxis häufig Ausgangspunkt einer sehr optimistischen Einschätzung der Verbreitung solcher Anwendungen.[75] Wie die beiden folgenden Abschnitte zeigen, muß eine ökonomische Bewertung der Nutzung elektronischer Marktdienste jedoch beiden Wirkungen gerecht werden. Abbildung V-5 verdeutlicht diesen Gedanken dadurch, daß die positiven den negativen Effekten gegenüberstehen.

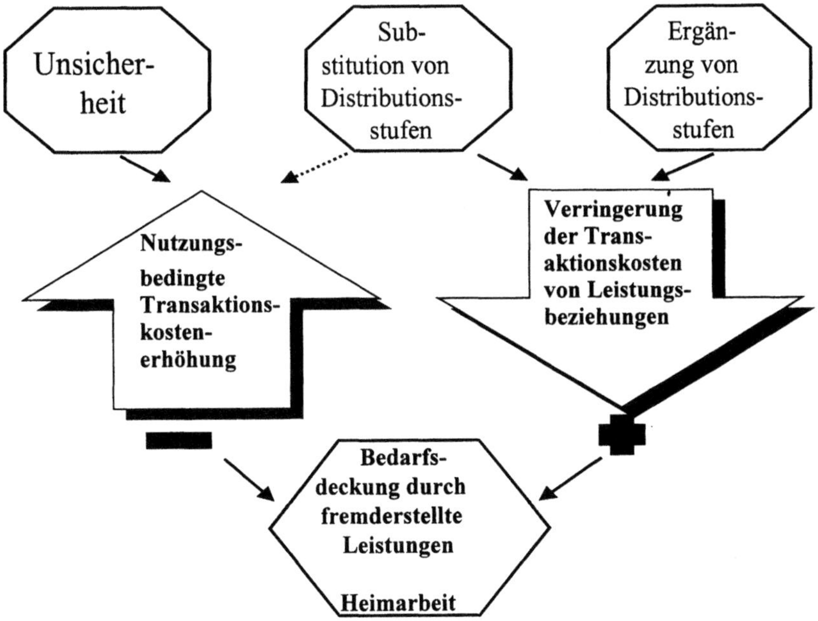

Abbildung V-5 Ökonomische Wirkungsmuster des elektronischen Geschäftsverkehrs

[75] Vgl. zu Marktprognosen über elektronischen Geschäftsverkehr *Kapitel II, Abschnitt 2.1.*

3.2.1. Verringerung der Transaktionskosten von Leistungsbeziehungen

Transaktionskostenvorteile durch die Nutzung elektronischer Marktdienste zeigen sich für private Haushalte sowohl beim Konsum fremderstellter Leistungen als auch bei eigenen Wertschöpfungsaktivitäten. Die mit geschäftlichen Anwendungen neuer, multimedialer Kommunikationsdienste verbundene *Substitution* konventioneller Distributionsstufen und Dienstleistungen ermöglicht strukturierte (d.h. weniger komplexe und spezifische) Leistungsbeziehungen zwischen Haushalt und Anbieter.[76] Durch eine entsprechend häufige Nutzung, verbunden mit einer hohen Nachfrage, entstehen dabei auch marktliche Preisvorteile, so daß der Haushalt das Sachgut (Teleshopping) oder die Dienstleistung (Telebanking) billiger erwerben kann.[77] Darüber hinaus bietet elektronischer Geschäftsverkehr eine *Ergänzung* der klassischen Absatzkanäle, was vor allem durch informationelle Mehrwerte zum Ausdruck kommt.[78] Informationelle Mehrwerte entstehen durch zusätzliche Informationsarbeit und Kreativitätssteigerung, die mit der Nutzung von E-Marktdiensten einhergehen. Anders formuliert eröffnet der elektronische Geschäftsverkehr den Transaktionspartnern, d.h. sowohl dem Konsumenten als auch dem Anbieter, Freiräume für die Schaffung neuer Informationswerte. Informationeller Mehrwert konkretisiert sich z.B. in einem flexiblen und schnellen Zugriff auf gewünschte Produkte oder Produktinformationen, was für private Haushalte eine bessere Befriedigung ihrer Bedürfnisse bedeutet.[79]

Distributionsseitige Transaktionskostenvorteile lassen sich besonders gut am Beispiel von Telebanking veranschaulichen. Kunden erhalten eine höhere Markttransparenz, indem sie die Angebote und Konditionen verschiedener Banken schnell und relativ unkompliziert miteinander vergleichen können. Sie sind nicht mehr an Öffnungszeiten bestimmter Bankfilialen gebunden, können freier entscheiden und partizipieren an preisgünstigen Bankleistungen, die nur über den elektronischen Markt angeboten werden. Außerdem führen elektronische Distributionsformen zu einer stärkeren Koppelung von Unternehmen mit privaten Haushalten. So erhalten Anbieter die Möglichkeit,

---

76 Vgl. zur Dekonstruktion von Distributionsstufen Evans / Wurster (1997) S. 74 ff.

77 Marktliche Preisvorteile beruhen dabei auf der Weitergabe von Produktionskostenvorteilen seitens der Anbieter.

78 Vgl. zu Typen informationeller Mehrwerte Kuhlen (1995) S. 90 f.

79 Vgl. Backhaus / Glomb (1994) S. 13. Allerdings kam die Studie *Akzeptanz von Tele-Shopping* der Universität München zu dem Ergebnis, „ ... daß viele Konsumenten die Möglichkeit, über Teleshopping umfassende Produktinformationen einzuholen, noch nicht erkannt haben“. Franke u.a. (1995) S. 201.

ihre Produktgestaltung und ihren Verkauf enger an die Bedürfnisse der Kunden anzulehnen. In Einzelfällen können Haushalte sogar direkt über elektronischen Geschäftsverkehr in die Entwicklungs- und Herstellungsprozesse der Unternehmen eingreifen. Eine solche Zusammenarbeit bzw. Kooperation zwischen Anbieter und Konsument kann die Transaktionskosten einer Leistungsbeziehung nachhaltig senken.

Sinkende Transaktionskosten durch die Nutzung von E-Marktdiensten machen sich aus Sicht privater Haushalte nicht nur in verbesserten Konsumbedingungen bemerkbar, sondern auch in einer effizienteren Koordination der Eigenerstellung. Zum einen läßt sich unbezahlte Heimarbeit durch Informationstechnologien und deren Anbindung an externe Telekommunikationsnetze einfacher durchführen.[80] Davon profitieren spezifische und komplexe Tätigkeiten, wie z.B. Versicherungs- und Bankgeschäfte, die bisher nur mit Hilfe externer Dienstleister abgewickelt werden konnten. Zum anderen ermöglicht elektronischer Geschäftsverkehr die Aufnahme neuer Formen der bezahlten Heimarbeit, die dem Anwendungsbereich *Telearbeit* zuzuordnen sind.[81] Im einzelnen sind hier folgende Formen zu nennen:

- Nachbarschaftsbüro (z.B. Postdienstleistungen)
- ausschließliche Teleheimarbeit (z.B. Datenerfassung oder Dokumentation)
- alternierende Tele- und Büroarbeit (z.B. Programmiertätigkeit)
- Telearbeit im Außendienst (z.B. Versicherungsverkauf)
- Telearbeit in der Rufbereitschaft (z.B. EDV-Administration)

Zentrales Merkmal dieser Formen der Telearbeit ist die Mobilisierung des Arbeitsplatzes durch eine technische Anbindung an das Kommunikationsnetz eines Arbeit- oder Auftraggebers. Telearbeitsplätze eröffnen nicht nur eine ortsunabhängige Verrichtung herkömmlicher Arbeitsformen, es entstehen auch neue Betätigungs- bzw. Berufsfelder, die vor allem im Dienstleistungsbereich anzusiedeln sind. Vorteile von Telearbeit aus gesamtwirtschaftlicher Sicht sind eine höhere Produktivität, die Flexibilisierung des Arbeitsmarktes, zusätzliche Entwicklungschancen für strukturschwache Räume, Entlastung der Verkehrswege und Schonung der Umwelt.[82] Aus Sicht der Haushalte sind besonders die Flexibilisierung, Zeitsouveränität und bessere Vereinbar-

---

80 Zusätzliche Effizienzvorteile können mit einer internen Vernetzung von Haushaltsgeräten erzielt werden. Vgl. zu sog. Inhouse-Systemen *Kapitel III, Abschnitt 1.3.3.*

81 Vgl. Reichwald u.a. (1998) S. 79 ff.; unveröffentlichte Schrift, Ulmerich (1997) S. 5 ff.

82 Vgl. o.V. (1996h) S. 4.

keit von Beruf, Familie und Freizeit zu nennen. Wenn auch die Vorteile von Telearbeit zu einer optimistischen Gesamtbeurteilung führen, sind die damit verbundenen Probleme nicht zu unterschätzen. Sie resultieren überwiegend aus Unsicherheit, die zusammen mit hoher Spezifität, geringer Häufigkeit und ungünstigen Rahmenfaktoren (Atmosphäre) eine Transaktionskostenerhöhung bedingt.[83]

3.2.2. Nutzungsbedingte Transaktionskostenerhöhung

Negative Wirkungen treten nicht nur bei Telearbeit auf, sondern auch bei der Nutzung elektronischer Marktdienste zur Bedarfsdeckung. Steigende Transaktionskosten, bedingt durch Unsicherheit der Anwender elektronischer Marktdienste, stehen deutlich im Widerspruch zu den zuvor beschriebenen Effizienzvorteilen. Dieses Problem der gegenläufigen Wirkungen zeigt einen engen Bezug zu dem gesamtwirtschaftlichen Phänomen des *Produktivitätsparadoxons*.[84] Man versteht darunter die empirische Beobachtung, „... daß eine Beschleunigung des technologischen Fortschritts mit einer Verlangsamung des Wachstums der totalen Faktorproduktivität einhergeht".[85] Abgesehen von Einwänden bezüglich statistischer Meßfehler wird dieses Paradoxon mit mangelhafter Anpassung der Wirtschaftssubjekte an neue Technologien erklärt.[86] Auch die langsame Diffusion elektronischer Marktsysteme wird damit begründet.

Während Unternehmen und staatliche Institutionen einer relativen Abnahme der Produktivitätssteigerung mit organisatorischen Maßnahmen entgegensteuern können, sind die privaten Haushalte oft nicht willens oder nur mit großer Verzögerung in der Lage, sich an neue Technologien anzupassen und deren Dienste aktiv zu nutzen. Sie tragen damit wesentlich zur Verlangsamung des Wachstums der totalen Faktorproduktivität bei.[87] Die verzögerte Diffusion in privaten Haushalten kann transaktionskostentheoretisch mit hoher Spezifität technischer Anwendungen und Unsicherheit der Nutzer erklärt werden. Was die Nutzung elektronischer Marktdienste betrifft, steht die Unsicherheit privater Haushalte im Zentrum der Betrachtung. Nur wenn die mit E-Markt-

[83] Vgl. zu weiteren Problembereichen der Telearbeit Lenk (1989); unveröffentlichte Schrift, Ulmerich (1997) S. 21 ff.; Zorn (1997) S. 173 ff.

[84] Vgl. auch zum Produktivitätsparadoxon in der Informations- und Kommunikationstechnik Picot u.a. (1998) S. 187 f.

[85] Fournier (1993) S. 161. Die prozentuale Wachstumsrate der totalen Faktorproduktivität ist eine ökonomische Maßzahl zur Messung des technischen Fortschritts.

[86] Vgl. Fournier (1993) S. 168.

[87] Vgl. zur verzögerten Diffusion von Kommunikationssystemen in privaten Haushalten Weiber (1992) S. 112 ff.

diensten verbundene Komplexität und Dynamik nicht mit psychischen oder sozialen Verhaltensrestriktionen kollidiert, kann es zu einer effizienten Nutzung durch Haushalte kommen.

Anders als bei der Implementierung von Technologien, bei denen sich die Komplexität und Dynamik auf Probleme mit technischen Erfahrungsgütern beschränken, kommen bei der Nutzung elektronischer Marktdienste noch Medienflut und geringe Kostentransparenz hinzu. Eng verknüpft mit der geringen Kostentransparenz ist dabei die *Verlagerung von Kosten auf private Haushalte*.[88] Dieser Vorgang erfolgt indirekt aus der Substitution von Distributionsstufen. Aufgrund opportunistischen Verhaltens der Anbieter werden entstehende Kostenvorteile durch den Wegfall von Vertriebs-, Service- und Beratungsleistungen oft nicht an den Endverbraucher weitergegeben. Die Kosten finden sich vielmehr in Form von Nutzungsgebühren und von Transaktionskosten bei den Konsumenten wieder: „Online-Kunden sind offenbar bereit, auf eigene Kosten Dinge zu tun, die bislang eigentlich Serviceleistung des Anbieters waren."[89] Auch Nonprofit-Organisationen, wie Schulen (Telelernen), Behörden oder Einrichtungen des Gesundheitswesens (Telemedizin), profitieren von dieser Entwicklung. Anstelle von gesellschaftlicher Aufgabenerfüllung werden die Kosten für Beratung, Betreuung und Ausbildung zunehmend individualisiert.[90] Sowohl aus gesamtwirtschaftlicher Sicht als auch aus Vorteilserwägungen der Anbieterseite heraus ist eine Kostenverlagerung bei der Realisierung elektronischer Leistungsbeziehungen auf jeden Fall zu vermeiden. Nur gekoppelt mit Preissenkungen sind elektronischer Geschäftsverkehr und darauf aufbauende Konsumgütermärkte für private Haushalte attraktiv: „Business efficiencies realised at the supplier end through Electronic Commerce should result in more competitive prices to the consumer."[91]

---

[88] Vgl. Kollmann (1995) S. 230; vgl. auch o.V. (1998) S. 3.
[89] Cole (1996) S. 292.
[90] Vgl. Kollmann (1995) S. 230.
[91] OECD (1997c) S. 45.

Liegen spezifische Transaktionsobjekte mit einem hohen Eigenwert vor, so wird z.B. durch geringe Kostentransparenz entstehende Unsicherheit weiter begünstigt. Solche Objekte lassen sich für alle Anwendungsbereiche elektronischer Marktdienste finden. Abbildung V-6 zeigt dazu einige Beispiele. Die in der zweiten Spalte der Abbildung V-6 genannten Objekte (Informationen, Sachgüter, Dienstleistungen) sind dabei nur als primäre Transaktionsgegenstände der jeweiligen Anwendung zu verstehen. In der praktischen Durchführung werden bei geschäftlichen Transaktionsprozessen immer Objektbündel, z.B. bestehend aus Dienstleistungen und Informationen, ausgetauscht. Zu allen Beispielen ist anzumerken, daß ihr Spezifitätsgrad variieren kann, da nicht nur Eigenschaften der Transaktionsobjekte, sondern auch Besonderheiten der Transaktionspartner einfließen. Für die privaten Haushalte lassen sich diese Besonderheiten aus den psychischen und sozialen Merkmalen ableiten. Bei den Anbietern spielt opportunistisches Verhalten eine große Rolle. Trotz der Verhaltenseinflüsse seitens der Transaktionspartner kann allen Objekten, aufgeführt in der rechten Spalte der Abbildung V-6, ein hoher Ausgangswert für den Spezifitätsgrad zugeordnet werden. Nicht nur im Rahmen des elektronischen Geschäftsverkehrs, sondern auch bei Leistungsbeziehungen über herkömmliche Distributionswege sind sie auf sehr individualisierte Bedürfnisse einzelner Haushalte oder Haushaltsmitglieder zugeschnitten.[92] Eine vertragliche Abwicklung und Übertragung dieser Objekte führt zu gegenseitigen Abhängigkeiten und hohen Absicherungsbedürfnissen seitens der Haushalte. Unter diesem Aspekt ist elektronischer Geschäftsverkehr im Einsatzbereich der privaten Haushalte nur bedingt geeignet, da er eine höhere Quasi-Rente, d.h. mehr Spielraum für opportunistisches Verhalten der Anbieter, ermöglicht. Ergebnis wäre eine weitreichende Verlagerung von Transaktionskosten auf private Haushalte.

---

[92] Die Beispiele sind der Literatur und persönlichen Gesprächen entnommen. Vgl. Mahler (1996) S. 117; Frank u.a. (1995) S. 201; **Anhang B,** Expertengespräche.

Anwendung	**Primäre Transaktions-objekte**	**Beispiele für hohe Spezifität**
Telerecherche	Informationen	Vertrauliche Daten, emotionale Inhalte (Gefühle, Einstellungen).
Teleshopping	Sachgüter	Erlebnisprodukte (Möbel, Textilien), Erfahrungsgüter (Gebrauchtwagen).
Teleservice	Dienstleistungen	Lebensversicherung, Kreditvermittlung, Vertrauensgüter (medizinische Beratung).
Teleentertainment	Informationen, Dienstleistungen	Künstlerisches Entertainment, Gesellschaftspiele.

Abbildung V-6 Beispiele für spezifische Transaktionsobjekte im elektronischen Geschäftsverkehr

Nicht nur Spezifität und Unsicherheit sind für die Beurteilung gegenläufiger Transaktionskosteneffekte bei der Nutzung elektronischer Marktdienste von Bedeutung, sondern auch Häufigkeit und Transaktionsatmosphäre. Das Zusammenspiel der verschiedenen Einflußgrößen von Transaktionskosten läßt sich wieder an dem Anwendungsbeispiel *Telebanking* skizzieren. Private Haushalte werden sich für Telebanking nur dann entscheiden, wenn sie sich mehr Markttransparenz und größere Flexibilität bei Bankleistungen versprechen. Aus informationsökonomischer Sicht versuchen sie damit, die Transaktionskosten für ihre Bankgeschäfte zu senken. Liegen jedoch undurchsichtige Gebühren, unklare Angebote oder Bedienungsprobleme vor, so kann es gegenüber herkömmlichen Abwicklungsformen zu einer Transaktionskostenerhöhung kommen. Besonders bei spezifischen Bankleistungen, wie Wertpapierhandel, Kreditaufnahme oder Festgeldanlagen, können unkontrollierbare Transaktionsprobleme entstehen. Allerdings lassen sich diese Probleme durch eine hohe Ausprägung der ergänzenden Einflußgrößen (*Häufigkeit und Transaktionsatmosphäre*) verringern, so daß die ursprünglich angestrebten Transaktionskostenvorteile bei Telebanking zur Geltung kommen. Mit häufiger Nutzung können sich Lerneffekte einstellen, die eine schnellere Bedienung ermöglichen und zu einem besseren Überblick hinsichtlich einsetzbarer Kommunikationsdienste für elektronischen Geschäftsverkehr (z.B. Telebanking *über Internetdienste*) führen. Auch leicht handhabbare und zugleich leistungsfähige Komponenten der Informations- und Kommunikationstechnologie können Hindernisse sowohl bei den Banken als auch bei den privaten Haushalten abbauen. Schließlich können auch klare rechtliche Normen, wie sie partiell bereits durch das Multimedia-Recht geschaffen wurden, die Unsicherheit bezüglich Verbraucherschutz und Datenschutz reduzieren.[93]

Vor allem der Datenschutz ist eine wichtige Voraussetzung für die sichere Nutzung des elektronischen Geschäftsverkehrs. Er gewährleistet den Schutz von personenbezogenen Daten. Ohne rechtliche Regelung besteht die Gefahr, daß Leistungsanbieter im Rahmen des elektronischen Geschäftsverkehrs schutzwürdige Kundendaten sammeln (z.B. über Chipkarten) und zu einem detaillierten Kundenprofil für gezielte Werbeaktionen weiterverarbeiten. Darüber hinaus können Unternehmen, die einen eigenen Internet-Server betreiben, über ihre Nutzer detaillierte Verhaltens- und Nutzungsprofile erstellen. Sie sind in der Lage, automatisch jeden Online-Zugriff mit Zielobjekt, Datum, Zeitpunkt, Aktion und zugreifender Rechneradresse zu protokollieren.[94] Auch können E-Mail-Daten oder andere Transferdateien erfaßt und ausgewertet werden. Die Möglichkeiten zum Datenmißbrauch zeigen besonders deutlich den Einfluß umweltseitiger Faktoren auf die Unsicherheit der Privatnutzer, die oft nicht über leistungsfähige Sicherungsinstrumente verfügen.

Die bisherigen Aussagen zur Höhe der Transaktionskosten sollten ökonomische Wirkungen von E-Marktdiensten auf private Haushalte beleuchten. Der Verringerung von Transaktionskosten durch Ergänzung oder Substitution von Distributionsstufen kann ein konstituierender Charakter für die elektronische Abwicklung oder Unterstützung von Leistungsbeziehungen beigemessen werden. Für die Realisierung elektronischer Marktsysteme im Konsumgüterbereich ist dagegen der Effekt einer Transaktionskostenerhöhung relevant. Ausgangspunkt der Erfassung dieser nutzungsbedingten Transaktionskosten ist eine Fokussierung auf bestimmte Haushaltstypen, Kommunika-

---

93 Vgl. dazu das Multimedia-Gesetz (IuKDG).

94 Rechneradressen im Internet, sog. IP-Adressen, sind vergleichbar mit Telefonnummern, die häufig nur einer bestimmten Person zugeordnet sind. Die personenbezogenen Teile von IP-Adressen können mit Verschlüsselungsprogrammen geschützt werden.

tionsdienste und deren Anwendung für elektronischen Geschäftsverkehr, wie der folgende Abschnitt zeigt.

3.2.3. Bestimmung der Transaktionskosten privater Haushalte

Beiträge in der Literatur kritisieren häufig die begrenzten Möglichkeiten der Bestimmung von Transaktionskosten.[95] Während Reibungsverluste, die bei Anbietern auftreten, annäherungsweise über eine Gemeinkostenanalyse des internen Rechnungswesens eingegrenzt werden können, ist eine direkte, monetäre Erfassung von Transaktionskosten privater Haushalte ausgeschlossen. Weder verfügen die Haushalte selbst über das dazu notwendige Informations- und Dokumentationswesen, noch sind die Transaktionspartner, d.h. die Anbieter auf elektronischen Märkten, in der Lage, diese Kosten monetär zu bewerten. Wenn auch nicht monetär erfaßbar, so können die bei den Nutzern entstehenden Transaktionskosten jedoch über ihre Einflußgrößen eingegrenzt werden. Für konkrete Entscheidungen hinsichtlich konsumentengerechter Marktsystemlösungen für elektronischen Geschäftsverkehr mag dieses Vorgehen zunächst unbefriedigend erscheinen. Anbietern, die solche Systeme realisieren und als Vertriebsweg einsetzen, werden damit keine dichotomischen Ja/Nein-Anweisungen zur Verfügung gestellt. Sie gewinnen aber durch die Identifikation und Analyse dieser Einflußgrößen eine differenzierte und informationsökonomisch begründbare Entscheidungsgrundlage.[96]

3.2.3.1. Entwicklung eines Beurteilungsrasters für Transaktionskosten

Auch qualitative Entscheidungskonzepte benötigen eine instrumentelle Planungsgrundlage. Dazu wird im folgenden ein Beurteilungsraster entwickelt, das eine Effizienzüberprüfung elektronischer Abwicklungsformen für Konsumgütergeschäfte erlaubt. Das Raster basiert dabei auf Anforderungen, die sich aus der bisherigen Diskussion zum Einsatz des elektronischen Geschäftsverkehrs in privaten Haushalten ableiten.

---

95 Zur Vereinfachung wird im folgenden häufig nur von Transaktionskosten gesprochen, obwohl es sich bezogen auf elektronischen Geschäftsverkehr um *nutzungsbedingte* Transaktionskosten handelt.

96 Vgl. zu Transaktionskosten als Entscheidungsfaktor Baur (1990) S. 150; Fischer (1993) S. 174.

- Ein Beurteilungsraster setzt die Auswahl eines Kommunikationsdienstes mit dafür geeigneten Geschäftsanwendungen (z.B Teleshopping) voraus.
- Zentrale Einflußgröße auf die Höhe der Transaktionskosten ist die Unsicherheit. Über die Analyse ihrer endogenen Ursachen lassen sich verschiedene Nutzertypen bilden.
- Zur Erhöhung der Beurteilungsqualität müssen auch ergänzende Einflußgrößen (Spezifität, Häufigkeit und Transaktionsatmosphäre) einbezogen werden.
- Zur Darstellung der Ergebnisse sollten eher weniger, dafür aber klar abgegrenzte Ausprägungen verwendet werden.[97]

Entsprechend den Anforderungen vollzieht sich der Aufbau des Beurteilungsrasters in drei Schritten. Ausgehend von einer Anwendung-Dienst-Kombination (z.B. Teleshopping über kommerzielle Online-Dienste) sind im *ersten* Schritt verschiedene Haushaltstypen zu bestimmen. Die Typologisierung sollte sich an den haushaltsbedingten Ursachen einer unsicheren Nutzung elektronischer Marktdienste orientieren.[98] Für jeden Haushaltstyp ist im *zweiten* Schritt die Bestimmung der Spezifität von primären Transaktionsobjekten, der Nutzungshäufigkeit und der rechtlichen sowie technischen Rahmenfaktoren notwendig. Im Falle einer empirischen Erhebung müssen diese Einflußgrößen zuvor einer genauen Operationalisierung unterworfen werden. Im *dritten* und letzten Schritt erfolgt die Visualisierung der Untersuchungsergebnisse. Dazu bietet sich ein Darstellungsraster an, das zum einen die Unsicherheit der alternativen Nutzertypen abbildet, zum anderen für jeden Typ die Zuordnung unterschiedlicher Ausprägungen der ergänzenden Einflußgrößen ermöglicht. Wie in den Anforderungen bereits genannt, sollte nur eine beschränkte Anzahl von Ausprägungen pro Einflußgröße verwendet werden. Werden drei verschiedene Ausprägungen angesetzt, so resultieren – einschließlich der drei Basis-Nutzertypen – 81 ($=3^4$) unterschiedliche Situationen. Zur weiteren Vereinfachung werden in Abbildung V-7 deshalb die ergänzenden Einflußgrößen auf *einer Dimension* in aggregierter Form dargestellt. Eine Berücksichtigung aller Einflußgrößen würde zwar zu einer differenzierteren Entscheidungsgrundlage führen, zugleich aber die Auswahl einer effizienten Abwicklungsform erschweren.

---

97 Vgl. Schneider / Zieringer (1991) S. 110; Siebert (1990) S. 145.

98 Vgl. Vorgehensweise in *Kapitel IV, Abschnitt 3.*

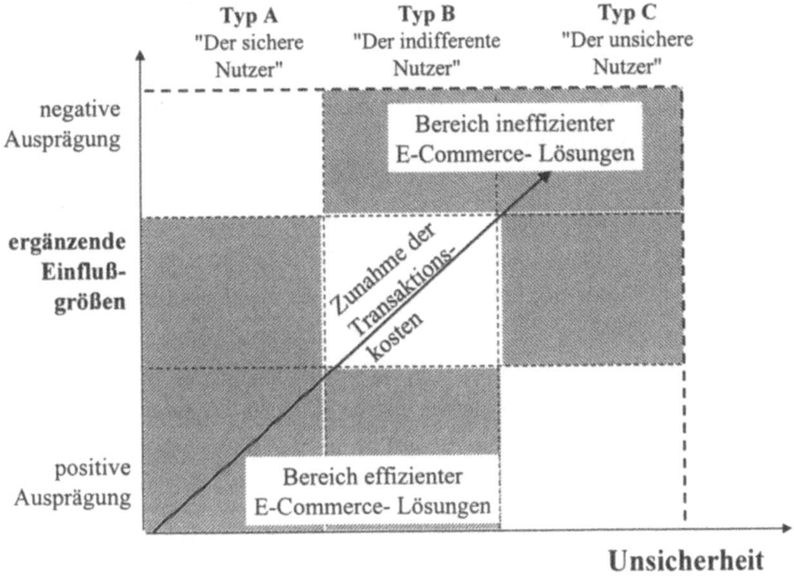

Abbildung V-7 Beurteilungsraster zur Bestimmung von Transaktionskosten

Das Beurteilungsraster in Abbildung V-7 verdeutlicht, daß die Unsicherheit die zentrale Einflußgröße auf die Nutzung elektronischer Marktdienste darstellt. Auch wenn der Eigenwert (Spezifität) primärer Transaktionsobjekte niedrig, die Wiederholungsfrequenz (Häufigkeit) der Nutzung hoch und die technischen sowie rechtlichen Rahmenbedingungen (Transaktionsatmosphäre) günstig ausgeprägt sind, entstehen bei unsicheren Nutzern im Vergleich zu den Haushaltstypen A und B erhöhte Transaktionskosten. Bei der Nutzung elektronischer Marktdienste durch die Haushaltsgruppe vom *Typ C* besteht damit immer die Gefahr, daß eine Transaktionskostenerhöhung (Kostenverlagerung) mögliche Effizienzvorteile (Substitution von Distributionsstufen, informationeller Mehrwert) überlagert.[99] In diesem Fall ist auch bei positiver Ausprägung der ergänzenden Einflußgrößen elektronischer Geschäftsverkehr grundlegend in Frage zu stellen. Sehr hohe oder sehr geringe Unsicherheit privater Haushalte ermöglicht auch bei konträrer Ausprägung der ergänzenden Einflußgrößen eine Effizienzbeurteilung. Schwieriger wird die Analyse dann, wenn eine konträre Ausprägung von Spezi-

[99] Vgl. zu ökonomischen Wirkungen des elektronischen Geschäftsverkehrs Abbildung V-5.

fität, Häufigkeit und Transaktionsatmosphäre für indifferente Nutzer (Typ B) vorliegt. In diesem Fall ist eine unterschiedliche Gewichtung der ergänzenden Einflußgrößen oder die Einführung von Nebenbedingungen notwendig.[100] In Nutzungssituationen, in denen trotz Berücksichtigung zusätzlicher Nebenbedingungen keine Wirkungsrichtung erkennbar ist, kann das Beurteilungsraster immer noch als Anregung für weitere Untersuchungsaktivitäten fungieren.

Auch wenn das Beurteilungsraster nicht zu dichotomischen Ja/Nein-Entscheidungen führt, liefert es aufgrund seines algorithmischen Charakters ein differenziertes und theoretisch fundiertes Bild zur Effizienzstruktur des elektronischen Geschäftsverkehrs. Wie schon die Bildung von Nutzertypen für elektronische Marktdienste zeigte, hängt auch die Validität der Transaktionskostenspezifizierung im Beurteilungsraster wesentlich davon ab, wie die ergänzenden Einflußgrößen operationalisiert und gemessen werden. In Anlehung an die Operationalisierung der *Unsicherheit* in *Kapitel IV, Abschnitt 3.3* wird deshalb auch für Spezifität, Häufigkeit und Transaktionsatmosphäre ein gangbarer Weg zur empirischen Analyse aufgezeigt.

3.2.3.2. Exkurs: Vorschläge zur empirischen Analyse der ergänzenden Einflußgrößen von Transaktionskosten

Grundlage für eine empirische Analyse der ergänzenden Einflußgrößen von Transaktionskosten ist die Indikatorenformulierung und die Auswahl einer Erhebungsmethode. Während die Operationalisierung der Einflußgröße *Unsicherheit* bei den Verhaltensrestriktionen privater Haushalte ansetzt, sind Indikatoren für *Spezifität*, *Häufigkeit* und *Transaktionsatmosphäre* in erster Linie von den Eigenschaften der Transaktionsobjekte, der Wiederholungshäufigkeit von Leistungsbeziehungen und deren Umfeld abhängig.[101] Für die Operationalisierung dieser Einflußgrößen können Anregungen aus zahlreichen Analysen zu ökonomischen Transaktionsproblemen herangezogen werden.[102]

---

100 Vgl. zu weiteren Nebenbedingungen Schneider / Zieringer (1991) S. 107.

101 Dabei ist nicht ausgeschlossen, daß die Einflußgröße *Spezifität* durch opportunistisches Verhalten der Transaktionspartner verstärkt werden kann.

102 Einen Überblick zu empirischen Untersuchungen von Transaktionskosten zeigen Fischer (1993) S. 118 ff.; Baur (1990) S. 124 ff.

Eine interessante Indikatorenauswahl für die Beurteilung der Spezifität von Transaktionsobjekten läßt sich zunächst einer Arbeit von Fischer entnehmen. Er untersucht distributionspolitische Fragen in Unternehmen, wobei er nach Williamson zwischen mehreren Spezifitätsformen unterscheidet. Während sich Sachkapital-, Standort- und Humankapitalspezifität auf unternehmerisches Potential hinsichtlich der Distributions- und Marketingaktivitäten beziehen, steht die Markenspezifität für Beschreibungs- und Bewertungsprobleme von Transaktionsobjekten.[103] Ausgehend von der Aufbereitung der Markenspezifität durch Fischer können zur Beurteilung der Spezifität von Transaktionen des elektronischen Geschäftsverkehrs folgende Indikatoren formuliert werden:

- Erklärungsbedürftigkeit eines Transaktionsobjektes
- erforderliche fachliche Beratung beim Erwerb eines Transaktionsobjektes
- Austauschbarkeit eines Transaktionsobjekts (durch Objekte anderer Anbieter)
- Bedeutung eines Transaktionsobjektes im Verhältnis zu alternativen Objekten (Gütern)
- Wertverlust oder immaterielle Schädigung im Falle der nächstbesten Verwendung eines Transaktionsobjekts (Quasi-Rente)
- Bereitschaft privater Haushalte, ein Transaktionsobjekt über elektronischen Geschäftsverkehr zu erwerben oder in Anspruch zu nehmen
- notwendige Unterstützung der Übertragung eines Transaktionsobjekts durch kommunikationspolitische Maßnahmen seitens des Anbieters

Eine weitere Möglichkeit zur Auswahl von Spezifitätsindikatoren bietet ein Ansatz, der sich aus unternehmerischen Überlegungen zu Kernkompetenzen ergibt. Nach Prahalad und Hamel handelt es sich bei Kernkompetenzen um technologische, organisatorische oder vertriebliche Fähigkeiten von Unternehmen, die in Kernprodukten zum Ausdruck kommen.[104] Diese Kernprodukte zeichnen sich durch einen hohen Eigenwert aus und können somit als spezifische Transaktionsobjekte bezeichnet werden.[105] Identifizieren lassen sich Kernkompetenzen anhand unternehmensinterner und marktbezogener Einzelkriterien. Eine Auswahl solcher Kriterien, entnommen einer Studie über Kooperationsmanagement in der Kraftfahrzeugbranche, zeigen folgende Beispiele:[106]

---

103 Die Marketingspezifität stimmt mit dem Spezifitätsverständnis bisheriger Ausführungen überein.
104 Vgl. Prahalad / Hamel (1990) S. 79; vgl. auch Hinterhuber (1997) S. 50 f.
105 Vgl. unveröffentlichte Schrift, Härting (1992) S. 60 ff.
106 Vgl. unveröffentlichte Schrift, Härting (1992); Strautmann (1993).

- Know-how-Basis (Forschungs-, Praxis- und Managementwissen)
- Eintrittsbarrieren

Eine breite und tiefe *Know-how-Basis* bildet die unternehmensinterne Voraussetzung für Kernprodukte. Die Know-how-Basis beinhaltet produktspezifisches Forschungs-, Praxis- und Managementwissen. Während Forschungswissen auch personenunabhängig vorliegen kann, basiert Praxiswissen vorwiegend auf Erfahrung der Mitarbeiter und stellt die beständigste Komponente einer Know-how-Basis dar. Das Managementwissen resultiert aus unternehmerischen Planungs- und Steuerungsaktivitäten, die alle Prozesse der Produkterstellung begleiten. Eine ähnliche Präzisierung der Know-how-Basis findet sich auch bei Hess.[107] Er unterscheidet zwei Arten von Schlüssel-Know-how. Schlüssel-Know-how im engeren Sinne umfaßt technische Funktionen, Sonderwissen der Unternehmung, Patente und Spezialwissen in der Fabrikation. Schlüssel-Know-how im weiteren Sinne erstreckt sich auf Funktionen, die nicht unmittelbar mit der Erstellung von Transaktionsobjekten, sondern mit der Organisation und Vermarktung einhergehen (z.B. bestimmte Marketingaufgaben).

Da die Erstellung von Kernprodukten mit einem hohen Ressourceneinsatz verbunden ist, gestaltet sich eine Nachahmung seitens der Konkurrenz sehr schwer. Marktbezogenes Merkmal von Kernprodukten ist somit ihre Absicherung durch *Eintrittsbarrieren.* Sie ermöglichen eine Führungsrolle im Wettbewerb. Unter Eintrittsbarrieren versteht Porter die potentielle Bedrohung durch Konkurrenten. Im Falle spezifischer Transaktionsobjekte (Kernprodukte) kommen sie durch folgende Wirkungsdeterminanten zum Ausdruck.[108]

- hoher Differenzierungsgrad der Produkte
- hohe Kundenbindung
- hohe Umstellungskosten von Kunden (im Falle des Wechsels zu einem neuen Anbieter)
- lern- und erfahrungskurvenbedingte Kostenvorteile

[107] Vgl. Hess (1989) S. 16 f.
[108] Vgl. Porter (1988) S. 22 ff.

Während die Operationalisierung der Spezifität von den Eigenschaften des Transaktionsobjektes und zugehörigen Merkmalen der Transaktionspartner abhängt, kann die *Häufigkeit* direkt anhand der *Anzahl der Wiederholungen einer Leistungsbeziehung* gemessen werden. Für die *Transaktionsatmosphäre* bieten sich im Rahmen des elektronischen Geschäftsverkehrs folgende Indikatoren an:

- Verfügbarkeit anwendungsfreundlicher und leistungsfähiger Informations- und Kommunikationstechnologien in und außerhalb privater Haushalte
- Verfügbarkeit verläßlicher Rechtsnormen hinsichtlich Daten-, Jugend-, Urheber- und Verbraucherschutz[109]

Empirische Untersuchungen zur Höhe der Transaktionskosten wirtschaftlicher Leistungsbeziehungen stützen sich primär auf Inhaltsanalysen oder Befragungsmethoden unter Verwendung mehrstufiger Rating-Skalen.[110] Auch bei Messungen der ergänzenden Einflußgrößen von Transaktionskosten elektronischer Geschäftsvorfälle sollten Rating-Skalen angewendet werden. Sie ermöglichen die Transformation der zum Teil qualitativen Inhalte von Spezifität, Häufigkeit und Transaktionsatmosphäre in Intervallskalen. Aus den Erhebungsergebnissen und mit Hilfe der Bildung von Mittelwerten kann daraufhin für jede Einflußgröße eine numerische Ausprägung bestimmt werden. Zu berücksichtigen bleibt jedoch, daß die Effizienz von Leistungsbeziehungen über elektronischen Geschäftsverkehr nur in Verbindung mit der Messung der Einflußgröße *Unsicherheit* und der Differenzierung von Haushaltstypen überprüft werden kann.

4. Resümee

Das Kapitel fünf analysierte den Einsatz des elektronischen Geschäftsverkehrs in privaten Haushalten aus informationsökonomischer Perspektive. Zunächst wurden verschiedene Analyseansätze der Informationsökonomik verglichen und auf ihre Relevanz für die Realisierung elektronischer Marktsysteme untersucht. Als besonders zweckmäßig erwies sich die Transaktionskostentheorie. Ausgehend von modifizierten mikroökonomischen Verhaltensannahmen berücksichtigt sie bei der Untersuchung eines E-Commerce-Einsatzes die Unsicherheit privater Haushalte. Ferner wird das Interaktionsverhältnis zwischen den Transaktionspartnern in den Vordergrund gestellt. Mit

---

109 Vgl. IuKDG, Art. 2, 6, 7.

110 Vgl. Baur (1990) S. 150; Picot u.a. (1989) S. 358 ff.

Hilfe der Transaktionskostentheorie wurde elektronischer Geschäftsverkehr hinsichtlich seiner ökonomischen Auswirkungen auf private Haushalte untersucht. Während bei der Implementierung Transaktionskosten, verursacht durch technologische Wissensdefizite, vor allem in der Einführungsphase vorliegen, konnten für die Nutzung elektronischer Marktdienste differenziertere Wirkungen herausgearbeitet werden. Es zeigte sich, daß einerseits eine Transaktionskostenverringerung gegenüber der konventionellen Abwicklung von Leistungsbeziehungen, anderseits aber auch eine nutzungsbedingte Transaktionskostenerhöhung auftritt. Aufgrund ihrer Beeinflußbarkeit ist die nutzungsbedingte Transaktionskostenerhöhung für die Realisierung elektronischer Marktsysteme von besonderer Bedeutung. Bestimmen läßt sie sich über die Einflußgrößen von Transaktionskosten. Wie die Erfassung von Einflußgrößen instrumentell aussehen kann, wurde abschließend mit der Entwicklung eines Beurteilungsrasters sowie Vorschlägen zur Operationalisierung und Messung der ergänzenden Einflußgrößen aufgezeigt.

VI. Implikationen für die Realisierung elektronischer Marktsysteme

In Kapitel fünf wurden ökonomische Probleme und Wirkungsmuster des elektronischen Geschäftsverkehrs aus Sicht privater Haushalte untersucht. Als zentrale Untersuchungsgröße wurden dabei Transaktionskosten verwendet, die sich im Rahmen elektronisch unterstützter Leistungsbeziehungen aus den Informationsproblemen der Konsumenten ergeben. Die Frage, inwieweit diese Leistungsbeziehungen zu einem elektronischen Konsumgütermarkt führen und dieser effizient gestaltet werden kann, ist Gegenstand der nun folgenden Ausführungen. Im *ersten Abschnitt* dieses Kapitels werden Architekturelemente und Betreiber elektronischer Marktsysteme herausgearbeitet. Im *zweiten Abschnitt* werden für alle Systembetreiber aus dem Konsumgüterbereich notwendige Anpassungen der Geschäftsprozesse an private Haushalte diskutiert. Der *dritte Abschnitt* untersucht unternehmerische Ansatzpunkte für die Verwirklichung des elektronischen Geschäftsverkehrs. Im *vierten Abschnitt* werden, aufbauend auf den Ergebnissen der informationsökonomischen Untersuchung, vertriebliche und informationstechnische Einzelmaßnahmen bis hin zur Realisierung elektronischer Marktsysteme dargestellt.

1. Kennzeichnung elektronischer Marktsysteme

Nach dem Verständnis der Ökonomik sind Märkte als (virtuelle) Orte zu verstehen, wo Güterangebot und Güternachfrage über Tauschvorgänge koordiniert werden.[1] Im Zentrum solcher Tauschvorgänge stehen Transaktionen, die sich aus Handlungen zur Anbahnung, Vereinbarung, Abwicklung, Anpassung und Kontrolle einer Vielzahl von Marktteilnehmern zusammensetzen. Werden diese Handlungen über technische Informations- und Kommunikationssysteme vollzogen, so kann von elektronischen Markttransaktionen und Marktsystemen gesprochen werden.[2] Eine vollständige elektronische Abwicklung, d.h. Mediatisierung von Markttransaktionen, liegt in der Realität nur begrenzt vor. Häufig bleibt die Unterstützung durch Informations- und Kommunikationssysteme auf Teilhandlungen einer Transaktion beschränkt. Im Schrifttum wird jedoch auch in diesem Fall noch von elektronischen Marktsystemen bzw. Märkten gesprochen, wie folgende Definition von Schmid zeigt:

---

1 Vgl. Gruber / Kleber (1992) S. 41.

2 Der Grundgedanke einer elektronischen Markttransaktion fand erstmals Beachtung durch den Beitrag "Electronic Markets and Electronic Hierarchies" von Malone u.a. (1987). Vgl. auch Langenohl (1994) S. 18; Schmid (1995) S. 406.

„Elektronische Märkte sind Informations- und Kommunikationssysteme zur Unterstützung aller oder einzelner Phasen und Funktionen der marktmäßig organisierten Leistungskoordination."[3]

1.1. Architektur elektronischer Marktsysteme

Ausgangspunkt für die Entstehung elektronischer Markttransaktionen ist die Verknüpfung einer Vielzahl von lokalen Informations- und Kommunikationstechnologien zukünftiger Marktakteure. Die Verknüpfung kann offline über mobile Speichermedien oder online als elektronische Vernetzung erfolgen. Eine Online-Verbindung schafft im Gegensatz zum Offline-Betrieb für die Mediatisierung von Markttransaktionen bessere Voraussetzungen, da sie die Ortsbindung für Transaktionshandlungen vollständig aufheben kann.[4] Am Ende solcher Verknüpfungen steht ein übergreifendes Marktsystem mit einer zentralen Datenbank. Diese Marktdatenbank poolt Angebot und Nachfrage und kann über Kommunikationsdienste von allen Marktteilnehmern gemeinsam genutzt werden.[5] Das Grundprinzip elektronischer Marktsysteme verdeutlicht Abbildung VI-1. Sie berücksichtigt neben den Leistungsanbietern und Konsumenten (private Haushalte) auch noch einen dritten Sektor. Er beinhaltet Infrastrukturanbieter (Dienst- und Netzbetreiber sowie Endgerätehersteller), die durch die Bereitstellung von Kommunikationstechnologien und -diensten wesentlich am Zustandekommen elektronischer Marktsysteme beteiligt sind. Sofern ein Leistungsanbieter alle Komponenten eines elektronischen Marktsystems maßgeblich bestimmt, liegt zusätzlich noch eine direkte Beziehung zu den Infrastrukturanbietern vor (*siehe gestrichelte Linie*).

---

3 Schmid (1993) S. 465.

4 Vgl. Schmid (1995) S. 406 f.

5 In diesem Zusammenhang kann auch von einem *Meta-System* gesprochen werden.

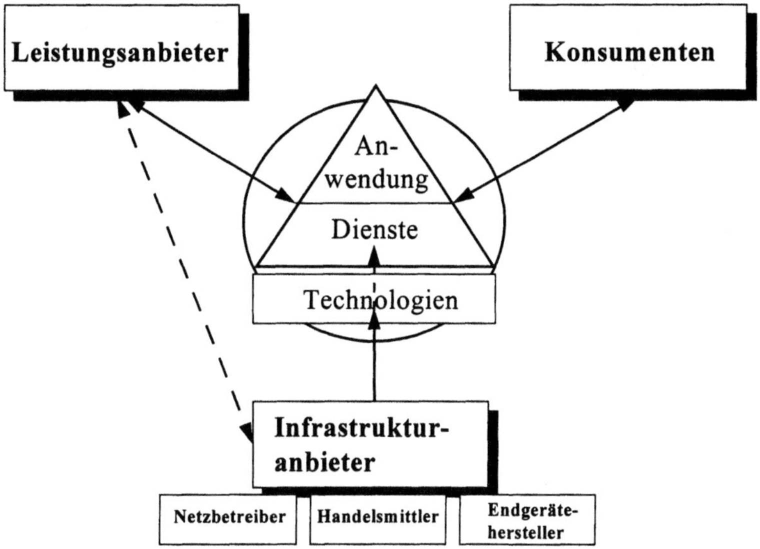

Abbildung VI-1 Architektur elektronischer Marktsysteme

Mit der Verwendung herkömmlicher Einzeldienste der Telekommunikation kamen bereits in der Vergangenheit elektronische Geschäftstransaktionen zustande. Allerdings blieben diese Transaktionen oft einseitig und auf wenige Partner begrenzt. Die ersten elektronischen Tauschvorgänge entstanden auf Initiative unabhängiger Handelsmittler und durch die Öffnung interner Firmennetzwerke, gekoppelt mit monopolistischen Bestrebungen.[6] Sie waren marktmäßig organisiert, aber auf einzelne Branchen begrenzt. Bekannte Beispiele dazu finden sich in der Tourismusbranche mit den elektronischen Reservierungssystemen AMADEUS, GALILEO und SABRE oder im Finanzsektor mit den Börsenhandels- und Börseninformationssystemen CATS, SOFFEX und DTB sowie im Warenhandel mit elektronischen Waren- und Warenterminbörsen.[7]

Erst durch die Entwicklung multimedialer Kommunikationsdienste, konzipiert für private Haushalte, entstanden elektronische Marktsysteme für Konsumgüter. Die Möglichkeit einer interaktiven Nutzung verschiedener Medientypen auf Basis digitaler Technik erweiterte zum einen das Spektrum der elektronischen Abwicklung von

6 Vgl. Schmid (1995) S. 408.

7 Vgl. **Anhang C**; vgl. auch Langenohl (1994) S. 41 ff.; Müller u.a. (1997) S. 303 f.

Markttransaktionen, zum anderen wurden die Produktions- und Transaktionskosten der Anwender dadurch weiter gesenkt. Deutlich wird dieser Trend hin zu elektronischen Konsumgütermärkten an neuen Geschäftsanwendungen multimedialer Dienste. Jede Anwendung, ob *Telerecherche, Teleshopping, Telebanking* oder *Teleentertainment*, stellt eine neue elektronische Handelsform dar, die durch die Interaktion ihrer Teilnehmer elektronische Markttransaktionen etablieren kann. Abhängig vom Kommunikationsdienst unterscheiden sich diese Handelsformen nach dem Grad möglicher Interaktivität.[8] Während die Interaktivität bei Teleshopping über digitales Fernsehen nur begrenzt vorliegt, ist sie über Internetdienste oder kommerzielle Online-Dienste sehr hoch ausgeprägt. Vor allem die computergestützten Dienste besitzen das Potential zur Bildung von elektronischen Konsumgütermärkten. Inwieweit sich solche Märkte aber auch durchsetzen, hängt wesentlich vom Aufbau geeigneter Systeme seitens der Leistungs- und Infrastrukturanbieter ab.

1.2. Betreiber elektronischer Marktsysteme

Grundsätzlich hat jeder Teilnehmer auf elektronischen Märkten im Vorfeld auch die Möglichkeit, sich an ihrer Realisierung zu beteiligen. Aufgrund der hohen technologischen Anforderungen an die Infrastruktur für elektronische Transaktionshandlungen sind Gestaltungsmöglichkeiten privater Haushalte in der Realität jedoch nur wenig vorhanden. Elektronischer Geschäftsverkehr erfordert zwar die Implementierung von Kommunikationstechnologien sowohl auf der Anbieter- als auch auf der Konsumentenseite. Die Kopplung zu einem gemeinsam genutzten Datenraum obliegt aber in erster Linie den Anbietern. Nur sie können durch ihr Know-how und ihre finanziellen Möglichkeiten den Aufbau einer kommunikationstechnischen Infrastruktur bis hin zu den Konsumenten sicherstellen. Sie sind verantwortlich für die Benutzerfreundlichkeit von Endgeräten und Kommunikationsdiensten und müssen für Online-Verbindungen den Betrieb leistungsfähiger Netztechnologien gewährleisten.

Wie bereits aus Abbildung VI-1 zu entnehmen ist, sind die Anbieter nicht als homogene Gruppe zu betrachten, sondern sie teilen sich in vier Gruppen auf: *Handelsmittler*, *Leistungsanbieter*, *Netzbetreiber* und *Endgerätehersteller*.[9] Handelsmittler partizipie-

8 Vgl. Picot u.a. (1998) S. 342.

9 Den Leistungsanbietern werden alle Unternehmen der Konsumgüterindustrie, die elektronischen Geschäftsverkehr als alternative Vertriebsform für ihre Produkte betrachten, zugerechnet.

ren zwar nicht am Marktgeschehen, werden aber als intermediäre Unternehmen tätig.[10] Sie organisieren die räumliche (z.B. Datentransport), zeitliche (z.B. Datenspeicherung) und qualitative (z.B. Datenkompression) Umgruppierung von Daten, die den Austausch vereinbarter Leistungen ermöglichen.[11] Zu den Handelsmittlern zählen z.B. die Online-Dienstbetreiber, wie T-Online oder America Online (AOL). Ohne Handelsmittler verbleibt die Realisierung elektronischer Marktsysteme bei den Leistungsanbietern. Dazu gehören alle Unternehmen, die ihre Produkte über mobile Speichermedien, Internet-Server oder über einen eigenen Abrufdienst direkt beim Kunden anbieten.[12] Besonders Unternehmen aus dem Verlagswesen, dem Versandhandel oder aus der Unterhaltungsbranche sind an der Realisierung elektronischer Marktsysteme federführend beteiligt. Abgesehen von den E-Marktdiensten und deren Anwendungen planen und realisieren sie in eigener Verantwortung häufig auch den Aufbau der technischen Infrastruktur.

Anders als die Leistungsanbieter und Handelsmittler (z.B. Online-Dienstbetreiber) treten die *Netzbetreiber* sowie *Endgerätehersteller* nicht als Intermediäre auf. Dafür sind sie aber durch die Bereitstellung von Informations- und Kommunikationstechnologien verantwortlich für die Abwicklungseffizienz elektronischer Transaktionen. Für private Haushalte sind sie vor allem bei der Implementierung von Technologien, die eine Teilnahme am elektronischen Geschäftsverkehr ermöglichen, von Bedeutung.[13] Die Nutzung elektronischer Marktdienste wird hingegen von den Leistungsanbietern direkt oder von der Gruppe der Handelsmittler bestimmt.[14]

Im Zentrum der nun folgenden Ausführungen stehen Leistungsanbieter, die auf elektronischen Konsumgütermärkten agieren oder in Zukunft ein Engagement anstreben. Als Transaktionspartner sind sie für private Haushalte zentraler Bezugspunkt. Hinzu kommt, verursacht durch branchenübergreifende Unternehmensverflechtungen, ihre

---

10 Vgl. Picot u.a. (1998) S. 320; Schmid (1995) S. 408. Intermediäre auf elektronischen Märkten werden im Schrifttum auch als "Clearing Center" bezeichnet. Ihre Existenz erklärt sich aus dem Baligh-Richartz-Effekt, der für eine Kontaktkosten-Reduktion steht. Vgl. Baligh / Richartz (1967); Karg (1999) S. 141.

11 Vgl. Zimmermann / Kuhn (1995) S. 33 ff.

12 Elektronischer Geschäftsverkehr über das Internet erfordert bei privaten Haushalten zwar die Dienste eines Providers; echte Handelsmittlerfunktion bietet dieser jedoch nicht an. Seine Sach- und Dienstleistungen beschränken sich auf die Generierung eines Internet-Zuganges.

13 Zu den Endgeräteherstellern zählen Unternehmen aus dem Bereich der Telekommunikation, Unterhaltungselektronik und Informationstechnik (Hard- und Software).

14 Beispiele für Konsumleistungsanbieter, Handelsmittler und Endgerätehersteller sind der Darstellung in **Anhang A1** zu entnehmen.

wachsende Einflußnahme auf Handelsmittler, Netzbetreiber und Endgeräteehersteller. Das bereits mehrfach angesprochene *Pay-TV* für *Teleentertainment* verdeutlicht die Rolle vieler Leistungsanbieter. Unternehmen, die in Deutschland Fernsehprogramme über digitale Rundfunkdienste senden, sind zugleich auch Dienstbetreiber und Anbieter von Empfangsgeräten. Private Haushalte erhalten somit Pay-TV-Sendungen mit den dazugehörigen Technologien und Kommunikationsdiensten aus einer Hand. Ein direkter Kontakt zu externen Endgeräteherstellern oder Netzbetreibern ist nicht gegeben.[15]

Trotz der Fokussierung auf (Konsum-)Leistungsanbieter sind die folgenden Implikationen für die Realisierung elektronischer Marktsysteme nicht branchenspezifisch zu verstehen. Sie sind ebenso richtungsweisend für viele Aktivitäten im Infrastruktursektor, die den elektronischen Geschäftsverkehr betreffen.

2. Grundlegende Anforderungen an die Realisierung elektronischer Marktsysteme

Aus informationsökonomischer Sicht ergeben sich für (Konsum-)Leistungsanbieter grundlegende Anforderungen an die Realisierung elektronischer Marktsysteme. Notwendig ist zunächst die Berücksichtigung von Transaktionskosten, die durch elektronischen Geschäftsverkehr entstehen. Darüber hinaus ist eine konsequente Orientierung an den Bedürfnissen privater Haushalte erforderlich. Vermeidung von Transaktionskosten und Bedürfnisorientierung stehen dabei in enger Beziehung zueinander, denn eine konsequente Ausrichtung an den Bedürfnissen privater Haushalte verlangt immer auch eine Senkung deren Transaktionskosten im Geschäftsverkehr.

2.1. Vermeidung hoher Transaktionskosten bei privaten Haushalten

Die Entstehung elektronischer Märkte hat nicht allein die Leistungssteigerung von Informations- und Kommunikationstechnologien zur Voraussetzung. Sie beruht auch auf der Suche nach effizienten Koordinationsformen von Angebot und Nachfrage. Durch Konsumgütermärkte auf Grundlage des elektronischen Geschäftsverkehrs können traditionelle Wertschöpfungsprozesse zwischen Angebot und Nachfrage entweder sub-

[15] Der deutsche Pay-TV-Sender *DF1* startete mit einer Set-Top-Box des Endgeräteherstellers *Nokia* und nutzte die Netzbetreiber *Astra* und *Deutsche Telekom AG*.

stituiert oder durch informationelle Mehrwerte ergänzt werden.[16] Folge ist eine Verringerung von Transaktionskosten im Vergleich zu den Kosten konventioneller Distributionsformen. Inwieweit diese Verringerung an private Haushalte weitergegeben wird, hängt besonders von der Ausgestaltung des elektronischen Geschäftsverkehrs ab. Nur mit konsumentengerechten Informations- und Kommunikationstechnologien, hoher Kostentransparenz und informationellen Mehrwerten läßt sich das Problem einer Verlagerung von Transaktionskosten auf private Haushalte vermeiden. Andernfalls kann sich kein funktionierender Markt bilden, was aus Sicht der privaten Haushalte zu einer verminderten Bedürfnisbefriedigung, aus unternehmerischer Sicht zu einer Gewinnschmälerung und aus gesamtwirtschaftlicher Sicht zu einem Wohlfahrtsverlust führt. Sofern Anbieter von Konsumleistungen einer Transaktionskostenerhöhung durch elektronischen Geschäftsverkehr entgegenwirken, können sich Effizienzvorteile elektronischer Märkte auch bei privaten Haushalten entfalten. Bakos beschreibt diese Vorteile wie folgt:

> „... electronic market systems providing product and price information may generate substantial allocational efficiencies by enabling customers to locate suppliers that better match their needs."[17]

Um hohe Transaktionskosten bei privaten Haushalten zu vermeiden, müssen Anbieter zwischen Implementierungs- und Nutzungsaktivitäten im Haushalt differenzieren. Die Implementierung ist abhängig von verfügbaren Komponenten der Informations- und Kommunikationstechnologie. Vorausgesetzt Unternehmen aus dem Konsumgüterbereich besitzen Einfluß auf die Wahl der Endgeräte und Kommunikationsnetze, dann sollten sie technisch ausgereifte Systemkomponenten bevorzugen. Das beinhaltet z.B. den Einsatz standardisierter Schnittstellen zu Kommunikationsnetzen.[18] Dadurch läßt sich bereits vor Aufnahme elektronischer Leistungsbeziehungen die Unsicherheit privater Haushalte hinsichtlich der Erfahrungsgüter *Informations- und Kommunikationstechnologien* reduzieren.[19] Während der Erfolg von Implementierungsaktivitäten in privaten Haushalten in erster Linie von Entscheidungen des betrieblichen DV-Managements abhängt, erfordert eine konsumentengerechte Nutzungsumgebung für elektronischen Geschäftsverkehr auch Anpassungen in den vertrieblichen Geschäftsprozessen. Das berührt vor allem die Auswahl von Vertriebsformen und deren Ausgestaltung. Die

---

16 Vgl. zu *informationellen Mehrwerten* Kuhlen (1995) S. 90.

17 Bakos (1991) S. 295.

18 Standardisierte Schnittstellen beziehen sich auf einheitliche Datenübertragungsprotokolle (z.B. OSI-Modell, TCP/IP) und Datenformate (z.B. EDI, EDIFACT). Vgl. auch **Anhang C.**

19 Ansatzpunkte sind somit exogene Ursachen der (Implementierungs-)Unsicherheit.

reinen Produktionskosten, d.h. auf die Leistung direkt anrechenbare Kosten für Transport, Lagerung, Provisionen oder Abschreibungen auf Datenverarbeitungsanlagen, sind dabei Gegenstand nachgelagerter Entscheidungen.[20] Eigene Transaktionskosten und die der (Privat-)Kundschaft sind in den Vordergrund zu stellen. Wie informationsökonomische Untersuchungen zeigen, sind Transaktionskosten jedoch nur begrenzt monetarisierbar. Dieses Problem läßt sich durch die Bestimmung von kostenrelevanten Einflußgrößen umgehen. Für Transaktionskosten, die durch die Nutzung elektronischer Marktdienste in privaten Haushalten entstehen, kann nach dem in Abbildung V-7 dargestellten Beurteilungsraster vorgegangen werden.[21] Kosten, die auf die Unternehmen zukommen, können ebenfalls über informationsökonomische Einflußgrößen gemessen werden. Allerdings sind endogene Ursachen (psychische und soziale Verhaltensrestriktionen) der *Unsicherheit* und die *Transaktionsatmosphäre* (rechtliche und technische Rahmenbedingungen) für unternehmerische Gegebenheiten zu betrachten. Die Einflußgrößen *Spezifität*, d.h. Beschreibungs- und Bewertungsprobleme, und *Häufigkeit* einer Transaktion beziehen sich auf Objekte und Beziehungsintensität, so daß kein Unterschied zur Haushaltssichtweise vorliegt. Entsprechende Ansätze für Transaktionskostenanalysen in Unternehmen lassen sich dem Schrifttum zur "Make or Buy"-Optimierung entnehmen.[22] Sie werden an späterer Stelle nochmals aufgegriffen.

2.2. Konzentration auf die Bedürfnisse privater Haushalte

Trotz Verringerung von Transaktionskosten, informationeller Mehrwerte und der zunehmenden Fokussierung vieler Branchen auf Transaktionsobjekte, die primär Informationscharakter besitzen, birgt die Einführung elektronischer Vertriebsformen für Leistungsanbieter auch Gefahren. Der flexible Umgang mit Reklamationen oder speziellen Serviceanforderungen reduziert sich im Vergleich zum persönlichen Kundenkontakt.[23] Vor allem verlieren weiche Faktoren der Kundenbindung, wie z.B. Freundlichkeit, Höflichkeit, Vertrauenswürdigkeit und äußeres Umfeld, an Bedeutung.[24] Leistungsanbieter, die mit elektronischen Vertriebsformen Wettbewerbsvorteile erzielen wollen, müssen diese Probleme mit in ihr unternehmerisches Kalkül einbeziehen. So-

---

20 Im Falle elektronischer Vertriebsformen umfassen die Lagerungs- und Transportkosten auch laufende Aufwendungen für Datenspeicherung und Datenübertragung.

21 Voraussetzung ist eine Segmentierung nach Nutzer- bzw. Haushaltstypen.

22 Vgl. Fischer (1993); Schneider / Zieringer (1991); Baur (1990); Siebert (1990).

23 Im Vergleich zum postalischen Versandhandel oder zur telefonischen Abwicklung verbessert sich jedoch der Kundenkontakt.

24 Vgl. Rominski (1997) S. 105.

fern sie eine Transaktionskostenanalyse als vertriebliches Planungsinstrument einsetzen, lassen sich zukünftige Schwierigkeiten aus dem Spezifitätsgrad ihrer Produkte und aus dem Unsicherheitsniveau einzelner Kundensegmente ableiten. Liegen beispielsweise hohe Beschreibungs- und Bewertungsprobleme der primären Transaktionsobjekte vor, so ist von hohen Anforderungen an den Kundenservice auszugehen. Kommt noch ausgeprägte Unsicherheit bestimmter Kundengruppen bei der Nutzung der angebotenen E-Marktdienste hinzu, ist von der Einrichtung eines elektronischen Vertriebes zwingend abzuraten.

Zur Unterstützung der Analyse von Transaktionskosten kann das Bedürfnis der Kunden nach Zusatzleistungen auch direkt gemessen werden. Besonders für *Teleservice* (z.B. Telebanking) ist diese ergänzende Messung von großer Aussagekraft, da die Qualität von Dienstleistungen in erheblichem Maße von der persönlichen Interaktion zwischen dem Anbieter bzw. dessen Verkaufsmitarbeiter und dem Kunden abhängt. Zusatzleistungen werden in der Literatur auch als *Qualität zweiten Grades* oder *kundenorientierter Mehrwert* erfaßt.[25] Die Qualität ersten Grades hingegen betrifft die Grundleistungen, die als technischer Bestandteil von Dienstleistungen zu betrachten sind (siehe Abbildung VI-2). Diese Grundleistungen sind objektivierbar und durch den Leistungsanbieter standardisierbar. Eine wettbewerbsentscheidende Differenzierung auf Konsumgütermärkten wird in erster Linie durch eine hohe Qualität zweiten Grades möglich. Im Rahmen des elektronischen Geschäftsverkehrs mit Privatkunden ist deshalb darauf zu achten, daß Zusatzleistungen nicht durch Kostenverlagerungen auf den Kunden entfallen.

---

[25] Vgl. Töpfer / Mehdorn (1994); Steinle u.a. (1996) S. 310. Der kundenorientierte Mehrwert kann partiell durch informationelle Mehrwerte des elektronischen Geschäftsverkehrs gedeckt werden.

Qualitätsgrad Merkmale Ziele	**Qualität 1. Grades**	**Qualität 2. Grades**
Merkmale	• standardisierbar • objektivierbar	• interaktionsdominiert • erfahrungsdominiert
Ziele der Kunden	• Befriedigung von Bedürfnissen nach Grundleistungen	• Befriedigung von Bedürfnissen nach Zusatzleistungen (kundenorientierter Mehrwert)
Ziele der Anbieter	• Produktivitätssteigerung	• Differenzierung von Wettbewerbern

Abbildung VI-2 Bestandteile der Dienstleistungsqualität
Quelle: In Anlehnung an Steinle u.a. (1996) S. 310

Die Ermittlung der Bedürfnisse nach Zusatzleistungen im Rahmen des elektronischen Geschäftsverkehrs sollte – wie die Bestimmung von nutzungsbedingten Transaktionskosten – getrennt nach Haushaltstypen vorgenommen werden. Über die Analyse dieser Fokusgruppen können bisher unberücksichtigte Funktionen des elektronischen Vertriebs aufgedeckt und Informationen über erforderliche Zusatzleistungen gewonnen werden. Beispielsweise lassen sich Antworten auf folgende Fragen finden:

- Was benötigen private Haushalte zusätzlich an Versicherungs- oder Finanzierungshilfen?
- Welche Garantie- und Verbesserungsleistungen sind nach Abschluß der Transaktion noch erforderlich?
- Welche Erklärungshilfen und technologischen Unterstützungsleistungen erwartet der private Haushalt?
- Welche Beratungsintensität wird verlangt?
- Welche Zusatzleistungen werden von der Konkurrenz angeboten?

Zur Ermittlung der Bedürfnisse nach Zusatzleistungen können wie bei der Transaktionskostenanalyse unterschiedliche Informationsquellen verwendet werden. Mittels Datenerhebungen aus Sekundärquellen, wozu Veröffentlichungen von Konkurrenten,

Literaturdatenbanken oder interne Kundendatenbanken zählen, lassen sich relevante Informationen kostengünstig herausfiltern.

> „Besonders hilfreich ist es auch, den Ordner mit Reklamationen und Beschwerden auf die Anlässe zu Unzufriedenheit zu durchforsten, die sich während der Kauf- oder anschließenden Servicephase ergaben. Immerhin sprudelt hier eine Informationsquelle, die oft mißachtet wird."[26]

Wenn keine aussagekräftigen Sekundärquellen vorliegen, wovon bei Einführung neuer Produkte auf elektronischen Märkten auszugehen ist, müssen Primärdaten vor Ort erhoben werden. Eine entsprechende Kundenbefragung kann über Vertriebsmitarbeiter (Außen- und Innendienst) oder externe Marktforschungsinstitute durchgeführt werden. Die methodische Vorgehensweise gleicht dabei dem Untersuchungsdesign zur Messung der Unsicherheit, die bei der Nutzung von E-Marktdiensten durch private Haushalte auftritt.[27]

Die wachsende Bedeutung der Qualität zweiten Grades von Dienstleistungen und zunehmend auch von Sachleistungen stellt hohe Anforderungen an alle Unternehmen, die Leistungen über elektronischen Geschäftsverkehr anbieten. Nicht nur die Fähigkeit, angemessene Kommunikationslösungen zu entwickeln, sondern auch eine konsequente Orientierung an den Bedürfnissen privater Haushalte nach Grund- und Zusatzleistungen ist notwendig. Die transaktionskostenbezogene Realisierung elektronischer Marktsysteme ist deshalb einzubinden in eine konsumentengerechte Neuausrichtung aller Geschäftsprozesse.

3. Unternehmerische Ansatzpunkte der Realisierung elektronischer Marktsysteme

Elektronischer Geschäftsverkehr bringt nicht nur bei den privaten Haushalten, sondern auch bei den Unternehmen tiefgreifende Veränderungen mit sich. Einerseits führt die Entstehung elektronischer Märkte zwangsläufig zu einer reaktiven Anpassung ihrer Geschäftsprozesse, andererseits müssen Unternehmen als Initiatoren eigener Marktsysteme aktive Maßnahmen zu deren Realisierung einleiten.[28] Davon betroffen sind sowohl Entscheidungen der zentralen Unternehmensführung als auch Entscheidungen

---

26 Soliman u.a. (1997) S. 22.

27 Vgl. *Kapitel IV, Abschnitt 3.3*; vgl. auch Booz Allen / Hamilton (1997a) S. 116 ff.

28 Die Entstehung elektronischer Märkte bedingt in vielen Branchen vernetzte Wertschöpfungsketten. Vgl. dazu *Kapitel II, Abschnitt 2.3*.

in einzelnen Funktionsbereichen. Die unternehmerischen Ansatzpunkte für Realisierungsmaßnahmen lassen sich anschaulich in einer konzeptionellen Gesamtsicht der Unternehmensführung skizzieren. Wie die folgenden Ausführungen zeigen, finden sich solche Ansatzpunkte bei Unternehmen der Gruppe *(Konsum-)Leistungsanbieter* in erster Linie in der Informationswirtschaft und im Vertrieb.

3.1. Der Objektbereich der Unternehmensführung

Unternehmensführung wird in der Literatur üblicherweise synonym zu dem anglo-amerikanischen Begriff *Management* verwendet. Beide Begriffe werden dabei sowohl funktional als auch institutional verstanden. Funktional bezeichnet Unternehmensführung alle Tätigkeiten zur zielorientierten Steuerung, d.h. Planung, Organisation und Kontrolle, der Geschäftsprozesse in einer Unternehmung.[29] Institutional umfaßt sie Personen oder Personengruppen, die mit entsprechenden Entscheidungsbefugnissen diese Führungstätigkeiten durchführen. Die Konkretisierung von Maßnahmen hinsichtlich der Realisierung elektronischer Marktsysteme berührt besonders die funktionale Komponente. Diese Fokussierung unterstreicht nicht nur die grundlegende Aufgabenorientierung einer Unternehmensführung, sondern auch die Bedeutung der betrieblichen Funktionsbereiche für das Management. Dem Objektbereich der Unternehmensführung ist damit sowohl die Steuerung der Unternehmung als Ganzes im Sinne einer Geschäftsleitung als auch die Steuerung innerhalb von Funktionsbereichen im Sinne eines Funktionsmanagements zuzuordnen. Entsprechend der Aufbauorganisation von Unternehmen lassen sich verschiedene Managementbereiche strukturieren. Eine theoretische, aber doch anschauliche Abgrenzungshilfe stellt die betriebliche Wertschöpfungskette nach Porter dar.[30] Ihr zufolge kann zwischen Managementaufgaben im Leistungsbereich (Marketing, Vertrieb, Beschaffungs- und Produktionswirtschaft) und im administrativen Bereich (Personal-, Kapital- und Informationswirtschaft) unterschieden werden. In der Praxis jedoch sind die genannten Managementbereiche nicht immer institutionalisiert. Abhängig von der Unternehmensgröße und dem Geschäftszweck obliegen sie entweder der Geschäftsleitung oder einer eigenständigen Funktionsabteilung.

---

29 Vgl. Staehle (1991); Hopfenbeck (1992) S. 409.

30 Vgl. Porter (1988) und Abbildung II-6.

Der Unternehmensführung obliegen mehrere Führungsteilaufgaben. Zu den wichtigsten zählen: Organisation, Planung und Kontrolle.[31] Die *Organisation* befaßt sich mit Methoden der Strukturierung von Beziehungen zwischen Aktivitäten, Personen und Sachmitteln von Unternehmen.[32] *Planung* zeichnet sich durch einen antizipativen und abstrahierenden Charakter aus. Die Zukunft soll nicht passiv erduldet, sondern aktiv gestaltet werden. Das betriebswirtschaftliche Schrifttum bezeichnet Planung häufig als einen Führungsprozeß „... zur Erstellung eines Entwurfs, welcher Größen für das Erreichen von Zielen vorausschauend festlegt.“[33] *Kontrolle* ist mit der Planung auf das engste verknüpft. Ihre primäre Aufgabe ist die Gegenüberstellung von Plangrößen und Vergleichswerten zur Ermittlung und Analyse von Abweichungen. Zur Erledigung der Führungsteilaufgaben bedient sich die Unternehmensführung sowohl isolierter Instrumente, die sich auf Organisation, Planung oder Kontrolle beschränken, als auch übergreifender Instrumente, wozu z.B. die Unternehmensrechnung oder die Budgetierung zählen.[34] Von besonderer Bedeutung für die Realisierung elektronischer Marktsysteme sind isolierte Instrumente aus der *Marktforschung*, der *strategischen Planung*, der *Qualitätssicherung*, dem *Projektmanagement* und dem *Software-Engineering*.

Als Denkmodell, das das Spektrum der Unternehmensführung umreißt, bietet sich eine zirkulare Komponentensichtweise an (siehe Abbildung VI-3). Sie macht deutlich, daß sich die Unternehmensführung über einzelne Funktionsbereiche zu spezifischen Managementaufgaben konkretisiert. Ähnlich wie die Nabe bei einem Rad, dient die zentrale Unternehmensführung (*Geschäftsleitung*) als Dreh- und Basispunkt unternehmerischer Wertschöpfung. In dieser Funktion sorgt sie für die Erfüllung von zielbezogenen Steuerungs- und Entwicklungsaufgaben innerhalb der Funktionsbereiche. Ähnlich wie die Radspeichen, die mit der Felge verbunden sind, werden die funktionsbezogenen Managementbereiche durch die erzielte *Wertschöpfung* sowie die *Unternehmenskultur* zusammengeführt (siehe Abbildung VI-3). Die Unternehmenskultur ist zwar nicht direkter Bestandteil der Geschäftsprozesse, ist jedoch für die Beurteilung von Managementaktivitäten oft ebenso wichtig wie quantitativ erfaßbare Wertschöpfungsergebnisse. Sie umfaßt die unternehmensgeschichtlich gewachsenen und gelebten Denk- und Verhaltensmuster aller Mitarbeiter und entscheidet über langfristigen Erfolg

31 Im Schrifttum werden den Führungsteilaufgaben meistens noch die Personalführung und die Unternehmensrechnung zugeordnet. Vgl. Küpper (1997) S. 15.

32 Vgl. Bleicher (1989) S. 73 f.

33 Schweitzer (1989) S. 11.

34 Vgl. Küpper (1997) S. 24 ff.; Schweitzer (1989) S. 61.

oder Mißerfolg eines unternehmerischen Engagements auf Märkten.[35] Getrennt von der Kultur zu betrachten, ist das *Leitbild (bzw. die Unternehmensphilosophie)* eines Unternehmens.

> „Die Unternehmensphilosophie enthält die gemeinsamen bzw. abgestimmten Wertvorstellungen (die in *Leitbildern* zum Ausdruck kommen können, Anm. d. Verf.) der obersten Führungskräfte."[36]

Das Leitbild bildet die Basis für alle Entscheidungen und Handlungen der Unternehmung und wird von der Geschäftsleitung erarbeitet. Die beiden Komponenten Leitbild und Kultur eines Unternehmens werden häufig auch unter dem Begriff *soft identity* zusammengefaßt. Unter Einbezug der Organisationsstruktur hat sich ferner der Begriff *corporate identity* herausgebildet.

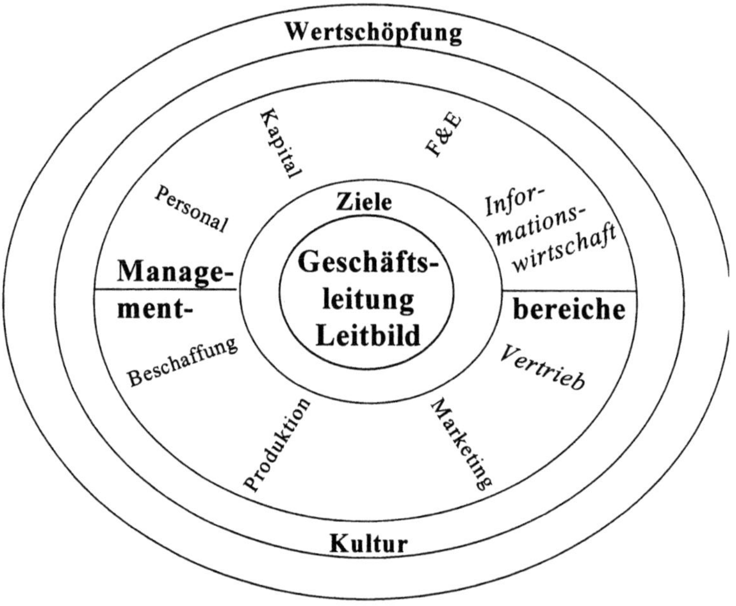

Abbildung VI-3 Konzeptionelle Gesamtsicht der Unternehmensführung
Quelle: In Anlehnung an Hinterhuber (1989) S. 34

Eine konzeptionelle Gesamtsicht der Unternehmensführung ermöglicht die funktionale Trennung von Managementaufgaben ohne Vernachlässigung von Interdependenzen. Je

[35] Vgl. Hinterhuber (1989) S. 26; Hahn (1989) S. 160.
[36] Hahn (1989) S. 160.

nach Problemstellung können Funktionsbereiche übergreifend oder isoliert mit eigenständigen Managemententscheidungen und Steuerungsfragen betrachtet werden. Die Realisierung elektronischer Marktsysteme durch Anbieter aus dem Konsumgüterbereich erfordert eine eher isolierte Betrachtung, da eigenständige Entscheidungen auf den Ebenen der Geschäftsleitung, des Vertriebs- und des Informationsmanagements zu treffen sind.

3.2. Realisierungsbeitrag durch die Geschäftsleitung

Die Erarbeitung von Leitbildern und die Festlegung von Zielen zur Entwicklung von Geschäftsprozessen fällt üblicherweise in den Aufgabenbereich der Geschäftsleitung. Während die Leitbilder die grundlegende Ausrichtung eines Unternehmens umreißen und vergleichsweise unverbindlich formuliert sind, spezifizieren die Ziele Inhalte, Zeiträume oder Ausmaße und können sich bereits auf einzelne Funktionsbereiche beziehen.[37] Ausgehend von dem erwerbswirtschaftlichen Prinzip der Gewinnoptimierung gehören zu den Leitbildern z.B. der Shareholder-Value-Gedanke, Sicherheit (bei Liquidität und Unternehmenspotential), Kosteneffizienz oder Kundennähe. Das Leitbild ist Ausgangspunkt für die Ableitung von Zielen und deren spätere Umsetzung in Strategien und Maßnahmen durch das funktionale Management. Dabei handelt es sich bei den meisten Unternehmen nicht nur um einige wenige isolierte Ziele, sondern um ein Zielsystem. Ziele eines solchen Systems müssen sich nicht immer ergänzen, sie können sich auch untereinander neutral verhalten oder miteinander in Konkurrenz stehen. Außerdem ist nicht immer ein eindeutiges Ziel-Mittel-Verhältnis gegeben. So ist denkbar, daß sich die Einrichtung einer elektronischen Vertriebsform aus einer Sachmittelentscheidung durch das Informationsmanagement ergibt. In diesem Fall werden Ziele erst nachträglich aus bereits getroffenen Entscheidungen festgelegt. Im Sinne einer konsumentengerechten Realisierung elektronischer Marktsysteme ist diese Vorgehensweise abzulehnen. Vielmehr erfordert ein erfolgreiches Engagement auf elektronischen Märkten an erster Stelle die Erarbeitung eines Leitbildes, welches eine Kundenorientierung für alle Geschäftsprozesse beinhalten sollte. An zweiter Stelle steht die Festlegung der Ziele, die mit elektronischem Geschäftsverkehr verfolgt werden. Sie sind nach dem Leitbild auszurichten. Erst an dritter Stelle sollten Managemententscheidungen hinsichtlich zielgerichteter Maßnahmen getroffen werden.

---

37 Vgl. Heinen (1991) S. 20.

3.3. Realisierungsbeitrag durch das Vertriebsmanagement

Im Schrifttum über betriebswirtschaftliche Funktionslehren wird der Vertrieb häufig als Teilbereich des Marketing behandelt. Nach dem Konzept der Wertschöpfungskette kann er hingegen von sonstigen Marketingaktivitäten als eigenständige Leistungsfunktion abgegrenzt werden.[38] Verknüpft mit dieser Sichtweise ist eine tätigkeitsbezogene Aufwertung des Vertriebsbereichs, der alle primären Wertschöpfungsaktivitäten bei der Weitergabe von Transaktionsobjekten an den Konsumenten umfaßt.[39] Besonders für Leistungsanbieter, die elektronischen Geschäftsverkehr einsetzen, ist dieses Vertriebsverständnis von Vorteil. Es kennzeichnet nicht nur den physischen Übergang von Transaktionsobjekten, sondern – noch wichtiger – auch die (*elektronische*) Übertragung damit verbundener Verfügungsrechte. In Anlehnung an diese Beschreibung von Transaktionsbeziehungen lassen sich Vertriebsaktivitäten nach folgenden Arten unterscheiden:

- Anbahnungs- und Vereinbarungshandlungen *vor* Übertragung der Transaktionsobjekte (Absatzplanung, Lagerhaltung, Angebotserstellung und -verteilung)
- Abwicklungshandlungen *während* der Übertragung der Transaktionsobjekte (Auftragsbearbeitung, Rechnungserstellung, Überführung bzw. Lieferung)
- Kontroll- und Anpassungshandlungen *nach* Übertragung der Transaktionsobjekte (Kundendienst und Kundenpflege)

Voraussetzung für die effiziente Durchführung von Vertriebsaktivitäten ist eine zielorientierte Steuerung. Alle damit verknüpften Aufgaben werden nach der Funktionssichtweise in Abbildung VI-3 dem Vertriebsmanagement zugerechnet. Wie die obige Differenzierung von Aktivitäten zeigt, befaßt sich das Vertriebsmanagement im Rahmen der Steuerung von Anbahnungshandlungen auch mit der *Absatzplanung*. Davon ist nicht nur die Auswahl vorhandener Absatzmittler auf verschiedenen Handelsstufen betroffen, sondern auch die Realisierung elektronischer Marktsysteme. Eingebettet in einen unternehmerischen Realisierungsprozeß umfaßt die Planung elektronischer Vertriebsformen mehrere Schritte. Aufbauend auf einer klaren Zielsetzung sind im Rahmen einer solchen Planung zunächst die Nutzersegmente zu bestimmen. Im Anschluß sind segmentspezifische Strategien festzulegen mit Maßgaben, z.B. über Anwendungs-

---

[38] Vgl. Abbildung II-6.

[39] Definition in Anlehnung an den Distributionsbegriff von Ahlert (1993) Sp. 789 und Sp. 790 f.

ben münden direkt in Entscheidungen über die Konfiguration elektronischer Marktsysteme. Formal zu treffen sind diese Entscheidungen durch das Informationsmanagement. Erst die letzte Stufe, die *Verankerung* der konfigurierten Komponenten in vertriebliche Abläufe, gehört wieder zu dem Aufgabenbereich des Vertriebsmanagements.

3.4. Realisierungsbeitrag durch das Informationsmanagement

Die betriebliche Informationswirtschaft umfaßt sowohl sozio-ökonomische als auch technische Aspekte von Informations- und Kommunikationsaktivitäten in Unternehmen.[40] Fragen hinsichtlich der Informations- und Kommunikationsstrukturen von Geschäftsprozessen, der betrieblichen Informationsversorgung oder der Organisation der Informationsverarbeitung betreffen eher die sozio-ökonomische Seite. Fragen hinsichtlich der Erstellung und Inbetriebnahme von Informations- und Kommunikationstechnologien setzen sich im Kern mit technischen Aspekten auseinander. Darunter fällt z.B. der Aufbau von Datenverarbeitungsanlagen, Rechnernetzen und Datenbanken oder die Entwicklung unternehmensspezifischer Anwendungssoftware.

Die Aufgabe eines Informationsmanagements besteht nun darin, Lösungsansätze für Fragen der Informationswirtschaft unter Verwendung von Instrumenten der Organisation, Planung und Kontrolle zu finden. Generelle Zielgröße ist dabei die Effektivität und Wirtschaftlichkeit aller (auch technisch unterstützter) Informations- und Kommunikationsaktivitäten im Unternehmen. Informationsmanagement ist somit als Teilbereich der Unternehmensführung zu verstehen. Im Hinblick auf die Unternehmensziele hat dieser Teilbereich die Aufgabe, den bestmöglichen Einsatz der Ressource Information zu gewährleisten.[41] Mit der gestiegenen Bedeutung des Produktionsfaktors *Information* etablierte sich das Informationsmanagement in vielen Unternehmen auch als Institution. Dadurch ist eine organisatorische Einheit geschaffen worden, die auf die zielbezogene Erfüllung von Managementaufgaben der Querschnittsfunktion *Informationswirtschaft* spezialisiert ist.[42]

---

40 Vgl. Picot / Reichwald (1991) S. 245; Auch in Unternehmen werden (wie bei den privaten Haushalten) die Informationsaktivitäten *Aufnahme, Verarbeitung, Speicherung und Verwendung* unterschieden.

41 Vgl. Krcmar (1997) S. 4; vgl. auch Wollnik (1988).

42 Vgl. Picot / Reichwald (1991) S. 264.

Nach einem Modell von Wollnik lassen sich die Tätigkeiten des Informationsmanagements drei Ebenen zuordnen.[43] Auf der ersten Ebene geht es vor allem um ökonomische Problemstellungen, die in enger Interaktion mit der zentralen Unternehmensführung und dem Management anderer Funktionsbereiche, d.h. auch dem Vertriebsmanagement, zu lösen sind. Es wird der Informationsbedarf und das Informationsangebot für Fragestellungen der Informationswirtschaft bestimmt, und es werden inhaltliche Kriterien an Informations- und Kommunikationssysteme definiert.

> „Darüber hinaus erfaßt (diese Ebene, *Anm. d. Verf.*) die Einbettung von Informationen in Produkte und Dienstleistungen sowie die technikgestützte Erschließung neuer Formen des Angebotes von Leistungen und allgemein kreativer Varianten der auf Bezugs- und Absatzmärkte gerichteten Kommunikation.“[44]

Die zweite Ebene umfaßt das Management der Strukturen von Informations- und Kommunikationssystemen. Die inhaltlichen Kriterien, formuliert auf der vorhergehenden Ebene, werden in technische Anforderungen übersetzt. Die dritte Ebene umfaßt Einzelentscheidungen zum Aufbau der informations- und kommunikationstechnischen Infrastruktur. Außerdem erfolgt auf dieser Ebene das operative Management, wie z.B. die Steuerung der Betriebsbereitschaft von Informations- und Kommunikationssystemen. Die erste und zweite Ebene definieren Anforderungen für die jeweils nachfolgende Ebene und beziehen von dieser zugleich Unterstützungsleistungen.

Auch alle Tätigkeiten im Rahmen der betrieblichen Konfiguration elektronischer Marktsysteme lassen sich den drei Ebenen des betrieblichen Informationsmanagements zuordnen (vgl. Abbildung VI-4). Inhalte einer Strategie für elektronischen Geschäftsverkehr, formuliert durch das Vertriebsmanagement, sind auf der ersten Ebene angesiedelt. Die zweite Ebene verlangt eine Festlegung der Struktur, d.h. der technischen Anforderungen an elektronische Marktsysteme. Sie beinhaltet ferner Entscheidungen über die Art der Erstellung von Systemkomponenten. Die dritte Ebene präzisiert erforderliche Aktivitäten der Entwicklung, externen Beschaffung und Inbetriebnahme. Sie bedient sich dabei vor allem verschiedener Instrumente aus dem Projektmanagement und dem Software-Engineering.

---

[43] Vgl. Wollnik (1988) S. 35; vgl. auch Picot u.a. (1998) S. 135.
[44] Wollnik (1988) S. 40.

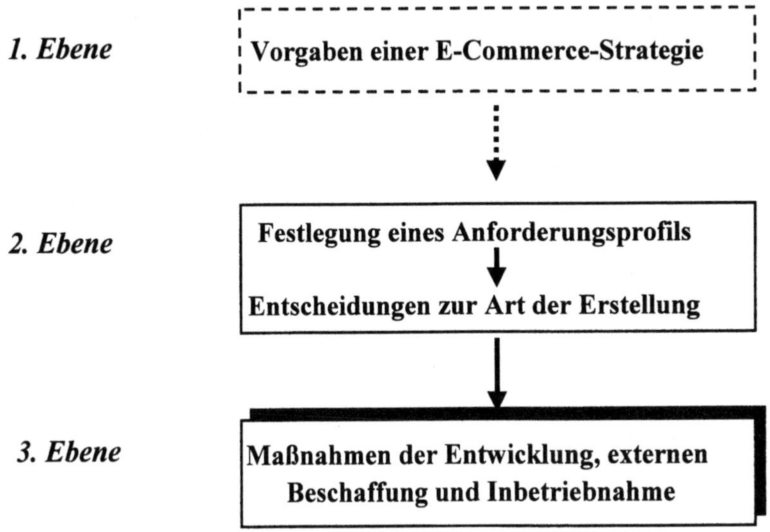

Abbildung VI-4 Tätigkeitsebenen der Konfiguration elektronischer Marktsysteme

Zwischen den Ebenen bestehen häufig Abstimmungsprobleme, vor allem dann, wenn es sich um komplexe Systeme für elektronischen Geschäftsverkehr handelt. Alle Tätigkeiten müssen deshalb durch Instrumente der *Kontrolle* begleitet werden, um eine effiziente Konfiguration zu gewährleisten.[45]

4. Maßnahmen zur Realisierung elektronischer Marktsysteme

Die Umsetzung eines konsumentengerechten Engagements auf elektronischen Konsumgütermärkten erfordert fest umrissene Maßnahmen der Planung, Konfiguration und Verankerung im Unternehmen. Wie viele Beispiele aus der unternehmerischen Praxis zeigen, liegt der Realisierung von E-Commerce-Projekten häufig keine klare Konzeption zugrunde.[46] So wird bei der Planung einer Internet-Präsenz beispielsweise ein "*Provider*" ausgewählt, der über ungenügende Kenntnisse zur Erstellung von HTML-Seiten verfügt, oder es werden keine klaren Unternehmensziele und Budgets

[45] Krcmar spricht auch von Informationscontrolling, das zur Sicherung der Wirtschaftlichkeit der betrieblichen Informationsverarbeitung dient. Vgl. Krcmar (1997) S. 250 ff.; Krcmar / Buresch (1994) S. 294.

[46] Vgl. dazu die Studie der Universität Marburg in Alpar (1996); vgl. auch Bruhn (1997) S. 41.

definiert. Ferner unterbleibt fast immer eine Ausrichtung der Internet-Anwendung auf eine spezifische Zielgruppe. Eine fehlende Vertriebsplanung und ziellose Konfiguration elektronischer Marktsysteme verursacht nicht nur hohe Investitionskosten, sondern verunsichert auch Kunden, die einen Einsatz des elektronischen Geschäftsverkehrs anstreben. Notwendig ist deshalb ein klar strukturierter Realisierungsprozeß, der die Festlegung von Zielen und Strategien, Maßnahmen der Systemkonfiguration sowie der vertrieblichen Verankerung des elektronischen Geschäftsverkehrs beinhaltet (siehe Abbildung VI-5). Alle Stufen des Realisierungsprozesses sollten durch geeignete Planungs-, Organisations- und Kontrollinstrumente der Geschäftsleitung bzw. bei Unternehmen mit funktionalen Managementbereichen durch Instrumente aus dem *Vertriebs-* und *Informationsmanagement* unterstützt werden.

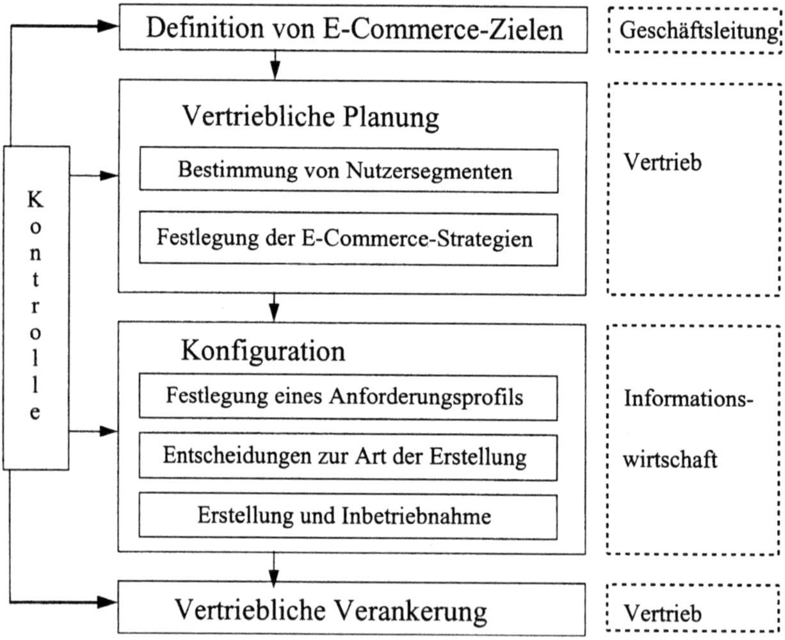

Abbildung VI-5 Maßnahmen zur Realisierung elektronischer Marktsysteme

Der abgestufte Realisierungsprozeß ist als idealtypisch zu betrachten. Vorbereitende Vertriebsplanung, zielbezogene Konfiguration von Systemkomponenten und vertriebliche Verankerung des elektronischen Geschäftsverkehrs werden nicht immer sukzessive erfolgen können. Aufgrund von Abweichungen, z.B. zwischen den Zielvorstellungen und den tatsächlichen Betriebsbedingungen elektronischer Marktsysteme, kann es zu Rückkopplungen kommen. Aber auch bei veränderter Ablauffolge ist für alle E-Commerce-Projekte eine Orientierung an den inhaltlichen Vorgaben der Realisierungsschritte zu empfehlen.

4.1. Festlegung von Zielen

Der Einsatz des elektronischen Geschäftsverkehrs zu Vertriebszwecken ist zunächst als substantielle Managementaufgabe der Vertriebsabteilung und der Informationswirtschaft zu betrachten. Wie aus der konzeptionellen Gesamtsicht der Unternehmensführung – dargestellt in Abbildung VI-3 hervorgeht – bedarf es jedoch bereits auf der Ebene der Geschäftsleitung geeigneter Weichenstellungen. Die Geschäftsleitung ist zuständig für Leitbild und Zielvorgaben, die den Rahmen für die funktionalen Managementbereiche und damit auch für das Vertriebs- und Informationsmanagement bilden.

Wettbewerbsorientierten Managementansätzen der 90er Jahre zufolge sollte bei erwerbswirtschaftlichen Betrieben nicht die Umsatzmaximierung oder Produktrentabilität, sondern die Kundennähe, d.h. die Zufriedenheit des Kunden, als Leitbild im Mittelpunkt stehen.[47] Eine detaillierte Abgrenzung des Leitbilds der Kundennähe zu herkömmlichen Leitbildern zeigen Homburg und Daum.[48] Sie sprechen von marktorientiertem Kostenmanagement, was neben einer Konzentration auf kundennahe Funktionsbereiche (Marketing, Vertrieb) auch eine Berücksichtigung von marktbezogenen Aspekten in der Leistungserstellung und in administrativen Geschäftsprozessen beinhaltet (siehe Abbildung VI-6).

---

47 Vgl. Hinterhuber (1997) S. 8 ff.; Dahlhoff (1997) S. 11; Voigt (1995) S. 7.

48 Vgl. Homburg / Daum (1997) S. 11 ff.

Herkömmliches Kostenmanagement		**Marktorientiertes Kostenmanagement**
punktueller Charakter	↔	permanenter Charakter
reaktive Kostenreduktion	↔	proaktive Kostenvermeidung
symptomorientiert	↔	ursachenorientiert Ursachen von Kostenproblemen werden in marktbezogenen Aspekten gesehen
Schwerpunkt: Produktion	↔	Schwerpunkt: Marktbezogene Unternehmensbereiche (Marketing, Vertrieb, Beschaffung)
Beschränkung auf "harte" und unternehmensinterne Erfolgsgrößen	↔	Berücksichtigung "weicher" und unternehmensexterner Kostenfaktoren
Leitbild: Kosteneffizienz oder Kundennähe		*Leitbild: Kosteneffizienz und Kundennähe*

Abbildung VI-6 Herkömmliches versus marktorientiertes Kostenmanagement
Quelle: Homburg / Daum (1997) S. 25

Die Gegenüberstellung in Abbildung VI-6 macht das Leitbild eines marktorientierten Kostenmanagements an fünf Thesen deutlich. Kosten werden diesem Konzept zufolge als wesentliche Steuerungsgröße für die Unternehmensführung betrachtet. Ihre Vermeidung ist eine *permanente* Aufgabe des Managements und sollte *zukunftsgerichtet* erfolgen. Dazu bedarf es einer *ursachenorientierten* Analyse, die in den *marktbezogenen* Funktionsbereichen Marketing und Vertrieb sowie eingeschränkt auch in der Beschaffung durchzuführen ist. Diese Funktionsbereiche sind als zentrale Ansatzpunkte für kundennahe Kostensenkungsprogramme zu betrachten. Schließlich vertreten Homburg und Daum noch die These, daß *unternehmensexterne Faktoren* zwingend berücksichtigt werden müssen. Sie verstehen darunter alle Informationen über Kundenzufriedenheit, Kundenfluktuation, Kundenstruktur und (Transaktions-)Kosten der Kunden, verursacht durch Variantenvielfalt, produktionsorientierte Entwicklung oder mangelhafte Vertriebs- und Zusatzleistungen.[49] Die Thesen von Homburg und Daum machen

[49] Bei diesen Kosten handelt es sich aus informationsökonomischer Sicht um Transaktionskosten. Nach Homburg und Daum sind Transaktionskosten der Kunden wiederum Kostentreiber auf der Unternehmensseite. Vgl. dazu Komplexität und Kostentreiber in Homburg / Daum (1997) S. 151 ff.

deutlich, welche Anforderungen an die Festlegung von Zielvorgaben für elektronischen Geschäftsverkehr zu stellen sind. Notwendig ist eine Zielausrichtung auf marktbezogene Funktionsbereiche und unternehmensexterne Faktoren. Aus informationsökonomischer Sicht sind diese Anforderungen als Fokussierung auf die Bedürfnisse respektive auf die Transaktionskosten der Kunden zu verstehen. Kosteneffizienz durch Kundennähe verlangt an erster Stelle eine Reduzierung von Transaktionskosten, die auf Konsumgütermärkten sowohl dem Unternehmen als auch dem privaten Haushalt entstehen.

Die Einrichtung elektronischer Vertriebsformen stellt bei Anbietern von Konsumgütern zunächst eine eigenständige Zielsetzung dar. Dieses Ziel sollte sich jedoch immer an dem Kriterium der Kundennähe – aus Sicht der Transaktionskostentheorie an der marktbezogenen Kosteneffizienz – bemessen. Elektronischer Geschäftsverkehr erhält dadurch eine neue Dimension. Er dient in erster Linie als Mittel zur Verwirklichung der Kundennähe. Diese Mittel-Ziel-Beziehung sollte dem elektronischem Geschäftsverkehr immer zugrunde liegen, auch wenn er auf Ziele gerichtet ist, die nicht unmittelbar den Vertriebsbereich betreffen. Die Realisierung elektronischer Marktsysteme erfordert zwar im Kern eine Fokussierung auf vertriebsnahe Ziele, in der Praxis spielen jedoch Zielsetzungen für andere Funktionsbereiche (z.B. Marketing) eine ebenso gewichtige Rolle.[50] In Markt- und Unternehmensstudien über elektronischen Geschäftsverkehr wurden z.B. folgende Ziele genannt:[51]

- Imageverbesserung
- Verbesserte kommunikationspolitische Maßnahmen[52]
- Vereinfachte Marktforschung
- Verbesserung der Kommunikation mit Geschäftspartnern
- Verbesserung der internen Kommunikation
- Erhöhung der Mitarbeitermotivation
- Beschleunigung von Arbeitsprozessen

---

50 Nach der konzeptionellen Gesamtsicht in Abbildung VI-3 sind Marketing-Aktivitäten von der vertrieblichen Seite getrennt zu betrachten.

51 Vgl. Fink (1997) S. 8; Bruhn (1997) S. 48 ff.; iwd (1997b) S. 8.

52 Werbung über Online-Dienste wird auch als virtuelles oder interaktives Marketing bezeichnet. Vgl. Bruhn (1997) S. 56.

4.2. Vertriebliche Planung

An die Definition von Zielen schließt sich die Durchführung vorbereitender Planungsschritte für die spätere Konfiguration elektronischer Marktsysteme an. Alle damit verbundenen Tätigkeiten sind bei Unternehmen, die auf Konsumgütermärkten agieren, dem Vertriebsmanagement zuzuordnen. Im einzelnen zählen hierzu die Bestimmung von Nutzersegmenten und die Festlegung von E-Commerce-Strategien (siehe Abbildung VI-5). Ausgehend von dem Leitbild der *Kundennähe* gilt bei allen Planungsschritten die Maxime einer Orientierung an den Bedürfnissen der Kunden. Darin eingebunden ist auch die Minimierung von Transaktionskosten, die durch elektronischen Geschäftsverkehr entstehen.

4.2.1. Bestimmung von Nutzersegmenten

Eine informationsökonomisch geprägte Vertriebsplanung auf elektronischen Konsumgütermärkten zielt auf die Bildung homogener Kundensegmente mit vergleichbaren Bedürfnissen und Verhaltensrestriktionen. Daraus können Implikationen für die Produktpalette, für Zusatzleistungen und für Strategien zur Einführung des elektronischen Geschäftsverkehrs abgeleitet werden.[53] Wie Kapitel vier bereits zeigte, kommen für die Differenzierung von Nutzern des elektronischen Geschäftsverkehrs eine Vielzahl von Segmentierungskriterien in Betracht. Mit Blick auf die Transaktionskosten privater Haushalte bietet sich als Segmentierungskriterium die Verhaltensgröße *Unsicherheit* an. Nach ihr können drei grundlegende Nutzertypen differenziert werden.[54]

- der sichere Nutzer
- der indifferente Nutzer
- der unsichere Nutzer

Diese Typen unterscheiden sich hinsichtlich ihrer psychischen und sozialen Verhaltensrestriktionen. Je nach Untersuchungsdesign und finanziellen Ressourcen können bei der Erfassung dieser Restriktionen unterschiedliche Schwerpunkte gesetzt werden. Kognitive Eigenschaften von Kunden und deren Einstellung gegenüber dem elektronischen Geschäftsverkehr sollten jedoch immer in eine Segmentierung potentieller Nut-

53 Vgl. Booz Allen / Hamilton (1997a) S. 112.

54 Vgl. auch Abbildung IV-3.

zer einfließen. Sofern soziodemographische Merkmale bereits bekannt sind, ist diese Forderung über die Auswertung vorhandener Sekundärquellen auch mit begrenztem Zeit- und Ressourcenaufwand realisierbar.[55] Im Vergleich zur zielgruppenbezogenen Planung operativer Geschäftsentscheidungen, z.B. Produkt- oder Preisentscheidungen, verlangt die Nutzersegmentierung für E-Commerce-Strategien einen geringen Detaillierungsgrad.[56] Allerdings sollte sich eine Typologisierung nicht nur auf zwei oder drei Grundtypen beschränken. Die Qualität einer Entscheidungsgrundlage erhöht sich für Unternehmen im Konsumgüterbereich deutlich, wenn eine ausdifferenzierte Segmentbetrachtung verfügbar ist.

4.2.2. Strategien für elektronischen Geschäftsverkehr

Im Anschluß an die Identifikation verschiedener Nutzersegmente sollte die Festlegung von Strategien für den Einsatz des elektronischen Geschäftsverkehrs erfolgen. Ausgehend von der **Abdeckung** der Nutzersegmente und der **Differenzierung** nach Anwendungsmöglichkeiten elektronischer Marktdienste lassen sich vier grundlegende Strategievarianten unterscheiden (siehe Abbildung VI-7).[57] Mit einer *fokussierenden E-Commerce-Strategie* konzentriert sich der Leistungsanbieter mit einem zuvor festgelegten Anwendungsbereich seines E-Marktdienstes auf einen oder einige wenige Nutzertypen. Die *undifferenzierte E-Commerce-Strategie* zielt auf alle Nutzertypen, ohne deren Charakteristika oder Bedürfnisse zu berücksichtigen. In der Praxis ist diese Strategievariante am häufigsten Ansatzpunkt für die Umsetzung des elektronischen Geschäftsverkehrs. Die *differenzierte E-Commerce-Strategie* nutzt ein breites Spektrum an verfügbaren Geschäftsanwendungen auf multimedialen Kommunikationsdiensten, um die passende Kombination für jeden Nutzertyp zu konfigurieren. Aufgrund hoher Kosten ist diese Strategievariante nur bei diversifizierten Unternehmen mit vielen Geschäftsfeldern vertretbar. Die *selektive Strategievariante* kommt den Anforderungen an eine konsumentengerechte Konfiguration am nächsten. Sie berücksichtigt verschiedene Anwendungsbereiche des elektronischen Geschäftsverkehrs und die begrenzten Fähigkeiten der Kunden, diese auch zu nutzen.

---

55 Unterstützend können Marktforschungsinstitute oder spezialisierte Berater eingesetzt werden.

56 Vgl. Booz Allen / Hamilton (1997a) S. 117.

57 Vgl. Bruhn (1997) S. 70.

	Differenzierung des elektronischen Geschäftsverkehrs	
Abdeckung der Nutzergruppen	Niedrig	Hoch
Wenige	Fokussierende E-Commerce-Strategie	Selektive E-Commerce-Strategie
Viele	Undifferenzierte E-Commerce-Strategie	Differenzierte E-Commerce-Strategie

Abbildung VI-7 Strategievarianten für elektronischen Geschäftsverkehr
Quelle: In Anlehnung an Freter (1983) S. 110

Berücksichtigt man informationsökonomische Zusammenhänge, dann umfassen Strategien für elektronischen Geschäftsverkehr nicht nur Entscheidungen zu Technologien, Kommunikationsdiensten und deren Geschäftsanwendungen. Sie sollten vielmehr auf der Grundlage abgegrenzter Nutzersegmente auch die Auswahl geeigneter Produkte (primäre Transaktionsobjekte) sowie Vorgaben für notwendige Zusatzleistungen beinhalten. Mit Hilfe einer Transaktionskostenanalyse lassen sich entsprechende Strategieinhalte methodisch entwickeln.[58] Dazu sind zunächst die Leistungen des Anbieters, d.h. seine primären Transaktionsobjekte, auf ihre Spezifität zu untersuchen. Im Anschluß ist für ausgewählte Kundensegmente die wahrscheinliche Nutzungshäufigkeit alternativer E-Marktdienste *(genauer: Anwendung-Dienst-Kombinationen)* und die Transaktionsatmosphäre zu analysieren. Während die Spezifität und Transaktionsatmosphäre aus unternehmensinternen Quellen ermittelt werden können, verlangt die Bestimmung der Häufigkeit eine Auswertung externer Quellen. Ergebnis einer Erhebung und Auswertung der Einflußgrößen von Transaktionskosten ist die Abstimmung zwischen Nutzersegmenten, Produkten und Vertriebsformen.[59] Über den Ausschluß bestimmter Nutzersegmente (z.B. unsichere Nutzer) von elektronischen Vertriebsange-

[58] Vgl. das Beurteilungsraster in Abbildung V-7.
[59] Vgl. Soliman u.a. (1997) S. 28.

boten führt diese Abstimmung zu einer selektiven E-Commerce-Strategie. Dazu einführend folgendes Beispiel aus einer Beratungskooperation in der Musikbranche:[60]

Ein in Deutschland ansässiges Musikunternehmen mit einem internationalen Lizenzhandel plante für Anfang 1998 den Aufbau eines elektronischen Direktvertriebes. Für die Realisierung von "Music on Demand", d.h. einer Teleentertainment-Variante, fällte das Management Investitionsentscheidungen für eine eigenerstellte Internet-Präsenz.[61] Um den Lizenzhandel auf konventionellen Distributionsstufen zu ergänzen, wollte das Management einen Teil seiner Produkte über diese neue Vertriebsform anbieten. Zum Produktkatalog des Unternehmens zählen in erster Linie eigene Musikproduktionen, aber auch Merchandising-Artikel, Verlags- und GEMA-Rechte.[62] Hinzukommt ein in der Branche überdurchschnittliches Serviceangebot, wie z.B. Künstlervermittlung und Organisationsleistungen für Konzert- oder Werbeveranstaltungen. Das Management verfolgte eine undifferenzierte E-Commerce-Strategie. Alle Konsumenten mit hoher Affinität zur Musik sollten durch "Music on Demand"-Leistungen angesprochen werden. Zusätzliche Anwendungsmöglichkeiten (z.B. elektronische Informationsdienste) wurden vernachlässigt. Nach der Systemkonfiguration traten im Testbetrieb zwei Problemkreise auf. Zum einen war die gewählte Anwendung-Dienst-Kombination nicht auf eine Zielgruppe ausgerichtet, zum anderen zeigte der Internetauftritt unzureichende Qualität bei der Umsetzung von Auftragsvorgaben. Folge waren Investitionskosten, denen keine nennenswerten Umsatzzuwächse gegenüber standen. Nach den Anlaufschwierigkeiten entschied sich das Management des Musikunternehmens, einen externen Spezialisten zu konsultieren. Aus anfänglichen Beratungsleistungen entstand eine langfristig angelegte Partnerschaft mit dem Ziel, eine selektive Strategievariante zu realisieren. Die Entwicklung dieser Strategie beinhaltete fünf Arbeitsschritte (siehe Abbildung VI-8).

---

60 Vgl. **Anhang B**, Expertengespräch Biesenkamp (1998).

61 "Music on Demand" steht für den interaktiven Abruf elektronisch gespeicherter Musikprodukte.

62 GEMA ist die deutsche Interessenvertretung für Aufführungs- und mechanische Vervielfältigungsrechte.

1. Abstufung von Produktgruppen nach dem Spezifitätsgrad.
   Musikproduktionen weisen wegen ihrer elektronischen Transportfähigkeit geringe Bewertungs- und Beschreibungsprobleme auf. Auch die Spezifität von Merchandising-Artikeln kann auf einem niedrigen Niveau angesetzt werden. Es handelt sich überwiegend um Massenware mit geringer Wertigkeit. Ausnahmen sind Verbrauchsgüter. Eine geringe Haltbarkeit, z.B. von Lebensmitteln, bewirkt bei ihnen eine nachhaltige Spezifitätserhöhung. Dienstleistungen nehmen ebenfalls einen hohen Spezifitätsgrad ein, da die Vertrauenskomponente bei vielen Leistungen nicht über elektronischen Geschäftsverkehr abbildbar ist (z.B. Künstlervermittlung erfordert persönlichen Kontakt).

2. Untersuchung rechtlicher Rahmenfaktoren.
   Im Falle elektronischer Marktdienste der Individualkommunikation sind die rechtlichen Risiken seit Verabschiedung des Multimedia-Gesetzes (IuKDG) kalkulierbarer geworden.

3. Untersuchung technischer Rahmenfaktoren.
   Mit der Fokussierung auf wenige (z.B. sichere) Nutzer ist auch die Infrastruktur mit Informations- und Kommunikationstechnologien seitens der Kunden als gut zu bewerten.

4. Zuordnung elektronischer, aber auch herkömmlicher Vertriebsformen zu Nutzersegmenten und Produktgruppen.
   Als Zielgruppe für elektronische Vertriebsformen bieten sich in erster Linie Kunden aus dem Segment der sicheren Nutzer an. Bei ihnen ist davon auszugehen, daß sie Musikproduktionen in Zukunft über elektronische Marktdienste (MoD, CD-Rom Katalog) bestellen. Herkömmliche Vertriebswege werden von diesen Kunden nur noch für den Kauf von Merchandising-Artikeln und branchenspezifischen Dienstleistungen genutzt. Kunden aus dem indifferenten Segment besitzen ein sehr anwendungsabhängiges Interesse am elektronischen Geschäftsverkehr. Sie können deshalb im Rahmen einer E-Commerce-Strategie nur partiell berücksichtigt werden. Kunden des Segments "unsichere Nutzer", die elektronische Marktdienste nur in Ausnahmefällen nutzen, sind von der Zielgruppe auszuschließen (siehe Abbildung VI-9).

5. Untersuchung der zukünftigen Nutzungshäufigkeit elektronischer Vertriebsformen.
   Die Nutzungshäufigkeit entscheidet über die Auswahl eines Kommunikationsdienstes und legt den Differenzierungsgrad der Geschäftsanwendungen fest.

Abbildung VI-8 Stufen einer Strategieentwicklung für elektronischen Geschäftsverkehr

Die selektive E-Commerce-Strategie berücksichtigt die Anwendungsvielfalt multimedialer Kommunikationsdienste. Für das obige Beispiel ist neben *"Music on Demand"* auch ein elektronisches Angebot für Merchandising-Artikel und für branchenspezifische Dienstleistungen denkbar. Ferner können zahlreiche Zusatzdienste, wie z.B. elektronische Suchhilfen oder Nachrichten, eingebunden werden. Als Vertriebsplattform bietet sich nicht nur das *Internet*, sondern auch der *CD-ROM Katalog* oder ein *kommerzieller Online-Dienst* an. Das mobile Speichermedium CD-ROM berücksichtigt die Kunden, die ein besonderes Interesse für Compact-Disc-Technologien zeigen. Vor dem Hintergrund wachsender Verkaufszahlen für CD-ROM-Laufwerke darf dieses Medium nicht vernachlässigt werden.[63] Kommerzielle Online-Dienste erreichen zwar nur einen beschränkten Nutzerkreis, bieten – im Gegensatz zum Internet – jedoch eine sehr sichere Abwicklung von monetären Transaktionen und verfügen in Deutschland über eine hohe Handelsmittlerkompetenz. Die – grobe – Zuordnung in Abbildung VI-9 macht deutlich, daß ein Nutzersegment über mehrere Vertriebsformen bedient werden kann. Unterschiede bestehen in der Verteilung der Vetriebsformen, die sich nach dem Kundenverhalten und dem Spezifitätsgrad der Produktgruppen bemißt.

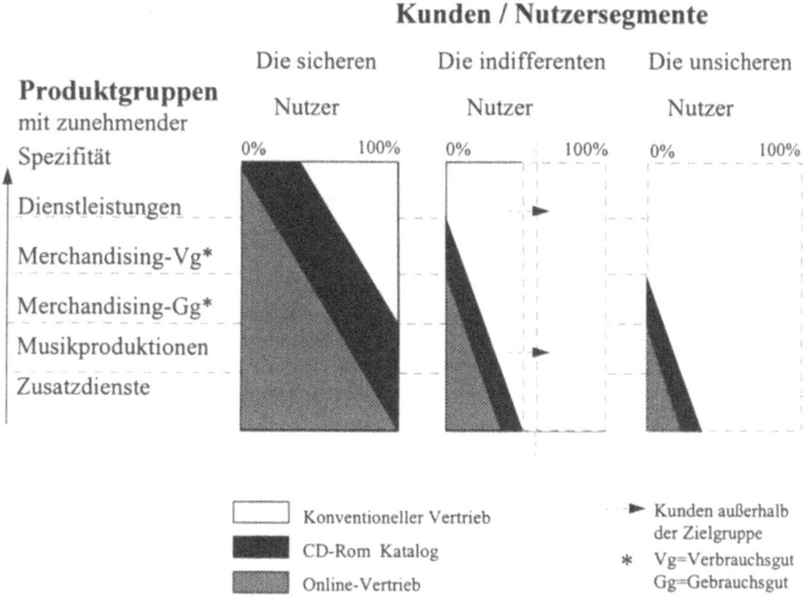

Abbildung VI-9 Verteilung von Vertriebsformen am Beispiel der Musikbranche

63 Vgl. Offline-Dienste in *Kapitel III, Abschnitt 2.2.1.*

Neben der Gegenüberstellung von Nutzersegmenten und Produktgruppen sowie der Auswahl elektronischer Vertriebsformen muß eine selektive E-Commerce-Strategie auch Rahmenbedingungen für den Kauf oder die Eigenentwicklung erforderlicher Systemkomponenten beinhalten. Außerdem sind weitere Ziele der elektronischen bzw. multimedialen Kommunikation einzubinden und zusätzliche Service- und Beratungsleistungen (Zusatzdienste) zu definieren. Die folgende Aufstellung, die sich an der Option des *Online-Vertriebes* aus obigem Beispiel orientiert, faßt die wichtigsten Inhalte einer detaillierten E-Commerce-Strategie zusammen.

a) Marktanteil und Kundenstruktur des Dienstbetreibers.
b) E-Commerce-Kompetenz des Dienstbetreibers.
c) Anbindung des Musikunternehmens an Online-Dienste.
d) Gegenwärtige und zukünftige Beanspruchung der elektronischen Angebote durch Kunden der Zielgruppe.
e) Erwartungen der Kunden (aus der Zielgruppe) hinsichtlich der Leistungsfähigkeit und Kompatibilität elektronischer Vertriebsformen.
f) Restriktionen in der Zielgruppe hinsichtlich technischer Gegebenheiten.
g) Einfluß auf Gestaltung, Inhalte und Funktionen der Online-Applikation.
h) Erwartungen der Kunden (aus der Zielgruppe) an:
   - Tarifstruktur,
   - audiovisuelle Gestaltung (z.B. Farben, Bilder, Tonsequenzen, Anredeformen),
   - informationelle Mehrwerte (z.B. Produktinformationen),
   - Zusatzdienste (z.B. Suchfunktion, Verweise, Rückmeldungen).

4.3. Konfiguration von Systemkomponenten

An die Vorgaben der E-Commerce-Strategie schließt sich die Konfiguration elektronischer Marktsysteme an. Die Konfiguration beinhaltet die Formulierung eines Anforderungsprofils, Entscheidungen zur Art der Erstellung sowie alle Maßnahmen der Erstellung und Inbetriebnahme von Systemkomponenten. Auch wenn sich Leistungsanbieter häufig fremderstellter Komponenten (Hardware-Technologie, Kommunikationsnetze) bedienen, verbleibt dennoch ein gewichtiger Anteil an der Konfiguration solcher Systeme im Unternehmen. Zum einen verfügen (Konsum-)Leistungsanbieter über bedeutenden Einfluß auf Endgerätehersteller, Dienst- und Netzbetreiber, zum anderen müssen sie auch selbst aktive Konfigurationsmaßnahmen ergreifen. Alle damit verbundenen Aufgaben sind der betrieblichen Informationswirtschaft zuzuordnen. Eine ziel- und strategiekonforme Umsetzung dieser Aufgaben obliegt dem Informationsmanagement.

4.3.1. Festlegung eines Anforderungsprofils

Nach dem Drei-Ebenen-Modell in Abbildung VI-4 beginnt die Konfiguration elektronischer Marktsysteme mit der Formulierung konkreter Erstellungs- und Betriebsanforderungen. Dazu sind die inhaltlichen Punkte einer E-Commerce-Strategie um technische Anforderungen zu ergänzen. In Fortführung des Beispiels – *Musikvertrieb über Online-Dienste* – sind jedoch zunächst folgende Fragen zu beantworten:

zu a) Welcher Dienstbetreiber und welches Kommunikationsnetz wird genutzt?
zu b) Sollen vorhandene Applikationen für elektronischen Geschäftsverkehr genutzt werden?
zu c) Mit welcher Übertragungstechnologie (z.B. FTTH, ADSL, ATM) erfolgt der Anschluß der Musikfirma an den Dienstbetreiber bzw. an Kommunikationsnetze?
zu d) Welche Rechenleistung ist für die Abwicklung des gegenwärtigen und zukünftigen Transaktionsvolumens erforderlich?
zu e) Sollte ein eigener Online-Server betrieben werden?
zu f) Welche Endgeräte (z.B. PC, TV-Gerät) auf Kundenseite sind zu berücksichtigen? Welche Datenkompressionsverfahren (z.B. JPEG, MPEG, MP3) sind notwendig?
zu g) Sind graphische, inhaltliche oder funktionale Vorgaben des Dienstbetreibers zu beachten?
zu h) Wie lassen sich Wünsche der Kunden hinsichtlich Tarifstruktur, audiovisueller Gestaltung, informationeller Mehrwerte und Zusatzdienste in softwaretechnische Lösungen einbringen?

Mit der Beantwortung obiger Detailfragen kann ein Anforderungsprofil entwickelt werden, das die weiteren Konfigurationsmaßnahmen für die Realisierung elektronischer Marktsysteme präzisiert. Hierzu noch einige Vorüberlegungen, die sich wieder auf das Fallexempel des Musikunternehmens beziehen.

Die Musikfirma verfügt über ein lokales Rechnernetzwerk mit einer Schnittstelle zum digitalen Telefonnetz (ISDN). Für die Anbindung an einen Online-Dienst ist der Einsatz eines zentralen ***Routers*** *zu empfehlen. Mit dieser Lösung läßt sich ein eigener Online-Server betreiben, der sowohl mit allen Stationen des lokalen Rechnernetzes als auch mit dem Online-Dienst kommuniziert.*[64] *Zudem kann über eine sog.* ***Firewall*** *ein leistungsfähiger Datensicherheitsmechanismus zentral eingerichtet werden. Vor dem Hintergrund einer explosionsartigen Vermehrung von illegalen Netzaktivitäten (Virusdaten, Programme mit trojanischen Pferden oder E-Mail-Attacken) ist diese Sicherungsmaßnahme zwingend erforderlich. Als Online-Dienst bietet sich für die Musikfirma ein Partner an, der folgende Kriterien erfüllt:*

- *Informations- und Providerdienste mit internationaler Ausrichtung*
- *im Vergleich zur Konkurrenz hohe Nutzerzahlen*[65]
- *über verschiedene Kommunikationsnetze (z.B. auch über Kabelnetz) erreichbar*
- *hohe Kompetenz bei Teleentertainment und bei "Music on Demand"*
- *reichhaltiges Angebot an Standardlösungen für Firmenkunden*
- *unkompliziertes Abrechnungs- und Tarifsystem*

Neben den Überlegungen zur Netzanbindung, Datensicherheit, Auswahl eines Kommunikationsdienstes sowie dessen E-Commerce-Kompetenz ist im Anforderungsprofil eine grundlegende Kundenorientierung zu berücksichtigen. Das gilt besonders für kundennahe Systemelemente, wie z.B. Inhalte und Funktionen von Online-Applikationen. Hier sollte sich die Formulierung von Anforderungen immer an der Möglichkeit der Eigenerstellung orientieren, da externe Lösungen sehr häufig am Kunden vorbei entwickelt werden.

Geordnet nach obigem Fragenkomplex lassen sich für die Musikfirma nun beispielhafte Anforderungen an die Bereitstellung, Entwicklung und Inbetriebnahme von Systemkomponeten aufstellen:

---

64 vgl. zur Vernetzung über Router: Bayerische Staatskanzlei (1995b) S. 38.

65 vgl. zu Nutzerzahlen kommerzieller Online-Dienste **Anhang A3.**

Anforderung a) Kooperationsvereinbarung mit einem ausgewählten Online-Dienst.

Anforderung b) Integration einer eigenen, d.h. auf die Musikbranche ausgerichteten Online-Applikation, in vorhandene Strukturen des Online-Dienstes.

Anforderung c) Aufbau einer ATM-Breitband-Verbindung zwischen Online-Dienst und dem Firmen-Rechnernetz sowie Einrichtung eines Zentral-Routers.

Anforderung d) Bei einer mittelfristig (1-3 Jahre) geplanten Häufigkeit von 3,2 Millionen Kontakten pro Monat ist eine Rechenleistung von mehreren 100 MIPS anzusetzen.[66]

Anforderung e) Realisierung eines eigenen Server-Konzeptes mit Mehrprozessorsystem (Parallelrechner) unter Einsatz des *Unix*-Standards.

Anforderung f) Fernsehempfänger mit Set-Top-Box als Kundenendgerät ist zu berücksichtigen. Benutzeroberflächen, die rechenintensive Datenkompressionsverfahren auf der Anwenderseite erfordern, sind zu vermeiden.

Anforderung g) Anpassung eigener Entwicklungsaktivitäten an die Benutzerführung des Online-Dienstes.

Anforderung h) Aufbau eines gesonderten Bereiches (Homepage) im ausgewählten Online-Dienst. Das dazu notwendige Storyboard ist zielgruppenbezogen zu erstellen.[67]

4.3.2. Entscheidungen über die Art der Erstellung

Während zu Beginn der Konfiguration elektronischer Marktsysteme die Vorgaben einer vertrieblichen E-Commerce-Strategie in präzise Anforderungen übersetzt werden, entscheidet der nächste Schritt über die Art der Erstellung der erforderlichen Systemkomponenten (siehe Abbildung VI-4). Eine Spezifizierung der Art der Erstellung erfordert grundlegende Entscheidungen zwischen Eigenerstellung oder Fremdbezug von Komponenten. Die Frage nach einer effizienten Aufteilung der Eigen- und Fremd-

---

66 Die Kontaktzahl ergibt sich aus einer geschätzten Nutzerzahl von 1,6 Millionen multipliziert mit durchschnittlich zwei Kontakten pro Monat. MIPS (Million Instructions Per Second) bezeichnet die Befehlsausführungszeit von Datenverarbeitungsanlagen.

67 Das Storyboard enthält die kreativen Ideen von Multimedia-Softwareentwürfen, Angaben zu Inhalten und Funktionen in ihrer medialen Ausprägung, Anweisungen für die Erstellung fehlender Medien (z.B. Video- und Audio-Skripts) und einen detaillierten Verknüpfungsplan zu einem Hypertext. Vgl. Bruhn (1997) S. 90; Rengelshausen (1995) S. 235 und **Anhang C.**

leistungen wird in den Wirtschaftswissenschaften schon seit geraumer Zeit unter den Begriffen "*Outsourcing, Facilities Management* oder *Make or Buy"* intensiv diskutiert. Gewöhnlich orientiert man sich dabei an den reinen Produktionskosten, „... die als der bewertete Einsatz an Arbeit, Material und Betriebsmitteln definiert sind."[68] Vergleichbar zu der Situation privater Haushalte verursacht die Bereitstellung (Eigenerstellung oder Fremdbezug) von Systemkomponenten des elektronischen Geschäftsverkehrs auch für Unternehmen im Konsumgüterbereich hohe Kosten der Anbahnung, Vereinbarung, Abwicklung, Kontrolle und Anpassung. Für die Optimierung von unternehmerischen "Make or Buy"-Problemen bietet sich deshalb erneut eine Fokussierung auf Transaktionskosten an.

Eine bemerkenswerte Einordnung von "Make or Buy"-Fragestellungen in transaktionskostentheoretische Zusammenhänge läßt sich bei Schneider / Zieringer entnehmen.[69] In Anlehnung an einen Ansatz von Hess zu unternehmerischen Kernkompetenzen nehmen sie eine Differenzierung von Forschungs- und Entwicklungsaktivitäten (F&E) vor (siehe Abbildung VI-10). Hess unterstellt, daß jedes Unternehmen ein bestimmtes Schlüssel-Know-how besitzt und dieses auch identifizieren muß. „Entscheidend ist, Sicherheit zu haben, ... , welche Funktionen wirklich selbst ausgeführt werden müssen, was wirklich Schlüsselfunktionen oder Schlüssel-Know-how ist."[70] Aus dieser Erkenntnis leitet Hess die Kernaktivitäten für eine Unternehmung ab. Sie sind durch spezifische Kompetenzen, d.h. durch technologische, organisatorische oder vertriebliche Fähigkeiten, gekennzeichnet und kommen in Kernprodukten oder in bestimmten Geschäftsprozessen zum Ausdruck. Alle Tätigkeiten, die zum Ausbau der Kernaktivitäten dienen, legen den Umfang der Eigenleistungen fest. Um die Kernaktivitäten folgt eine weitere Zone, die eine laufende Verschiebung möglicher "Make or Buy"-Entscheidungen aufgrund veränderter Marktbedingungen berücksichtigt. Hier sind auch hybride Koordinationsformen denkbar. Schließlich symbolisiert der letzte Bereich Funktionen, „... die klar außerhalb der Unternehmung wahrgenommen und als Fremdleistungen eingekauft werden."[71]

---

68 Picot / Reichwald (1991) S. 305.
69 Vgl. Schneider / Zieringer (1991) S. 62 ff.
70 Hess (1989) S. 12.
71 Hess (1989) S. 12.

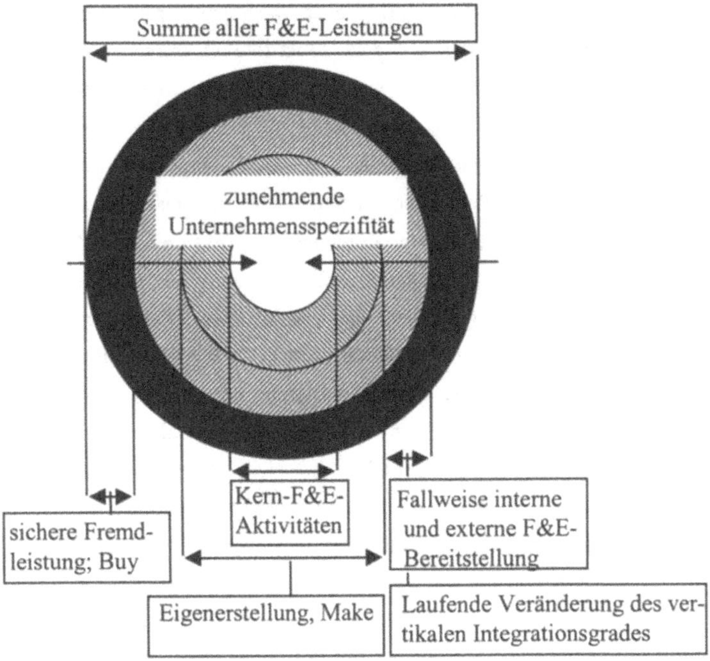

Abbildung VI-10 Klassifikation von F&E-Aktivitäten
Quelle: Schneider / Zieringer (1991) S. 62, in Anlehnung an Hess (1989) S. 13

Schneider / Zieringer ergänzen nun die Gedanken von Hess – *im Hinblick auf "Make or Buy"-Strategien für F&E* – um eine transaktionskostentheoretische Erklärung.[72] Die verschiedenen Zonen für F&E-Aktivitäten in Abbildung VI-10 sind ihnen zufolge durch eine von außen nach innen zunehmende **Unternehmensspezifität** gekennzeichnet. Kern-F&E-Aktivitäten zeichnen sich durch einen umfangreichen Informations- und Kommunikationsbedarf aus, der bei Fremdbezug zu hohen Transaktionskosten führt. Deutlich wird dieser Sachverhalt auch an Operationalisierungskriterien für Kernkompetenzen und Kernprodukte. Eine profunde Know-how-Basis sowie hohe Eintrittsbarrieren für Externe weisen auf sehr spezifische Aktivitäten hin. Für ihre Einbindung kommen marktbezogene Lösungen nicht in Frage, sie würden zu prohibitiv höheren Kosten führen.

72 Vgl. Schneider / Zieringer (1991) S. 64.

Wendet man die "Make or Buy"-Überlegungen von Schneider / Zieringer auf die Konfiguration elektronischer Marktsysteme an, so ist folglich für spezifische Systemkomponenten eine Eigenentwicklung, für weniger spezifische Komponenten hingegen die Bereitstellung durch Fremdbezug zu fordern. In diesem Zusammenhang ist auf die häufig vorliegende **Heterogenität** zwischen der Konfiguration elektronischer Marktsysteme und der gewöhnlichen Geschäftstätigkeit zu verweisen. Werden bei der Bereitstellung und Inbetriebnahme von Komponenten elektronischer Marktsysteme die unternehmensspezifischen Fähigkeiten nicht berücksichtigt, so entstehen Ineffizienzen. Ein sehr heterogenes Betätigungsfeld von Unternehmen führt generell zu erhöhtem Koordinationsaufwand, d.h. zu Transaktionskosten.[73] Für einen Anbieter von Verlagsprodukten, zu dessen Kernbereich etwa der Handel mit CD-Produkten gehört, ist die Eigenerstellung vieler Komponenten eines CD-ROM-Kataloges effizienter als die Fremderstellung. Umgekehrt verhält es sich beim Aufbau eines Online-Verkaufkataloges. Dessen Konfiguration verlangt umfassende Kompetenzen auf dem Gebiet der elektronischen Datenübertragung, worüber häufig nur Externe verfügen.

Aus den Ausführungen von Schneider / Zieringer läßt sich die Schlußfolgerung ziehen, daß "Make or Buy"-Fragen bei der Konfiguration elektronischer Marktsysteme anhand auftretender Transaktionskosten zu beurteilen sind. Damit wird zwar der Bedeutung von unternehmerischen Reibungsverlusten bei allen Anbahnungs-, Vereinbarungs-, Abwicklungs-, Kontroll- und Anpassungshandlungen Rechnung getragen, jedoch bleiben kundenbezogene Motive der Eigenerstellung unbeachtet.[74] Eine kundenorientierte Konfiguration elektronischer Marktsysteme erfordert zusätzlich die Einbeziehung von Implementierungsbedingungen auf der Anwenderseite. Dabei ist vorrangig die transaktionskostentheoretische Einflußgröße der Unsicherheit, wie sie z.B. bei der Auswahl geeigneter Endgeräte und Netzanbindungsformen oder bei der softwaretechnischen Installation auftritt, zu berücksichtigen. Kundennahe Komponenten, die mit einem hohen Unsicherheitsfaktor besetzt sind, sollten eine besondere Aufmerksamkeit durch Unternehmen erfahren. Für "Make or Buy"-Überlegungen bedeutet diese Sichtweise eine Verdrängung der Meßgröße **Spezifität** durch die kundenbezogene Einflußgröße **Unsicherheit**. Die Frage nach der Eigen- oder Fremderstellung geeigneter Rechneran-

---

73 Vgl. Siebert (1990) S. 128.

74 Selbst *Schneider / Zieringer* merken an, daß Motive denkbar sind, „... die trotz hoher Unternehmensspezifität den externen Bezug und / oder die kooperative F&E-Bereitstellung günstiger erscheinen lassen". Schneider / Zieringer (1991) S. 63.

lagen (Online-Server) oder Benutzerlayouts für elektronischen Geschäftsverkehr sollte sich demnach an ihrer Anwenderfreundlichkeit und erst in zweiter Linie an ihrem Eigenwert für das Unternehmen bemessen. Allerdings schließt diese Rangfolge nicht aus, daß sich der Eigenwert (Spezifität) von Komponenten elektronischer Marktsysteme mit der Unsicherheit bei den Anwendern deckt. Auch ist zu beachten, daß im Konsumgüterbereich bei der Eigenerstellung von Systemkomponenten vielen Unternehmen klare Grenzen vorgegeben sind. Häufig verfügen sie nicht über die notwendigen Wissens- und Finanzressourcen oder über angemessenen Einfluß auf die Infrastrukturanbieter. Deutlich werden diese Einschränkungen am Fallbeispiel des Musikunternehmens mit den verschiedenen Systemlösungen. Während bei **CD-ROM-Katalogen** Gestaltungsspielraum vorliegt, ist er bei der Realisierung von **Online-Lösungen** begrenzt. Hier hängt viel von der Auswahl eines passenden Kommunikationsdienstes ab, denn der Dienstbetreiber bestimmt maßgeblich, welche Endgeräte verwendet werden können, welches Kommunikationsnetz zum Einsatz kommt, wie sich die Anbindungsmöglichkeit privater Haushalte darstellt und welcher Spielraum für Tarifstruktur, informationelle Mehrwerte sowie Zusatzdienste besteht.

Aus dem Dilemma der beschränkten Ressourcen und Einflußmöglichkeiten auf der einen Seite und der Maxime "kundenorientierte Systemkomponenten" auf der anderen Seite ergeben sich folgende Konsequenzen: Für kundennahe Komponenten, die eine hohe Unsicherheit seitens der Anwender erwarten lassen, ist generell die Eigenerstellung zu bevorzugen. Ist eine Eigenerstellung aufgrund beschränkter Ressourcen nicht zu realisieren, sollte der Fremdbezug über langfristig angelegte Partnerschaften abgewickelt werden. Trotz Fremderstellung kann eine Kundenorientierung am ehesten durch kooperative Zusammenarbeit sichergestellt werden. Für das Fallbeispiel des Musikunternehmens bedeutet das, daß softwaretechnische Komponenten wie die Benutzeroberfläche mit Inhalten und Funktionen soweit wie möglich selbst zu entwickeln sind. Dagegen können hardwaretechnische Komponenten zur Netzanbindung (*z.B. Router*) der kooperativen Fremderstellung überlassen werden. Im Falle der Einrichtung einer eigenen Datenverarbeitungsanlage (Online-Server) ist die interne Erstellung zwar vorzuziehen, allerdings kann bei vielen (Teil-)Komponenten auf einen Fremdbezug nicht verzichtet werden.
Es bleibt anzumerken, daß alle Elemente des Anforderungsprofils, wie z.B. Umfang der Rechenleistung oder Einsatz des UNIX-Standards, entweder in Aktivitäten der Eigen- oder der Fremderstellung einfließen müssen.

4.3.3. Steuerung der Erstellung und Inbetriebnahme

Die Erstellung, d.h. Entwicklung und externe Beschaffung von Systemkomponenten sowie deren Inbetriebnahme, bildet die letzte Stufe der Konfiguration elektronischer Marktsysteme. Zur Steuerung aller damit verbundenen Tätigkeiten kann das Informationsmanagement auf Instrumente aus dem **Software-Engineering**, aus der **Qualitätssicherung** und aus dem **Projektmanagement** zurückgreifen. Vorgehensweisen, Methoden und Werkzeuge des Software-Engineering sind für Aktivitäten der Eigenerstellung von Bedeutung, da "Make or Buy"-Überlegungen bei Unternehmen mit selektivem Privatkundengeschäft die Eigenentwicklung besonders für softwaretechnische Komponenten nahelegen. Verfahren der Qualitätssicherung sind sowohl bei Eigen- als auch bei Fremderstellung einzusetzen, um eine kundennahe Ausrichtung zu gewährleisten. Alle Aktivitäten der letzten Konfigurationsstufe, d.h. auch die Inbetriebnahme von Systemkomponenten, sind schließlich durch Instrumente aus dem Projektmanagement zu begleiten.

4.3.3.1. Instrumente des Software-Engineering und der Qualitätssicherung

Bei den Vorgehensweisen des **Software-Engineering** kann zwischen phasen- und prototypingorientierten Konzepten differenziert werden. Mit Hilfe phasenorientierter Konzepte werden Entwicklungsaktivitäten in eine logische Folge von zeitlich getrennten Stufen gegliedert.[75] Jede Stufe enthält eindeutige Analyse- oder Designtätigkeiten, die mit Vorgaben für den nachfolgenden Schritt abschließen. Am Ende eines Phasenkonzeptes steht die Einführung der Software. Das Prototyping zielt auf die Erstellung einer betriebsbereiten Vorabversion der endgültigen Software in möglichst kurzer Zeit.[76] Diese Vorgehensweise „... erlaubt eine frühzeitige Einbindung der Anwender und wirkt dadurch den Folgen einer ungenauen Spezifikation entgegen."[77] Folgen einer ungenauen Spezifikation zeigen sich entweder in verlängerten Entwicklungszeiten, verursacht durch Nachbesserung, oder in unzureichenden Funktionalitäten.[78] Der Forderung nach einer kundenorientierten Entwicklung von Software-Applikationen auf

---

[75] Bekanntestes Beispiel für ein Phasenkonzept der Software-Entwicklung ist das klassische Wasserfallmodell von *Royce* (1970), das zwischen Planung, Definition, Entwurf, Implementierung und Einführung von Softwareprodukten unterscheidet. Vgl. auch Stahlknecht (1995) S. 246.

[76] Je nach Zwecksetzung kann zwischen experimentellem, explorativem oder evolutionärem Prototyping unterschieden werden.

[77] Picot u.a. (1998) S. 172.

[78] Vgl. zur Verkürzung der Entwicklungszeit durch Prototyping Homburg / Daum (1997) S. 128 f.

elektronischen Marktsystemen wird das Prototyping damit besser gerecht.[79] Allerdings ist in der praktischen Umsetzung von Entwicklungsprojekten eine Verknüpfung mit Phasenschemata nicht auszuschließen. Einen kombinierten Einsatz beider Vorgehensweisen zeigt das Spiralmodell von Boehm (siehe Abbildung VI-11).[80] Boehm erweitert die phasenorientierte Softwareerstellung um begleitende Aktivitäten einer kundenbezogenen Planung, Evaluierung und Risikoanalyse. Als Ergebnis dieser spiralförmigen Vorgehensweise erhält man neben dem endgültigen Softwareprodukt mehrere Prototypen. Entsprechend der Kundenanforderungen liefern sie nach jedem Entwicklungsdurchlauf eine verbesserte Version.

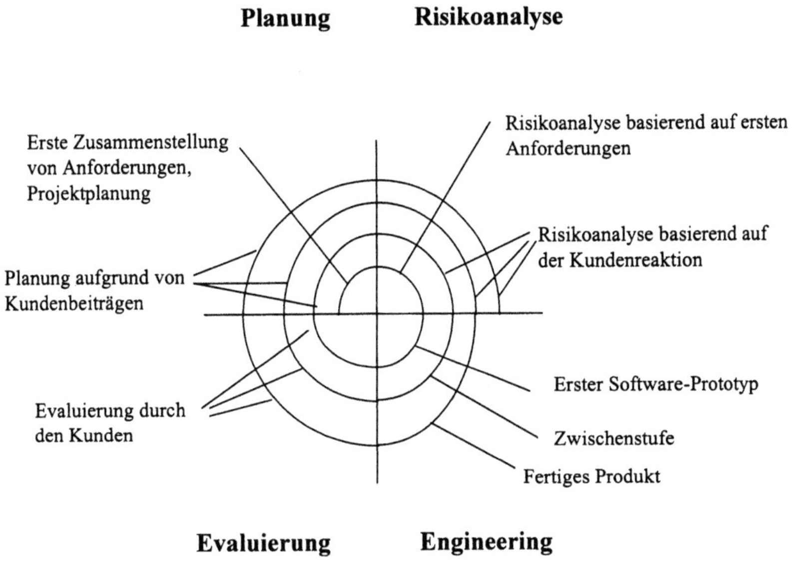

Abbildung VI-11 Spiralmodell zur Software-Entwicklung
Quelle: Boehm (1988) S. 64

Mit Methoden des Software-Engineering lassen sich Anforderungen an softwaretechnische Komponenten nach Funktionen, Daten oder Objekten spezifizieren. Während die Funktionsmodellierung dynamische Vorgänge abbildet, beschränkt sich die Da-

---

[79] Vgl. zur Entwicklung von Prototypen für geschäftliche Multimedia-Anwendungen Bruhn (1997) S. 91; Wagner (1995) S. 137 ff.

[80] Vgl. Boehm (1988) S. 61 ff.

tenmodellierung auf statische Strukturen der Aufgabenstellung.[81] Eine Mischmethode bietet der Ansatz der Objektmodellierung. Er arbeitet mit Modulen, bestehend aus Daten- oder Funktionseinheiten, die über den Austausch von sog. Nachrichten (Mitteilungen an ein Objekt) untereinander in Verbindung stehen. Durch das Senden von Nachrichten werden bei jedem Objekt vorgegebene Reaktionen ausgelöst, die in ihrer Gesamtheit den Ablauf eines Software-Programms bestimmen. Zu den Vorteilen der objektorientierten Methode zählt die Kompatibilität und vereinfachte Erweiterbarkeit fertiggestellter Module.[82] Beides sind wichtige Eigenschaften für eine moderne Software-Entwicklung im multimedialen Umfcld. Besonders vor dem Hintergrund einer konsumentengerechten Konfiguration elektronischer Marktsysteme sind laufende Anpassungen von Softwarekomponenten auch nach der Einführungsphase unumgänglich.

Die Software-Entwicklung mit objektorientierten Methoden nach dem Konzept des Prototyping verlangt generell den Einsatz DV-gestützter Werkzeuge. Mit ihnen läßt sich die geforderte Flexibilität und Kundenorientierung am effizientesten verwirklichen. Unter dem Oberbegriff CASE (Computer Aided Software-Engineering)-Tools sind gegenwärtig Software-Entwicklungswerkzeuge verfügbar, die den gesamten Entwicklungsprozeß mit Methoden, graphischen Beschreibungsmitteln, Programmiersprachen und betriebswirtschaftlichen Verwaltungsfunktionen unterstützen. Bei der Auswahl geeigneter Werkzeuge ist eine Vielzahl von Kriterien zu berücksichtigen. Grundsätzlich ist zwischen Standard- und werkzeugspezifischen Kriterien zu unterscheiden. Standardkriterien der Software-Bewertung sind z.B. Bedienerfreundlichkeit, Datensicherheit, Simulationsstärke, graphische Funktionalität und bestimmte hardwaretechnische Anforderungen. Werkzeugspezifische Kriterien ergeben sich aus den Aufgaben, die im Rahmen von Software-Entwicklungsprojekten zu bewältigen sind. In diesem Zusammenhang sei auf die Literatur zu CASE-Tools und besonders auf ein Forschungsprojekt der Universität Essen verwiesen.[83] Ausgehend von einem Vergleich mehrerer Werkzeuge, wurde im Rahmen dieses Projektes die Entwicklung von interaktiven Hypertext-Prototypen für Vertrieb und Marketing anhand des Werkzeuges *ToolBook* getestet.[84] Das Ergebnis war eine –gegenüber der Hypertextentwicklung mit

---

81 Beispiele für Methoden der Funktionsmodellierung sind Datenflußdiagramme und HIPO (hierarchy plus input process output). Bedeutenste Methode der Datenmodellierung ist das Entity / Relationship-Modell. Vgl. Stahlknecht (1995) S. 232 ff.

82 Vgl. Meyer (1990) S. 35.

83 Vgl. Stahlknecht (1995) S. 308 - 321; Wagner (1995) S. 29 ff.

84 Vgl. zu Toolbook **Anhang C**. Weitere Werkzeuge für die Hypertextentwicklung sind *Macromedia Director*, *Flash* und *FreeHand* sowie *IconAuthor* oder *Hypercard*.

herkömmlichen Programmiersprachen (z.B. C++) – deutlich bessere Produktivität, die sich in einem geringeren Lernaufwand und verbesserter Anpassungsfunktionalität bemerkbar machte.[85]

Die Anwendung von Konzepten, Methoden und Werkzeugen des Software-Engineering sollte sich immer an den Bedürfnissen der Zielgruppe orientieren. Elemente einer multimedialen Benutzeroberfläche für den elektronischen Geschäftsverkehr müssen deshalb so entwickelt werden, daß sie eine durchschaubare und effektive Kommunikation gewährleisten. Die Gefahr einer hohen Transaktionskostenbelastung der Zielgruppe durch unvollständige oder komplexe Inhalte und Funktionalitäten ist zu vermeiden. Vielmehr sollte der gezielte Einbau von informationellen Mehrwerten und Zusatzdiensten zum Abbau von Unsicherheiten seitens der Anwender beitragen. In der Sprache der Qualitätssicherung bedeutet diese Forderung eine Abkehr vom technischen Qualitätsverständnis – *im Sinne der Erfüllung von Spezifikationen* – hin zu einem kundenorientierten Qualitätsbegriff.[86] Dieser stellt nicht die Herstellbarkeit und Produktzuverlässigkeit, sondern Kundenanforderungen und Zusatzdienste (Qualität zweiten Grades) in den Vordergrund. Für eine *Online-Applikation*, wie in dem Fallbeispiel des Musikunternehmens beschrieben, kann kundenorientierte Qualität der Software durch folgende Maßnahmen erreicht werden:[87]

- Einbau von Beschreibungs- und Auswahlhilfen
- Verweis auf Angebotsalternativen, Referenzen und Rezensionen durch sog. *Links*[88]
- Auskunft über Lieferbarkeit
- Transparenz der Bestell- und Zahlungstransaktionen
- Berechnung der Kaufsumme mit Nebenkosten
- Zulassung von Änderungswünschen
- Sofortige Erteilung einer Auftragsbestätigung
- Angebot von Hörproben oder Muster für Merchandising-Artikel
- Informationen über das Unternehmen und seine Mitarbeiter

---

85 Vgl. Wagner (1995) S. 179 f.
86 Vgl. Homburg / Daum (1997) S. 132.
87 Vgl. auch Rominski (1997) S. 105.
88 *Links* sind softwaregesteuerte Verweise, die eine Verbindung zu externen Dateien oder Datenverarbeitungsanlagen aufbauen.

Um eine konsumentengerechte Umsetzung aller Maßnahmen der Eigen- und Fremderstellung abzusichern, können begleitend Verfahren der **Qualitätssicherung** eingesetzt werden. Man unterscheidet zwischen präventiven und prüforientierten Verfahren. Für die Software-Entwicklung oder die externe Beschaffung von Systemkomponenten nach dem kundenorientierten Qualitätsbegriff kommen vor allem die präventiven Sicherungsverfahren in Frage. Sie ermöglichen bereits in der Spezifikationsphase, d.h. vor der eigentlichen Erstellung, eine Produktanpassung. Das spart Zeit und senkt insgesamt die Konfigurationskosten. Ein universell anwendbares Sicherungsverfahren ist die Methode des **Quality Function Deployment (QFD)**.[89] Sie übersetzt Kundenanforderungen systematisch in gewichtete Qualitätsmerkmale, die das Resultat einer abteilungs- oder unternehmensübergreifenden Zusammenarbeit darstellen. Grundlage ist ein Formblatt (*House of Quality*), das alle Verfahrensschritte zur Qualitätssicherung abbildet. In einer Beziehungsmatrix wird die Abdeckung der Kundenanforderungen durch Qualitätsmerkmale bewertet und mit einem Bedeutungsfaktor gewichtet. Unterstützend werden die Qualitätsmerkmale hinsichtlich Zielgröße, Schwierigkeitsgrad der Zielerreichung und Korrelationen untersucht. Zusammen mit den Kundenanforderungen werden sie abschließend einer Konkurrenzanalyse unterzogen. Den Aufbau eines *House of Quality* demonstriert **Anhang A6** am Beispiel einer Sofware-Benutzeroberfläche.

4.3.3.2. Instrumente des Projektmanagements

Das Software-Engineering und die Qualitätssicherung setzen sich in erster Linie mit der Frage auseinander, WIE eine Eigen- oder Fremderstellung von Komponenten der elektronischen Datenverarbeitung oder Datenübertragung zu realisieren ist. Offen bleibt, WER, WAS, WANN zu WELCHEN Kosten auszuführen hat. Da die Erstellung und Inbetriebnahme von Komponenten elektronischer Marktsysteme zeitlich befristete Projekte darstellen, bietet sich zur Beantwortung dieser Fragen der Einsatz von Instrumenten aus dem **Projektmanagement** an.[90] Mit ihrer Hilfe kann eine anwendungsgerechte Erstellung und Inbetriebnahme elektronischer Vertriebsformen organisiert, geplant und gesteuert werden.

---

89 Vgl. Pfeifer (1993) S. 40 ff.

90 Vgl. Stahlknecht (1995) S. 467; vgl. zur Kennzeichnung von Projekten Grün (1992) Sp. 2102 f.

Die **Organisation** von Projekten umfaßt Maßnahmen der Gruppenbildung und organisatorische Regelungen. Grundsätzlich besteht eine Projektgruppe aus Projektleiter, Projektmitarbeitern und dem Auftraggeber. Im Falle von Konfigurationsprojekten für elektronischen Geschäftsverkehr sollten Mitarbeiter nicht nur aus der DV-Abteilung (Informationswirtschaft) ausgewählt werden, sondern auch Mitarbeiter aus dem Vertrieb und Marketing sind einzubeziehen. Dadurch kann eine Berücksichtigung von Kundenbedürfnissen am ehesten sichergestellt werden. Die Projektleitung sollte aus dem DV-Bereich kommen, da für diese Position umfangreiche Kenntnisse über Informations- und Kommunikationstechnologien erforderlich sind.[91] Der Auftraggeber wird, sofern es sich um ein Unternehmen mit großer Belegschaft handelt, in aller Regel durch ein Mitglied der Geschäftsleitung repräsentiert. Inwieweit Projektleiter, Projektmitarbeiter und Auftraggeber effektiv zusammenarbeiten, wird maßgeblich durch organisatorische Regelungen und den Führungsfähigkeiten des Projektleiters bestimmt.[92] Organisatorische Regelungen lassen sich an alternativen Organisationsformen verdeutlichen. Abgeleitet aus vier Grundformen der Projektorganisation haben sich in der Praxis zahlreiche Mischformen etabliert.[93] Sie unterscheiden sich vor allem in der Kompetenz des Projektleiters, die wiederum von der Art, dem Ziel und der Größe eines Projektes abhängt. Für die Erstellung und Inbetriebnahme elektronischer Marktsystemkomponenten bietet sich die leistungsfähige Mischform der *teamorientierten Projektorganisation* an.[94] Ihre Flexibilität schafft die besten Voraussetzungen für eine Bewältigung hoher Spezifität, wie sie bei Projekten zur Konfiguration elektronischer Marktsysteme vorliegt. Eine Kompetenzverteilung wird bei dieser Form durch Gruppenbildung, Partizipation und kooperativen Führungstil der Projektleitung erreicht. Handelt es sich um ein Projektteam mit hoher Mitgliederzahl, so ist eine Entflechtung der komplexen Kommunikationsbeziehungen durch die Einrichtung von Untergruppen, wie z.B. Unterstützungs- oder Informationsausschüssen, vorgesehen. Werden zusätzlich grundlegende Erfolgsfaktoren von Teamarbeit und Personalführung beachtet, so kann mit der teamorientierten Organisationsform das Fundament für eine kundenorientierte, schnelle und kostengünstige Inbetriebnahme elektronischer Marktsysteme geschaffen werden.[95]

---

91 Vgl. Stahlknecht (1995) S. 468.

92 Vgl. Vetter / Wiesenbauer (1994) S. 229.

93 Zu den Grundformen zählen: *Reine Projektorganisation sowie Stabs-, Matrix- und Multiprojektorganisation*. Vgl. Grün (1992) Sp. 2107 f.

94 Vgl. Grochla (1982) S. 281 ff.; Vetter / Wiesenbauer (1994) S. 229.

95 Vgl. zu Merkmalen und Regeln erfolgreicher Teamarbeit Vetter / Wiesenbauer (1994) S. 231; vgl. auch Littkemann (1998) S. 72.

An die Auswahl einer geeigneten Organisationsform für Konfigurationsprojekte schließt sich der Einsatz von Instrumenten aus der **Projektplanung** an. Mit ihrer Hilfe lassen sich Teilaufgaben (Arbeitspakete), Ressourcen, Abläufe (Termine) und Kosten festgelegen. Während die Kostenplanung vor allem auf Techniken aus der Unternehmensrechnung beruht, sind für die Planung von Tätigkeiten und Ressourcen eine Reihe spezifischer Analyse-, Darstellungs- und Dokumentationsinstrumente verfügbar. Aus der Vielzahl vorhandener Instrumente sei im folgenden die *Meilensteintechnik* herausgegriffen: Sie verfolgt den Ansatz des *Simultaneous Engineering* und zielt auf Kundenorientierung durch Schnelligkeit in allen Phasen von der Erstellung bis zur Einführung der für elektronischen Geschäftsverkehr notwendigen Systemkomponenten. Die grundlegenden Prinzipien des Ansatzes des *Simultaneous Engineering* sind die Parallelisierung von Teilaufgaben und die permanente Abstimmung zwischen allen Projektteilnehmern.[96] Voraussetzung für die Verwirklichung dieser Prinzipien ist eine teamorientierte Organisationsform verbunden mit einer hohen Qualifikation der Projektbeteiligten, die einen kontinuierlichen und offenen Informationsaustausch zwischen den Teilprojektgruppen gewährleistet.[97] Ferner ist eine unterstützende Nutzung der elektronischen Datenverarbeitung mit geeigneten Software-Werkzeugen notwendig. Sofern die genannten Voraussetzungen erfüllt sind, können mit dem Simultaneous Engineering deutliche Zeitvorteile gegenüber einer sequentiellen Ablaufplanung erzielt werden. Außerdem lassen sich aktuellere Informationen über die Kunden- und Verbrauchersituation in den Aufbau elektronischer Marktsysteme einbeziehen.[98] Schließlich können First-Mover-Vorteile, die aus einer schnelleren Realisierung im Vergleich mit Wettbewerbern resultieren, an die Kunden weitergegeben werden. Darstellen und analysieren läßt sich die Parallelisierung von Teilaufgaben der Erstellung und Inbetriebnahme elektronischer Marktsysteme mit der Meilensteintechnik. Im ersten Schritt verlangt diese Technik eine Zerlegung in planbare Arbeitspakete. Im zweiten Schritt wird die ablauforganisatorische Struktur dieser Pakete bestimmt. Ergebnis beider Schritte sind inhaltlich und zeitlich definierte Ereignisse, die als sog. Meilensteine bezeichnet werden.[99] Veranschaulichen läßt sich die Meilensteintechnik wieder an dem Fallbeispiel des Musikunternehmens. Aus dem technischen Anforderungsprofil ergaben sich folgende Meilensteine:

---

96 Vgl. Homburg / Daum (1997) S. 129; Seeser (1990) S. 133 f.
97 Vgl. Seeser (1990) S. 202 ff.; Kupsch u.a. (1991) S. 1128.
98 Vgl. Homburg / Daum (1997) S. 123.
99 Vgl. Kupsch u.a. (1991) S. 1131.

- Leistungsbeschreibung für Systemkomponenten
- Entwicklung der Software-Benutzeroberfläche
- Beschaffung von Hardwarekomponenten
- Aufbau eines Online-Servers
- Vernetzung[100]
- Test und Betriebsstart

Für eine zeitliche Analyse sind die Meilensteine zunächst mit Zielterminen auf einer vertikalen Achse anzutragen. Auf der horizontalen Achse wird der aktuelle Projektverlauf ermittelt, wobei sich nach dem Ansatz des Simultaneous Engineering alle Teilaufgaben (Meilensteine) – *soweit wie möglich* – zeitlich überlappen sollten. Ergibt sich eine horizontale Linie, dann verläuft das Projekt konform zum Zieltermin. Eine Abweichung nach oben bedeutet eine Zeitüberschreitung, nach unten eine vorzeitige Fertigstellung. Abbildung VI-12 zeigt, daß nur der Meilenstein *Leistungsbeschreibung* im Zeitlimit lag. Alle anderen Meilensteine wurden mit Verzögerung realisiert, was letztlich zu einer verspäteten Inbetriebnahme des Online-Systems führte. Um eine genauere Analyse der Abweichungsursachen zu erhalten, können die noch sehr groben Meilensteine aus Abbildung VI-12 in einer Detailplanung weiter spezifiziert werden. Daraus würde sich eine baumartige Struktur ergeben, die aus mehreren *Sub*-Meilensteinen besteht.

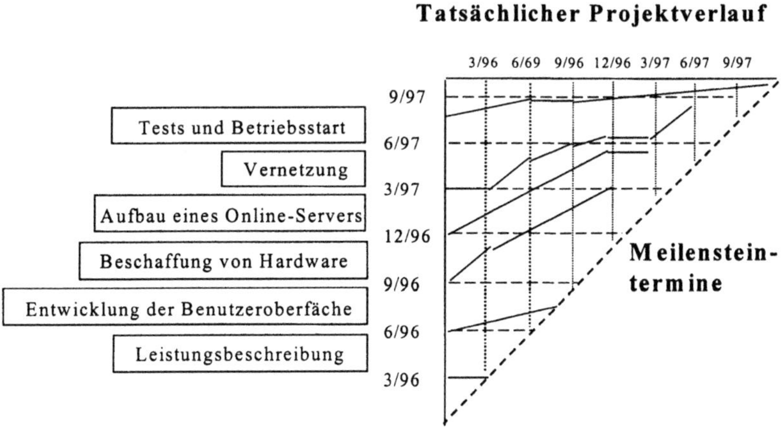

Abbildung VI-12 Projektplanung mit der Meilensteintechnik

---

100 Die Vernetzung beinhaltet den Aufbau einer *ATM-Breitband-Netzanbindung* und die Einrichtung eines *Router*.

Planungsinstrumente wie die Meilensteintechnik unterstützen auch die **Steuerung** der Ausführungstätigkeiten von der Erstellung notwendiger Systemkomponenten bis zur Inbetriebnahme des elektronischen Marktsystems. Im Rahmen der Steuerung sind u.a. Kompetenzen neu zu vergeben, Entscheidungen herbeizuführen und Korrekturmaßnahmen einzuleiten.

4.4 Vertriebliche Verankerung

Realisierungsprozesse sind mit der Inbetriebnahme elektronischer Marktsysteme noch nicht abgeschlossen. Vielmehr sind nach Aufnahme des elektronischen Geschäftsverkehrs noch zahlreiche Anpassungen vorzunehmen, die überwiegend in den Aufgabenbereich des Vertriebsmanagements fallen. Neu realisierte Vertriebsformen sind in das betriebliche Absatzsystem so einzubinden, daß sowohl Transaktionskostenvorteile auf der Kundenseite als auch Kostensenkungspotentiale im Unternehmen ausgeschöpft werden. In diesem Zusammenhang sind Schulungsmaßnahmen bei Mitarbeitern, organisatorische Maßnahmen und die Bekanntmachung der neuen Vertriebsform sowie Bereitstellung von Nutzungshinweisen (z.B. über Werbung oder Public Relations) notwendig. Ferner ist eine Einbindung vertriebsrelevanter Tätigkeiten aus angrenzenden Funktionsbereichen, wie z.B. Marketing oder Personalwirtschaft, zu prüfen.[101]

Maßnahmen zur Verankerung des elektronischen Geschäftsverkehrs zielen in erster Linie auf den Abbau von Barrieren, die eine Integration in das vertriebliche Absatzsystem erschweren.[102] Solche Barrieren können sich zum einen aus Fehlern bei der Realisierung elektronischer Marktsysteme ergeben, zum anderen resultieren sie aus personell-organisatorischen Gegebenheiten.

Fehler bei der Realisierung elektronischer Marktsysteme führen zu inhaltlich-konzeptionellen Barrieren, die beispielsweise wegen folgender Mängel eintreten:

---

[101] Sog. Intranets, die sich durch einen unternehmensinternen Einsatz der Internettechnologie auszeichnen, können dabei Hilfestellung leisten.

[102] Vgl. zu den Barrieren auch Bruhn (1997) S. 149 ff.

- technisch unausgereifte Anwendungen für elektronischen Geschäftsverkehr
- keine Verknüpfung der unternehmensinternen Kommunikationssysteme mit offenen Systemen für elektronischen Geschäftsverkehr
- unzureichende Möglichkeiten der Abwicklung elektronischer Zahlungsvorgänge

Personell-organisatorische Barrieren sind primär auf Vorbehalte von Mitarbeitern gegen elektronischen Geschäftsverkehr zurückzuführen. Allerdings resultiert die ablehnende Haltung vieler Mitarbeiter weniger aus einer grundlegenden Abneigung gegenüber neuen Technologien oder elektronischen Medien, sondern aus dem Umfeld einer starren Organisationsstruktur. Aufgrund unzureichender Einbindung in unternehmerische Veränderungsprozesse entwickeln Mitarbeiter häufig nur geringes Verständnis für Vorteile des elektronischen Geschäftsverkehrs. Sie haben Angst, den Anforderungen nicht zu genügen, und sehen negative Auswirkungen auf ihre eigene Tätigkeit. So existieren Befürchtungen hinsichtlich des Verlustes sozialer Kontakte und veränderter Arbeitsinhalte:

> „Insbesondere ältere Mitarbeiter befürchten, daß die Einrichtung interaktiver Kommunikationssysteme eine konkrete Veränderung der Arbeitsinhalte mit sich bringt und die eigene Ausbildung und Berufserfahrung an Bedeutung verliert.“[103]

Um die Entstehung von Barrieren für elektronischen Geschäftsverkehr zu vermeiden, ist deshalb eine kontinuierliche Anpassung der vertrieblichen Ablauforganisation an laufende Veränderungen, denen elektronische Märkte unterliegen, zwingend erforderlich. Ferner sind eindeutige Verantwortlichkeiten für Abstimmungs- und Nachbesserungsarbeiten festzulegen, ohne daß Mitspracherechte eingeschränkt werden. Schließlich sind alle Mitarbeiter in den elektronischen Geschäftsverkehr so zu integrieren, daß sie sowohl neue Möglichkeiten ausnutzen als auch mit Gefahren, wie z.B. dem erhöhten Zeitdruck oder Einbußen auf der pragmatischen Ebene der Kommunikation, umzugehen lernen.

---

[103] Bruhn (1997) S. 156.

5. Resümee

Zu Beginn dieses Kapitels wurden elektronische Marktsysteme mit ihrer Bedeutung für den Geschäftsverkehr gekennzeichnet. Es kristallisierte sich für die Realisierung dieser Systeme eine zentrale Rolle der Leistungsanbieter heraus.[104] Für diese Anbietergruppe wurden *im zweiten Abschnitt* grundlegende Anforderungen an E-Commerce-Projekte formuliert. Ausgehend von den informationsökonomischen Ergebnissen in Kapitel fünf konzentrierte sich die Diskussion zunächst auf eine Vermeidung überhöhter Transaktionskosten bei privaten Haushalten. Daran anschließend wurde eine konsequente Ausrichtung auf Kundenbedürfnisse unterstrichen. Die Forderungen nach Minimierung von Transaktionskosten und Bedürfnisorientierung fanden im *dritten und vierten Abschnitt* Eingang in ein Phasenkonzept zur unternehmerischen Realisierung elektronischer Marktsysteme. Maßnahmen im Rahmen dieses Phasenkonzeptes erstrecken sich von der Zieldefinition über die vertriebliche Planung und die Konfigurationssteuerung bis zur vertrieblichen Verankerung des elektronischen Geschäftsverkehrs. Sie basieren auf Steuerungsinstrumenten, die der Unternehmensführung bzw. funktionsbezogenen Managementbereichen (Vertriebs- und Informationsmanagement) zuzurechnen sind.

[104] Leistungsanbieter wurden in dieser Arbeit als Unternehmen der Konsumgüterindustrie definiert, die elektronischen Geschäftsverkehr zu Vertriebszwecken einsetzen.

VII. Zusammenfassung und Ausblick

Gegenstand dieser Arbeit waren ökonomische Wirkungsmuster und Realisierungswege des elektronischen Geschäftsverkehrs aus Sicht privater Haushalte. Ausgehend von einer kritischen Betrachtung sozio-technischer Faktoren wurde ein Untersuchungsansatz gewählt, der anstelle von neoklassischen Produktionskosten den zunehmenden Einfluß von Transaktionskosten in den Mittelpunkt stellt. Im einzelnen zielte der Ansatz auf die Beantwortung folgender Fragen:

1) Was hemmt bei privaten Haushalten den Einsatz des elektronischen Geschäftsverkehrs?
2) Unter welchen Bedingungen sind private Haushalte bereit, Technologien für elektronischen Geschäftsverkehr zu implementieren sowie darüber verfügbare Marktdienste (Kommunikationsdienste) und deren Anwendungen auch zu nutzen?
3) Wie können Technologien für elektronischen Geschäftsverkehr konsumentengerecht entwickelt und Leistungsbeziehungen über elektronische Marktdienste effizient realisiert werden?

Aus der Untersuchung ergaben sich informationsökonomisch fundierte Aussagen über die Chancen und Risiken des elektronischen Geschäftsverkehrs. Auch konnten Anforderungen an seine konsumentengerechte Realisierung abgeleitet werden. Die wichtigsten Ergebnisse zu obigen Fragestellungen seien hier nochmals zusammengefaßt:

zu 1) Der Einsatz des elektronischen Geschäftsverkehrs in privaten Haushalten wird sowohl durch umweltseitige Faktoren (Komplexität und Informationsflut) als auch durch haushaltsseitige Merkmale (psychische und soziale Restriktionen) beeinträchtigt.

zu 2) Die erfolgreiche Implementierung von Technologien für elektronischen Geschäftsverkehr sowie die darauf aufbauende Nutzung von E-Marktdiensten durch private Haushalte setzen geringe Unsicherheit voraus.

zu 3) Die Realisierung elektronischer Marktsysteme erfordert unternehmerische Maßnahmen, die auf eine Vermeidung hoher Transaktionskosten bei privaten Haushalten zielen und eine konsequente Orientierung an deren Bedürfnissen beinhalten.

Der Untersuchungsrahmen dieser Arbeit orientierte sich an einer systemischen Betrachtungsweise des elektronischen Geschäftsverkehrs. Wie Abbildung I-2 zeigt, bestehen elektronische Marktsysteme für den Geschäftsverkehr aus Kernelementen (*Technologien, Kommunikationsdiensten*) sowie Rahmenfaktoren, die sich wiederum aus rechtlichen, sozialen und ökonomischen Einflüssen zusammensetzen. Jedes dieser Elemente wurde in der Arbeit aufgegriffen. Kernelemente sowie die psychischen, sozialen und ökonomischen Faktoren wurden ausführlich behandelt. Die Betrachtung rechtlicher Faktoren hingegen beschränkte sich auf Teilaspekte, soweit sie für den Fortgang der Untersuchung unabdingbar waren.

Im direkten Anschluß an die Einleitung (**Kapitel eins**) erfolgte in **Kapitel zwei** eine informationstheoretische und wirtschaftspolitische Einordnung der Thematik "Elektronischer Geschäftsverkehr". Im Rahmen der informationstheoretischen Grundlagen wurden Kommunikationsmodelle und Thesen zur Informationsgesellschaft dargestellt. Damit sollte u.a. die Notwendigkeit einer informationsökonomischen Herangehensweise an die Problemstellung deutlich gemacht werden. Mit den Ausführungen über makroökonomische Zusammenhänge wurde nicht nur ein Ausblick auf verschiedene Wachstums-, Beschäftigungs- und Globalisierungseffekte bezweckt, sondern es sollte auch die gesamtwirtschaftliche Relevanz konsumentengerechter E-Marktsystemlösungen zum Ausdruck kommen.

Die Charakterisierung der Infrastruktur des elektronischen Geschäftsverkehrs – in terminologischer und inhaltlicher Hinsicht – war Gegenstand des **dritten Kapitels**. Ausgehend von der Systemsicht in Abbildung I-2 wurden zunächst Technologien und im Anschluß Kommunikationsdienste für den elektronischen Geschäftsverkehr erläutert. Unter dem Begriff "*E-Markttechnologie*" wurden alle für elektronische Marktsysteme relevanten Komponenten der elektronischen Datenverarbeitung und Datenübertragung subsumiert. Multimediale Kommunikationsdienste, verfügbar über periphere Geräte einer Datenverarbeitungsanlage oder über Telekommunikationsnetze, wurden als elektronische Marktdienste bzw. "*E-Marktdienste*" bezeichnet. Ihre Darstellung gliederte sich nach transportorientierten Offline- und Online-Diensten sowie nach elektronischen Geschäftsanwendungen. Der Fokus lag dabei auf dem Handels-, Dienstleistungs- und Mediensektor, wo bereits erste Geschäftsanwendungen für private Haushalte zum Einsatz kommen. Die ausführliche Diskussion technischer Möglichkeiten und Anwendungsgrenzen multimedialer Kommunikationsdienste rundete schließlich die Beschreibung der Kernelemente ab.

In **Kapitel vier** wurde die Unsicherheit bei Entscheidungen privater Haushalte über den Einsatz des elektronischen Geschäftsverkehrs analysiert. Entsprechend der Unterscheidung nach Implementierungs- und Nutzungsaktivitäten im elektronischen Geschäftsverkehr wurde die Unsicherheit nach zwei Ausprägungen differenziert. Während die Implementierungsunsicherheit mit Entscheidungen über die Einrichtung von Informations- und Kommunikationstechnologien in Verbindung steht, bezieht sich die Nutzungsunsicherheit auf elektronische Marktdienste und deren Geschäftsanwendungen. Die Implementierungsunsicherheit konnte über die Betrachtung umweltseitiger Ursachen, wie z.B. die technische Komplexität von Anwendung-Dienst-Kombinationen, spezifiziert werden. Für die Analyse der Nutzungsunsicherheit war zusätzlich eine genaue Betrachtung der haushaltsseitigen Ursachen, d.h. der psychischen Restriktionen im Entscheidungsverhalten und ergänzend der sozialen Beschränkungen, notwendig. Mit Hilfe einer Sekundäranalyse konnten drei verschiedene Nutzertypen von E-Marktdiensten abgegrenzt werden. Sie unterschieden sich in erster Linie nach psychischen Restriktionen im Entscheidungsverhalten. Mit einem Design zur empirischen Analyse der Unsicherheit mittels der Erhebung relevanter Entscheidungsrestriktionen schloß Kapitel vier.

Im Mittelpunkt des **fünften Kapitels** stand die Untersuchung des E-Commerce-Einsatzes in privaten Haushalten aus informationsökonomischer Perspektive. Zunächst wurden verschiedene Ansätze der Informationsökonomik verglichen und auf ihre Relevanz für die Analyse einzelwirtschaftlicher Zusammenhänge des elektronischen Geschäftsverkehrs untersucht. Als besonders zweckmäßig erwies sich die Transaktionskostentheorie. Ausgehend von modifizierten Verhaltensannahmen der Mikroökonomik ermöglicht sie ein theoretisch fundiertes, aber auch praxisorientiertes Vorgehen. Durch die sukzessive Betrachtung der Einflußgrößen *Unsicherheit*, *Spezifität*, *Häufigkeit* und *Transaktionsatmosphäre* konnte der elektronische Geschäftsverkehr hinsichtlich seiner Transaktionskosten und ökonomischen Wirkungsmuster untersucht werden. Transaktionskosten in privaten Haushalten, hervorgerufen durch technologische Wissensdefizite, wurden im Rahmen der Implementierung vor allem in der Einführungsphase identifiziert. Für die Nutzung von E-Marktdiensten ergab sich ein differenzierterer Wirkungsmechanismus. Es zeigte sich, daß einerseits eine Verringerung von Transaktionskosten im Vergleich zu konventionellen Abwicklungsformen, anderseits aber auch eine nutzungsbedingte Transaktionskostenerhöhung vorliegt. Aufgrund ihrer Beeinflußbarkeit zeichneten sich die nutzungsbedingten Transaktionskosten bereits an dieser Stelle als maßgebliches Kriterium für die konsumentengerechte Realisierung elektronischer Marktsysteme ab. Wie bei einer instrumentellen Erfassung dieser Transaktionskosten vorzugehen ist, wurde abschließend mit der Entwicklung eines Beurteilungsrasters sowie der Erarbeitung von Vorschlägen zur Operationalisierung und Messung der ergänzenden Einflußgrößen *Spezifität*, *Häufigkeit* und *Transaktionsatmosphäre* dargestellt.

Ausgehend von der Kennzeichnung elektronischer Marktsysteme machte **Kapitel sechs** zu Beginn die unterschiedlichen Einflüsse der Marktteilnehmer auf die Realisierung solcher Systeme deutlich. Eine zentrale Rolle wurde den Anbietern aus dem Konsumgüterbereich zugewiesen, weshalb sich die weitere Diskussion auf diese Gruppe konzentrierte. Ausgehend von den informationsökonomischen Ergebnissen in Kapitel V wurden zunächst grundlegende Anforderungen an E-Commerce-Projekte formuliert. Zum einen wurden Möglichkeiten der Vermeidung überhöhter Transaktionskosten für private Haushalte präzisiert, zum anderen wurde auch eine konsequente Ausrichtung auf Kundenbedürfnisse herausgearbeitet. Die Forderung nach Minimierung von Transaktionskosten und Bedürfnisorientierung fand im zweiten Teil dieses Kapitels Eingang in ein Phasenkonzept zur unternehmerischen Realisierung elektronischer Marktsysteme. Maßnahmen im Rahmen dieses Konzeptes, das aus den Phasen *Zieldefinition*, *vertriebliche Planung*, *Konfiguration* und *vertriebliche Verankerung* besteht, ergaben sich aus spezifischen Steuerungsinstrumenten. Diese sind im Fall der (Konsum-) Leistungsanbieter dem Vertriebs- und Informationsmanagement sowie der übergeordneten Geschäftsleitung zuzurechnen.

Durch die Zusammenführung aller Untersuchungseinheiten konnte ein Realisierungsansatz für elektronischen Geschäftsverkehr entworfen werden, der – informationsökonomisch fundiert – die Belange privater Haushalte berücksichtigt, konzeptionell aber eine unternehmerische Sicht einnimmt. Anknüpfungspunkte für die Weiterführung der Thematik finden sich zunächst im Realisierungsprozeß selbst, insbesondere in der Konfiguration von Systemkomponenten und der sich anschließenden Verankerung elektronischer Marktsysteme in Unternehmen. Darüber hinaus besteht noch Klärungsbedarf hinsichtlich der Einflußmöglichkeiten anderer Marktakteure auf den elektronischen Geschäftsverkehr bzw. hinsichtlich der Notwendigkeit ihres Einflusses. In diesem Kontext ist zu prüfen, inwieweit Infrastrukturanbieter in die Pflicht zu nehmen sind und ob von staatlicher Seite weitere Regulierungsmaßnahmen notwendig sind.

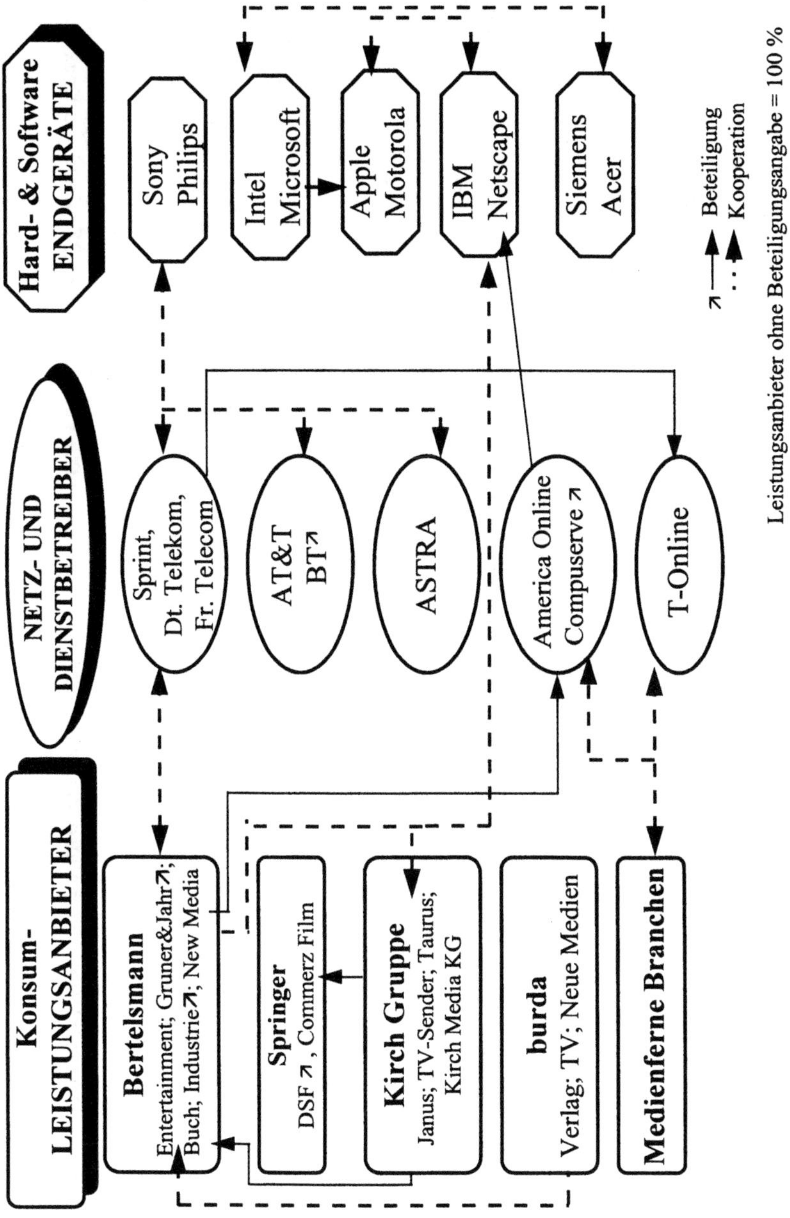

Quelle: HighText (1994); Schumacher (1997) S. 4 ff.

PRO-JEKTE	Multimedia Baden-Württemberg	Digital-fernsehen Hamburg	DVB / Multimedia Bayern	Comenius	DAB NRW	Info City	Multimedia Gelsen-kirchen
Teil-nehmer	4.000 Haus-halte / Betriebe	bis zu 20.000 Haushalte	4.000 private Haushalte	4 Schulen, Lehrer und Schüler	5.000 Haushalte	10.000 private Haushalte	1.000 Haus-halte / Betriebe
Gebiet	Großraum Stuttgart	Hamburg Innenstadt	Nürnberg und München	Berlin	Köln, Bonn, Düsseldorf und Wuppertal	Rhein / Ruhr-gebiet	Stadtgebiet Gelsenkirchen
Beginn	I/1996	III/1996	Anfang 1996	I/1995	Ende 1995	I/1996	Januar 1996
Projekt-träger	Landes-regierung, Telekom und private Partner	Telekom und private Partner	Bayern-On-line, Telekom und private Partner	Berliner Senat, DeTe Berkom, und Landes-bildstelle	DAB-Projekt NRW e.V., Telekom, WDR	VEBACOM und private Partner	Stadtwerke Gelsenkirchen, RWE-AG
Dienste, Anwen-dungen	VoD, Teleshopping, Telerecherche, Telebanking	NVoD, PPV, Telebanking	NVoD, Teleshopping, Telerecherche	Telelernen, Telerecherche, Video-konferenz	Digitaler Hörfunk, zusätzliche Datendienste	Sparten-TV, PPV, PPC, NVoD, VoD, Telebanking	Pay-TV, On-line-Dienste, VoD, PPC, Telebanking
Verteil-technik	BK-Netz + Glasfaser	BK-Netz	Telefonnetz+ BK-Netz, ADSL*	Telefonnetz + BK-Netz, ATM*	L-Band-Sender, Kanal-12-Sender	BK-Netz, Bypass-Technologien	BK-Netz, Funknetz
Rück-kanal-technik	BK-Netz + Glasfaser	Telefonnetz*	Telefonnetz + ADSL	Telefonnetz + BK-Netz, ATM*	Telefonnetz*	BK-Netz	BK-Netz, Funknetz

VoD=Video on Demand; NVoD=Near Video on Demand; PPV=Pay per View; PPC=Pay per Channel; BK=Breitband-Koaxial

Quelle: Bundesministerium für Wirtschaft (1996) Anhang C * *geplant*

Anbieter	**AOL / Bertelsmann**	**Compuserve / Bertelsmann**	**T-Online / Telekom**
Grundgebühr / Monat	9,90 DM	Standard: 9,95 $ / Spar: 24,95 $	8 DM
Freistunden / Monat	3	Standard: 5 / Spar: 20	2
Nutzungsgebühr	4,95 DM/h	Standard: 2,95 $/h Super Spar: 1,95 $/h	PPP-Zugang:* 3,60 DM/h LLP: 1,20 oder 3,60 DM/h
WWW-Seite	bis 10 MByte frei	bis 10 MByte frei	bis 10 MByte frei
E-Mail	Max. 5 Adressen	5 Adressen	1 Adresse, jede weitere Adresse 1,50 DM pro Monat
Nutzer / Welt	17 Millionen	2 Millionen	2,8 Millionen
Nutzer / Deutschland	900.000	250.000	2,8 Millionen
Analoge Zugänge	90 mit maximal 33.600 Bit/s, bundesweiter Zugang (Ortstarif)	79 Zugänge (V.34, X.2, K56flex) (Ortstarif)	in jedem Ortsnetz, maximal 33.600 Bit/s
ISDN (max. 64.000 Bit/s)	Zugänge vorhanden	Zugänge (V.110, V.120, X.75)	Zugänge bundesweit
Stärken	Großes Entertainment- und Zeitschriften-Angebot, schnelle Zugänge zum Nahtarif	Online-Angebot aus dem Nachrichten- und Finanzbereich für Geschäftskunden, sekundengenaue Abrechnung	Umfangreiches Homebanking und Shopping-Angebot

Stand: Mai 1999, * 0,06 DM pro Einwahl, inklusive Telefongebühr

Quelle: America Online (1999); Compuserve (1999); Deutsche Telekom AG (1999)

Banken	*Allgemeine Bankinformationen*				*Kundenindividuelle Zugriffsdienste*							
	Abfragen Kredit-angebote	*Börsen-berichte*	*Abfrage Darlehens-zinsen*	*Abfragen Bank-zahlen*	*Konto-auszug drucken*	*Überwei-sungen Ausland*	*Handel Wert-papiere*	*Spar-anlagen*	*Kontodoku-mentation*	*Bestellung Kreditkarten, Eurocheques*	*Dauer-aufträge*	*Kontoführungs-gebühr*
Advance Bank	●		●	●	●				●		●	Nein
Augsburg Aktienbank	●		●		●		●	●	●		●	Ja
Badische Beamtenbank		●	●		●		●				●	Ja
Bank 24	●	●	●		●	●	●	●	●		●	Nein
Citibank	●		●		●					●	●	Nein3)
Comdirect	●	●	●		●		●1)	●			●	Ja2)
Commerzbank	●			●	●	●	●				●	Ja
Deutsche Bank	●	●			●	●	●1)				●	Reduziert
Dresdner Bank		●	●		●	●	●1)				●	Ja
HypoVereinsbank	●	●	●	●	●		●1)		●	●	●	Nein3)
Postbank	●		●	●	●	●				●	●	Reduziert
Sparkasse Köln		●			●		●				●	Ja
Sparkasse München		●	●	●	●		●				●	Reduziert
Vereins- und Westbank	●	●	●		●		●1)		●	●	●	Ja

● wird angeboten; 1) eingeschränkt möglich; 2) Keine Kontoführungsgebühr im ersten Jahr; 3) ab Mindestguthaben keine Gebühr

Quelle: Braun u.a. (1999) S. 144 ff.; o.V. (1998) S. 2 ff.; o.V. (1997d) S. 24.

Sender	TV-Kanäle	Programmangebot	Betreiber
ARD	13 Kanäle	ARD-Digital (Enthält: Das Erste, Eins MuXx, Eins Extra, Eins Festival, ARD-Online und alle dritten Programme)	Arbeitsgemeinschaft der öffentlich-rechtlichen Rundfunkanstalten
Deutsche Welle	1 Kanal	DW-TV, Deutsches Auslandsfernsehen	"
DF 1	37 Kanäle	30 Spartenkanäle, 7 Pay-per-view-Kanäle ,	Kirch-Gruppe
DSF	1 Kanal	Sportsender	Kirch-Gruppe
H.O.T	1 Kanal	Shoppingsender mit Internet-Präsenz	HSN, Pro Sieben Media AG, Quelle Schickedanz AG&Co
PRO 7	3 Kanäle	Pro 7, Kabel 1 und Business-TV-Kanal	Pro Sieben Media AG
PREMIERE	7 Kanäle	Premiere eins, zwei, drei und 4 Pay-per-view-Kanäle.	Kirch-Gruppe, CLT-UFA[1)]
RTL	4 Kanäle	RTL-Television, RTL 2, Super RTL, Vox	CLT-UFA
SAT.1	1 Kanal	Unterhaltungssender	Axel Springer Verlag AG, PKS GmbH
ZDF	6 Kanäle	ZDF, 3sat, ARTE, Phoenix[2)], Kinderkanal[2)] und ZDF-infobox	ZDF (Öffentlich-rechtliche Fernsehanstalt)

Stand: Mai 1999; [1)] Rückzug der CLT-UFA ab April 1999, Fusion mit DF 1 ab Oktober 1999; [2)] Gemeinschaftsprojekte mit ARD

Quelle: ASTRA (1999)

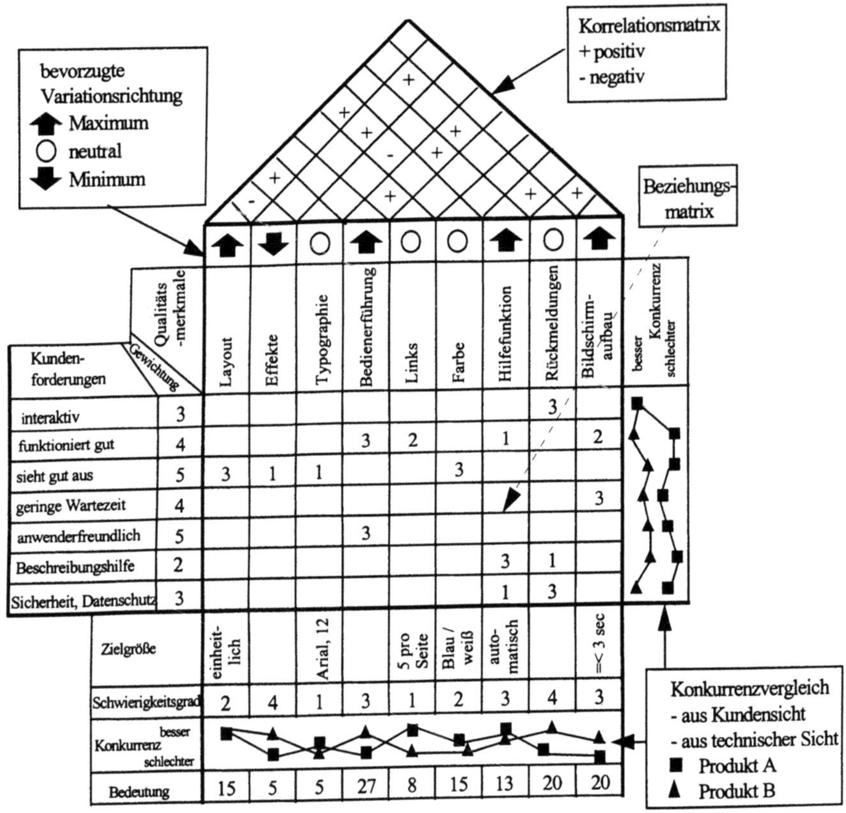

Quelle: In Anlehnung an Pfeifer (1993) S. 39

Im Rahmen der Forschungsarbeit wurden Leitfadeninterviews mit folgenden Personen geführt:

Herr Goar Biesenkamp (Geschäftsführer)	UNICADE - music, München (Persönliches Interview am 20.04.1998)
Herr Frieder Dräger (Leiter: Vertriebsinnendienst)	UFA, Universum Film GmbH, München (Telefoninterview am 12.06.1997)
Frau Barbara Gütlhuber (DV-Revision)	Bayerische Vereinsbank AG, München (Persönliches Interview am 14.11.1997)
Herr Ralph Koch (Kfm. Leitung)	BMG - Interactive GmbH, München (Persönliches Interview am 12.06.1997)
Herr Zia Mallik (DV-Koordinator)	Versicherungskammer Bayern AG, München (Telefoninterview am 13.03.1998)
Herr Alfons Schnorrenberger (DV-Entwicklung)	Bertelsmann Zentrale Informationsverarbeitung GmbH, Gütersloh (Telefoninterview am 4.06.1997)
Frau Christiane Supit (Promotion, Presse)	Multithématique GmbH, München (Persönliches Interview am 9.07.1997)

Die aufgeführten Interviews dauerten zwischen 30 Minuten und zwei Stunden.

I. Daten zum Unternehmen

1. In welcher Branche sind Sie tätig?
2. Welche Produkte bieten Sie an?
3. Welche Vertriebswege setzen Sie ein?

II. Allgemeines über elektronischen Geschäftsverkehr

1. Wie stufen Sie Ausbau und Verbreitung von Multimedia-Technologien (CD-Produkte, Digitales Fernsehen, Digitaler Hörfunk, Internet, Kommerzielle Online-Dienste) ein?
2. Wie beurteilen Sie deren Einsatzpotential für elektronischen Geschäftsverkehr bzw. für verschiedene E-Commerce-Anwendungen (z.B. Teleshopping, Telebanking, Entertainment oder elektronische Printmedien)?
3. Ab wann rechnen Sie mit einer kommerziellen Bedeutung des elektronischen Geschäftsverkehrs?
4. Welche Faktoren bestimmen ihrer Meinung nach die zukünftige Entwicklung des elektronischen Geschäftsverkehrs?
5. Wie sehen Sie die Akzeptanz seitens privater Haushalte für elektronischen Geschäftsverkehr?
6. Unter welchen Voraussetzungen nutzen private Haushalte die Möglichkeiten des elektronischen Geschäftsverkehrs?

III. Elektronischer Geschäftsverkehr aus Unternehmenssicht

1. Was hat Sie zur Einführung des elektronischen Geschäftsverkehrs bewogen?
2. Welche konkreten Ziele verbinden Sie mit elektronischem Geschäftsverkehr?
3. Wie sind Sie bei der Einführung vorgegangen?
4. Welche Produkte sind geeignet für elektronischen Geschäftsverkehr? (Welche nicht?)
5. Welche Konsumenten-/Kundengruppen können ihrer Meinung nach über elektronischen Geschäftsverkehr angesprochen werden?
6. Welche begleitenden Marketing-Maßnahmen führen Sie durch?
7. Welche Akzeptanz findet elektronischer Geschäftsverkehr bei Ihren Mitarbeitern?
8. Wo sehen Sie die Grenzen des elektronischen Geschäftsverkehrs?

ADSL (***A****symmetrical* ***D****igital* ***S****ubscriber* ***L****ine*)
ADSL ermöglicht die Übertragung sehr großer Datenmengen über gewöhnliche Telefonleitungen (Kupfer). Die Technologie bietet Kapazität für vier komprimierte Videosignale (1,5 Mbit/s), einen B-ISDN-Kanal, einen ISDN-Kanal sowie den analogen Telefonverkehr.

AMADEUS
Weltweit vernetztes Computer-Reservierungssystem der Reise- und Touristikbranchen. AMADEUS ermöglicht die Buchung von Flügen, Reisen oder Hotels und war ursprünglich ein Joint Venture von *Lufthansa*, *Air France*, *Iberia* und *SAS*. Später schlossen sich weitere Fluggesellschaften an.

ANSI (***A****merican* ***N****ational* ***S****tandards* ***I****nstitute*)
Unabhängige US-Organisation, die Standards zur Kompatibilität von Produkten auf dem Gebiet der Programmiersprachen, der Datenverarbeitung sowie der Telekommunikation entwickelt. ANSI ist vergleichbar mit DIN (Deutsche Industrienorm). Ihre Standards sind Vorschläge ohne hoheitlichen Charakter.

AOL (***A****merica* ***On****line*)
Kommerzieller Online-Dienst, der auf Unterhaltung mit familienfreundlichen Themen setzt. AOL ist weltweit der führende Online-Dienst. In Deutschland wird er seit November 1995 über Bertelsmann angeboten.

Applet
Applet ist ein JAVA-Programm, welches als Byte-Code vorliegt und die Eingabe oder Veränderung von Daten im Internet ermöglicht.

ARPANET/ARPA (***A****dvanced* ***R****esearch* ***P****rojects* ***A****gency*)
Die Grundlage des heutigen Internet wurde mit dem ARPANET geschaffen. Das ARPANET entstand (1968) aus der Vernetzung von Rechenzentren militärischer Einrichtungen. Um auch bei einer atomaren Katastrophe funktionsfähig zu bleiben, wurden die Rechenzentren relativ autark in das Netzwerk eingebunden. Die Zahl der an das ARPANET angeschlossenen Rechenzentren nahm mit der Einbindung ziviler Forschungsinstitutionen schnell zu. 1983 schließlich wurde der militärische Teil abgetrennt.

ASCII (***A****merican* ***S****tandard* ***C****ode for* ***I****nformation* ***I****nterchange*)
Standardisierter 7-Bit-Zeichensatz, mit dem insgesamt 128 Zeichen definiert werden. Moderne Computer verfügen über einen 8-Bit-Zeichensatz, woraus ein erweiterter ASCII-Zeichensatz entstand.

ASTRA
Extraterrestrisches Fernsehsystem, das aus sechs Satelliten *Astra 1A-1F* besteht. Die ASTRA-Sender werden von den Satelliten ausgesendet und über Parabolspiegel empfangen.

ATM (*Asynchronous Transfer Mode*)
ATM ist ein von verschiedenen Standardisierungsgremien und Herstellergruppierungen gemeinsam entwickelter Standard für die digitale Vermittlung von Daten. ATM ist für die Vermittlung von Datenströmen mit hohen Bitraten, z.B. für Videosignale, konzipiert. Daneben bietet ATM die Möglichkeit, Leistungen nach tatsächlich genutzter und nicht nach zur Verfügung gestellter Kapazität abzurechnen (sogenannte Bandwidth on Demand Dienste). Neben dem Standard selbst werden mit ATM häufig auch Produkte (z.B. Vermittlungsstellen) bezeichnet, die auf dem ATM-Standard basieren.

Bandbreite
Die Bandbreite bezeichnet die Differenz zwischen der höchsten und der niedrigsten Frequenz eines Übertragungskanals. Die Leistungsfähigkeit wird als Frequenzbereich (Hertz) angegeben. Sie ist ein wichtiges Kennzeichen für die Übertragungsgeschwindigkeit (bit/s).

Basisanschluß
Der ISDN-Basisanschluß stellt dem Benutzer zwei B-Kanäle mit jeweils 64 kbit/s und einen D-Kanal mit 16 kbit/s zur Verfügung. Er wird als Mehrgeräte- oder als Anlagenanschluß angeboten. Der Euro-ISDN-Basisanschluß kann als Standard- oder Komfortanschluß eingerichtet werden. Der Komfortanschluß bietet alle Leistungsmerkmale des Standardanschlusses. Darüber hinaus gibt es noch zusätzliche Dienste, wie z.B Anrufweiterschaltung, Anklopfen oder die Tarifinformation am Ende der Verbindung.

B-ISDN (***B**roadband **I**ntegrated **S**ervices **D**igital **N**etwork*)
Stellt eine Weiterentwicklung des ISDN-Netzes für breitbandige Anwendungen dar. In Deutschland wird B-ISDN, das auf der ATM-Technologie basiert, seit 1997 angeboten. Es lassen sich damit Verbindungen bis zu 155 Mbit/s realisieren.

Breitbandtechnik
Die Breitbandtechnik steht für Datenübertragungsverfahren mit einer Leistung von mindestens 1 MBit/s. Sie findet Anwendung in verschiedenen Kommunikationsnetzen und ist vor allem für die Übertragung von Bildern bzw. Bewegtbildern unerläßlich. Auf einem Breitbandkanal können z.B. mehrere TV-Sendungen durch Frequenzteilung parallel übertragen werden.

Browser (englisch *to browse*: blättern, stöbern)
Rechercheprogramm bzw. Software, die es ermöglicht, Dokumente im World-Wide-Web (WWW) anzufordern und auf dem Bildschirm des Anwenders darzustellen. Mit einem Browser können verschiedene Dienste (HTTP, FTP, News-Groups) im Internet angewählt werden. Die bekanntesten Browser sind Mosaic, Internet Explorer und Navigator / Communicator.

Btx (***B**ildschirm**t**ext*)
Wurde 1984 als erster überregionaler Online-Dienst in Deutschland eingeführt. Btx wurde im September 1995 in T-Online eingebunden.

CATS (*Computer Assisted Trading System*)
Elektronisches Handelssystem der Toronto Stock Exchange. Es führt kleinere Aufträge im Wertpapierhandel über einen Zentralcomputer zusammen und ermittelt daraus einen Einheitskurs.

CCITT (*Comité Consultatif International Télégraphique et Téléphonique*)
Das CCITT als Unterorganisation der UNO ist für den Bereich der öffentlichen Fernmeldedienste zuständig. Als Mitglieder in diesem Gremium sind nationale Post- und Fernverwaltungen und Erbringer der öffentlichen Fernmeldedienste vertreten.

CD-I (*Compact Disk Interactive*)
CD-I ist ein von Philips entworfener optischer Datenträger (Compact Disc) für bewegtbildorientierte Anwendungen. Abspielgeräte für CD-I können an das Fernsehgerät angeschlossen werden. Anwendungen wie z.B. Videospiele, Filme oder Multimedia-Enzyklopädien müssen dem CD-I-Standard entsprechen.

CD-ROM (*Compact Disc-Read Only Memory*)
CD-ROM ist ein optisches Speichermedium, auf dem Daten nur einmal abgespeichert, aber beliebig oft gelesen werden können. Die Vorteile der CD-ROM gegenüber anderen Speichermedien, wie z. B. Floppy Disc, liegen in der fast vollkommenen Verschleiß- und Fehlerfreiheit sowie in dem großen Speichervolumen von 682 Megabyte.

Compuserve
Weltweit aktiver Online-Dienst mit starker Präsenz in Deutschland. Compuserve bietet ein vielfältiges Angebot und einen komfortablen Internetzugang an. Kernkompetenzen liegen im Computer-, Nachrichten- und Finanzbereich für Geschäftskunden.

DAB (*Digital Audio Broadcasting*)
DAB steht primär für die digitale Ausstrahlung von Radioprogrammen und erfordert ein spezielles Empfangsgerät. Es bietet auch ergänzende Datendienste. Dazu zählen programmbegleitende Dienste (z.B. Wetternachrichten), programmunabhängige Datenrundfunkdienste (z.B. Abruf von Börseninformationen) und Zusatzdienste für geschlossene Benutzergruppen (z.B. Telefaxservice).

Datenautobahn
Synonym für Information Highway. Begriff für ein Übertragungsmedium, auf dem Datenkommunikation mit hoher Übertragungsgeschwindigkeit stattfindet. Steht meist in Zusammenhang mit ISDN.

Datenkompression
Software- und Hardwaremechanismen zur Reduktion von Datenmengen. Daten werden komprimiert, um weniger Speicherplatz zu beanspruchen oder um die zu übertragenden Datenmengen so gering wie möglich zu halten. Dies spart Zeit und Geld bei der Datenübertragung.

Datex-L (***Da**ta **Ex**change **L**ine-switched*)
Leitungsvermittelter Datenaustausch der *Deutschen Telekom AG*, der ausschließlich für den Versand von Computerdaten bestimmt ist. Inzwischen wurde die Betriebseinstellung von Datex-L angekündigt.

Datex-M (***Da**ta **Ex**change **M**ultimedia*)
Hochgeschwindigkeitsservice der *Deutschen Telekom AG* für die Vernetzung von Rechnern und lokalen Netzwerken (LAN). Datex-M basiert auf dem Standard SMDS (Switched Multi Megabit Service) und ermöglicht Übertragungsraten von bis zu 34 Mbit/sec. Der Dienst umfaßt auch Konfigurations- und Fehlermanagement.

Datex-P (***Da**ta **Ex**change **P**acket-switched*)
Paketvermittelter Datenaustausch der *Deutschen Telekom AG*, der ausschließlich für den Versand von Computerdaten bestimmt ist. Die zu übertragenden Daten werden dabei in Datenpakete aufgeteilt.

Decoder
Decoder sind Zusatzgeräte der Unterhaltungselektronik, die zum Empfang von verschlüsselt ausgestrahlten Fernsehprogrammen verwendet werden. Decoder werden für Pay-TV-Anwendungen eingesetzt.

DFÜ (***D**aten**f**ern**ü**bertragung*)
Unter DFÜ versteht man vorwiegend den technischen Vorgang der Übermittlung von Daten über Weitverkehrsnetze.

Digitalisierung
Digitalisierung ermöglicht die Umwandlung von analogen Audio- oder Videoinformationen in digitale Datenformate.

DTB (***D**eutsche **T**ermin**b**örse*)
Finanzkontrakt-Börse in Frankfurt (a. M.). Die DTB wurde von Beginn an als elektronische Handelsplattform konzipiert. Die Liquidität auf der DTB wird durch das "Market-Maker-Prinzip" garantiert, bei dem verbindliche Kurse vorgegeben werden.

DVD (***D**igital **V**ersatile **D**isc*)
DVD ist ein Speichermedium, das beidseitig bespielbar ist und ein Datenvolumen von neun Gigabyte pro Seite abspeichert. Die DVD ermöglicht mit Hilfe der Datenkompression nach der MPEG 2 Norm eine Abspeicherung von mindestens zwei Spielfilmen mit mehreren Sprach- und Untertitelkanälen. Sie zeichnet sich durch die Integration bereits existierender CD-Formate aus, wobei zwischen DVD-Video, DVD-Audio, DVD-ROM, DVD-RAM und DVD-Recordable unterschieden wird.

DVI (***D**igital **V**ideo **I**nteractive*)
Datenkompressionsstandard von Intel, der die elektronische Übertragung von Audio- und Videodaten beschleunigt. Datenverarbeitungsanlagen (z.B. PC) werden durch DVI multimediafähig. Der Standard ist nicht kompatibel zu MPEG oder H.320.

EDI (*Electronic* ***Date Interchange***)
Kommunikationsstandard für den elektronischen Datenaustausch zwischen Unternehmen.

EDIFACT
(*Electronic* ***Date Interchange for Administration, Commerce*** *and* ***Transport***)
Internationaler Standard für ein Datenformat, das die einheitliche Darstellung von ca. 600 verschiedenen Datenelementen im Geschäfts- und Handelsverkehr ermöglicht.

Edutainment
Mit Edutainment werden alle elektronischen Medien und Anwendungen bezeichnet, die Lerninhalte mit Spielkomponenten verbinden. Hierdurch soll spielerisches Lernen ermöglicht werden.

EDTV (***Extended Definition Television***)
EDTV steht für Fernsehprogramme – auch im Bildschirm-Seitenverhältnis 16:9 – mit verbesserter Ton- und Bildqualität (etwa wie PALplus), die auf Fernsehgeräten mit mittleren oder großen Bildschirmen wiedergegeben werden. Datenübertragungsrate 6-8 Mbit/s.

E-Mail (*Electronic* ***Mail****;* wörtlich: elektronische Post)
E-Mail ist ein Kommunikationsdienst im Internet für den personenbezogenen Nachrichtenaustausch. Die Kommunikation beruht auf einer speicherorientierten Datenübertragung. Jeder Nachrichtenversender oder -empfänger verfügt über einen adressierten Speicherbereich.

Euro-ISDN
Europaweiter ISDN-Standard, der seit Ende 1993 von 26 Netzbetreibern aus 20 europäischen Ländern angeboten wird. Euro-ISDN basiert auf einem internationalen Übertragungsprotokoll (DSSI), das vom Netz der Deutschen Telekom unterstützt wird. In absehbarer Zeit wird die Euro-ISDN-Variante das nationale ISDN vollkommen ablösen.

FTP (***File Transfer Protocol***)
Auf TCP/IP basierendes Protokoll für die Übertragung von Dateien (Schicht 5 bis 7 des OSI-Modells). FTP ist sowohl die Bezeichnung für das Protokoll als auch für das Programm (FTP-Client), das die Dateiübertragung mit dem FTP-Server abwickelt.

FTTH (***Fibre to the Home***)
FTTH ist eine Netzarchitektur, die aus Glasfaserleitungen bis zu den Endgeräten besteht. Sie ermöglicht eine leistungsfähige Datenübertragung, allerdings zu hohen Kosten.

GALILEO
Weltweit verfügbares Computer-Reservierungssystem für Flugbuchungen mit 116.000 angeschlossenen Terminals von Reiseagenturen (Stand: 1995). Gründer von GALI-

LEO sind die Fluggesellschaften United Airlines, US-Air, British Airways und Swissair.

Gateway
Ein Gateway bezeichnet ein spezifisches Hard- und Softwarepaket, das inkompatible Netze unter Beachtung der verschiedenen Kommunikationsprotokolle anpaßt.

GSM (*Global System for Mobile Communications*)
GSM ermöglicht dem Mobilfunk-Anwender eine länderübergreifende Nutzung seines Endgerätes. Ursprünglich nur als europäischer Standard geplant, hat sich GSM inzwischen international durchgesetzt.

H.320
Gruppe von Standards für synchrone Übertragung von Video- und Audiodaten. Die Standards wurden von der ITU-T, einem Standardisierungsgremium der Telekommunikationsindustrie, für den Einsatz in Videokommunikationssystemen entwickelt.

HDTV (*High Definition Television*)
Standard für Fernsehprogramme in besonders guter Ton- und Bildqualität. HDTV erlaubt den Einsatz von Geräten mit großflächigen Bildschirmen (einschließlich Projektionen). Die Datenübertragungsrate bewegt sich im Bereich von 20-30 Mbit/s.

HTML (*Hypertext Markup Language*)
Dokumentbeschreibungssprache, die das Aussehen von Dokumenten für das WWW definiert. Mittels spezieller Anweisungen (Tags) werden Überschriften, Listen oder Bilder im Text definiert.

HTTP (*Hypertext Transport Protocol*)
Auf TCP/IP aufsetzendes Protokoll, das den Transport von Hypertextseiten (HTML-Seiten) im WWW festlegt und nach dem Client/Server-Prinzip arbeitet.

Hyperlink
Hyperlinks sind Verknüpfungen zwischen Dokumenten und werden in spezifischen Adreßformaten (z.B. URL-Schreibweise im Internet) angegeben. Der Hyperlink definiert Rechner, Verzeichnisse und Dateien, auf die in vernetzten Rechnerumgebungen (z.B. Internet) verwiesen wird. Wird ein Hyperlink (farbig hervorgehobener Text oder eine Grafik) im Internet angeklickt, so versucht die eingesetzte Browser-Software sofort, Kontakt mit dem angesprochenen Computer aufzunehmen und die Information abzurufen.

Hypertext
Hypertext erlaubt Verzweigungen in Dokumenten und gibt dem Benutzer die Möglichkeit, sich über Dateneingabe (z.B. Mausklick) in Rechnernetzen zu bewegen. Die Verzweigungen können unbegrenzt tief verschachtelt sein und sich über weitreichende Netzwerke erstrecken.

IEC (*International Electronical Commission*)
Die IEC ist ein internationales Standardisierungsgremium der elektrotechnischen Industrie, an dem sich über 40 Länder beteiligen. Die IEC wurde 1906 gegründet und der Hauptsitz ist in Genf.

Infotainment
Infotainment sind Anwendungen der elektronischen Informationsrecherche (Telerecherche) gekoppelt mit Teleentertainment. Durch das Hinzufügen von Audio- und Videosequenzen sowie einer interaktiven Benutzeroberfläche sollen elektronische Nachschlagewerke unterhaltsamer gestaltet werden. Beispiele hierfür sind multimediale Enzyklopädien oder Reiseführer.

Interaktivität (maschinelle)
Unter maschineller Interaktivität versteht man die Fähigkeit von Datenverarbeitungsanlagen und ihrer Software, flexibel auf den Input von Benutzern zu reagieren. Der Benutzer erhält dadurch die Möglichkeit, den Ablauf eines Programms, z.B. eines multimedialen Abrufdienstes, selbst zu bestimmen. Zudem kann er mit einer zeitlich oft nicht gebundenen Rückinformation reagieren. Für Dienste und Anwendungen des elektronischen Geschäftsverkehrs lassen sich je nach Technologie fünf Interaktivitätsstufen unterscheiden: *Ein/Aus-Interaktivität, Start-Interaktivität, Menü-Interaktivität, Steuerungsinteraktivität und Simulation.*

Internet
Internationaler Verbund von Rechnernetzen, der aus dem Arpanet hervorgegangen ist. Internet führt sowohl unternehmensweite Netzwerke, als auch private Netz- und Dienstanbieter (z.B. Compuserve) oder lokale Netze (z.B. einer Universität) zusammen.

Intranet
Anwendung von Internet-Techniken (TCP/IP, WWW) im internen Netzwerk einer Organisation, z.B. um das LAN zu modernisieren oder die interne Datenbank zu vereinheitlichen (z.B. über HTML-Dokumente).

IP (*Internet Protocol*)
Das Transportprotokoll der Ebene 3 des OSI-Schichtenmodells im Internet, darauf aufbauend die Protokolle TCP, UDP, ICMP. IP verpackt die Informationen, die gesendet werden sollen, in ein IP-Datenpaket und wählt den besten Weg, um das Paket an sein Ziel zu schicken. Dort werden die Pakete wieder entpackt.

ISDN (*Integrated Services Digital Network*)
ISDN ist ein dienstintegrierendes Telekommunikationsnetz für Sprache, Daten und Bilder mit einer Übertragungsgeschwindigkeit von 64 kbit/s. Durch Zusammenschalten einzelner Leitungen kann die Übertragungskapazität über 64 kbit/s hinaus erhöht werden. Neben der (relativ) hohen Übertragungsrate bietet ISDN den Vorteil, mehrere Endgeräte an einem Netzanschluß betreiben zu können.

ISO (*International Standards Organization*)
Die ISO ist ein internationales Standardisierungsgremium für alle Bereiche, mit Ausnahme der Elektronik (liegt in der Zuständigkeit des IEC). Die ISO wurde 1946 gegründet, der Hauptsitz ist Genf.

ITU (International Telecommunications Union)
Die ITU ist eine internationale Vereinigung nationaler Postanstalten. Sie entwickelt und verabschiedet Empfehlungen für Kommunikationsstandards. Sie wurde 1865 in Paris gegründet und ist heute eine weltweite Organisation mit Sitz in Genf. TSS (Telecommunications Standards Sector) ist eine Abteilung innerhalb der ITU für Standards aus dem Bereich der Telekommunikation.

JAVA
JAVA ist eine objektorientierte Programmiersprache. Sie findet Anwendung in Bürocomputern, Mobiltelefonen oder als Internet-Software. JAVA orientiert sich weitgehend an der Programmiersprache C++. JAVA-Compiler produzieren keinen Maschinencode, sondern einen neutralen Bytecode, der mit Hilfe eines Interpreters (Java Virtual Machine) auf jeder Datenverarbeitungsanlage ausgeführt werden kann.

JPEG (*Joint Photographic Expert Group*)
JPEG ist ein Kodieralgorithmus für Standbilder, der für die Datenkompression von hochauflösenden Grafiken in Graustufen oder Farbe in unterschiedlichen Qualitätsstufen verwendet werden kann. JPEG wurde zusammen von ISO und der ITU erarbeitet.

LAN (*Local Area Network*)
Mit LAN bezeichnet man ein räumlich begrenztes Netzwerk von Computern, meist innerhalb eines Unternehmens oder einer Behörde.

LINK
Ein *Link* ist in der Sprache der EDV ein softwaregesteuerter Verweis, der auf andere Dateien oder Datenverarbeitungsanlagen zeigt und einen Verbindungsaufbau ermöglicht.

MIPS (*Million Instructions per Second*)
MIPS bezeichnet die Befehlsausführungszeit der Zentraleinheit einer Datenverarbeitungsanlage und ist damit ein Maß für deren Leistungsfähigkeit.

Mosaic
Der erste kommerziell einsetzbare Browser (Anzeigeprogramm) für das World Wide Web.

MPEG (*Moving Picture Expert Group*)
MPEG ist ein Standard für die Kompression von Audio- und Videodaten. Man unterscheidet Teilstandards von MPEG-1 bis MPEG-4. Beispielsweise erlaubt MPEG-2 die Übertragung hochwertiger Videodaten mit einer Geschwindigkeit von 10 Mbit/s.

Multimedia
Multimedia bezeichnet primär die Integration unterschiedlicher Medien, wie Standbild (Graphik), bewegtes Bild (Video), Sprache, Musik und Text durch digitale Technik. Multimedia im DV-Bereich steht zudem für interaktive Anwendungen.

OSI (*Open Systems Interconnection*)
Von der internationalen Organisation für Standardisierung entwickeltes Sieben-Schichten-Referenzmodell für die Strukturierung offener Rechnernetze. Jede Schicht definiert bestimmte Aufgaben von Kommunikationsprozessen und baut auf den Diensten der darunterliegenden Schicht auf.

PAL (*Phase Alternative Line*)
PAL ist ein Mitte der sechziger Jahre entwickeltes Verfahren zur Übertragung von Fernseh-Farbbildern mit 625 Zeilen und 50 Halbbildern pro Sekunde.

PAL plus
PAL plus ermöglicht die terrestrische Übertragung von Fernsehsendungen im breitbandigen Format (Seitenverhältnis 16:9). Es wurde Anfang der neunziger Jahre entwickelt und ist kompatibel zur PAL-Norm.

Pay per channel
Ein kostenpflichtiges Fernsehprogramm (z.B. *Premiere*), für das eine Pauschalgebühr zu zahlen ist. Die Gebühr ist unabhängig davon, wieviel von einem TV-Kanal konsumiert wird. Sie wird jedoch von vielen Pay-TV-Anbietern abgestuft nach der Anzahl genutzter Programme.

Pay per view
Statt über die Nutzung eines TV-Kanals werden Kaufverträge nur über einzelne TV-Sendungen abgeschlossen. Jeder Bestellwunsch erfordert eine Anmeldung über einen Rückkanal, der sich häufig noch auf das Telefonnetz beschränkt.

Pay-TV
Oberbegriff für "Pay per channel", "Pay per view" und "(N)VoD". Das Pay-TV umfaßt alle Fernsehprogramme, für deren Bereitstellung der Kunde eine monatliche oder einmalige Gebühr bezahlt. Die Programme werden verschlüsselt ausgestrahlt und können nur mit speziellen Decodern empfangen werden.

PoI (*Point of Information*)
PoI sind meist kioskartige Systeme, auf denen mittels einer interaktiven Benutzerschnittstelle Informationen abgerufen werden können. Beispiele hierfür sind Stadtinformationssysteme oder Produktinformationssysteme in Kaufhäusern.

PoS (*Point of Sale*)
Auf PoS-Systemen können Anwender nicht nur Informationen abrufen, sondern auch angebotene Leistungen - meist per Kreditkarte - direkt erwerben. Beispiele hierfür sind automatisierte Fahrkartenschalter von Fluggesellschaften.

PPP (*Point to Point Protocol*)
Mit dem PPP-Standard lassen sich TCP/IP-Verbindungen zu Internet-Rechnern aufbauen. PPP ist auf der zweiten Schicht des OSI-Referenzmodells angesiedelt und wird von den meisten Betriebssystemen (z.B. Windows95, MacOS) sowie Online-Diensten unterstützt.

Router
Kopplungseinheit, welche die Verbindung zwischen zwei oder mehreren physikalischen Netzen ermöglicht. Router arbeiten auf der Ebene drei (Netzwerkschicht) des OSI-Schichtenmodells. Oberhalb dieser Ebene müssen die Protokolle der kommunizierenden Datenstationen übereinstimmen. Von außerhalb empfangene Datenpakete werden von Routern geprüft und nach bestimmten Kriterien (Entfernung, Kosten, Sicherheit) innerhalb eines lokalen Netzes zur Zieladresse gesendet. Umgekehrt werden Datenpakete verpackt und in die externe Netzumgebung, wie z.B. das Internet, weitergeleitet.

SABRE (*Semi-Automated Business Research Environment*)
Weltweit verfügbares Reservierungssystem für Flugreisen mit ca. 114.000 Buchungsterminals (Stand: 1995). Gründer und Betreiber von SABRE ist die Fluggesellschaft *American Airlines*. Anfang der neunziger Jahre wurde SABRE für die Vermittlung von Flügen anderer Fluglinien und die Buchung von Hotels oder Mietwagen geöffnet.

SDTV (*Standard Definition Television*)
Standard zur Wiedergabe von TV-Sendungen auf herkömmlichen Fernsehgeräten. Die Datenübertragungsrate beträgt maximal 4 Mbit/s.

Server
Rechneranlage (Host), die Netzwerkdienste für andere Computer anbietet. Im Internet kann ein einzelner Computer mehrere Serverfunktionen übernehmen. Z.B. kann er gleichzeitig als FTP- und als WWW-Server von anderen Netzteilnehmern angerufen werden.

Set-Top-Box
Mit Set-Top-Boxen werden Geräte bezeichnet, die es Besitzern von analogen Fernsehgeräten ermöglichen, digitale Programme zu empfangen und interaktiv über Netze zu kommunizieren. Set-Top-Boxen erfüllen folgende Standardfunktionen:

- Dekompression empfangener Signale,
- Umwandlung in analoge Signale (sog. D/A-Wandlung),
- Steuerung der Programmführung (Benutzeroberfläche) sowie des Rückkanals.

SMTP (*Simple Mail Transport Protocol*)
SMTP ist ein zur Protokollfamilie TCP/IP gehörender Standard für den Austausch von Nachrichten (E-Mail) zwischen den Benutzern. Die Übertragung von Umlauten ist mit SMTP oft nicht möglich.

SOFFEX (*Swiss Options and Financial Futures Exchange*)
Soffex ist eine in der Schweiz (im Jahre 1988) gegründete elektronische Börse für Optionen, Futures und andere derivative Finanztitel. Marktteilnehmer (z.B. Banken, Wertpapierhändler) können über eine Online-Verbindung auf SOFFEX zugreifen und Börseninformationen einholen oder Transaktionen elektronisch abwickeln. SOFFEX übernimmt dabei Brokerfunktion, indem es Börsenpreise automatisch festlegt sowie Angebot und Nachfrage abgleicht.

Storyboard
Das Storyboard dient als Grundlage für die Gestaltung von WWW-Seiten. Es enthält die kreativen Ideen, Angaben zu Inhalten und Funktionen in ihrer medialen Ausprägung, Anweisungen für die Erstellung fehlender Medien (z.B. Video und Audio Skripts) und einen detaillierten Verknüpfungsplan zu einem Hypertext.

T-Online
Online-Dienst der *Deutschen Telekom AG* (früher: *Btx*). Durch T-Online ist der Zugriff – über PC oder spezielle Endgeräte – auf Informationsangebote und auch auf elektronische Marktdienste möglich. So können beispielsweise Aktienkurse abgerufen oder Banküberweisungen getätigt werden.

TCP/IP (*Transmission Control Protocol/Internet Protocol*)
Kommunikationsprotokolle für die Datenübertragung in Fernnetzen. Dienste (z.B. Telnet, FTP) im Internet nutzen die Protokolle.

Telematik
Der Begriff "Telematik" stammt aus dem Französischen und wurde 1978 im Rahmen einer Studie über die "Informatisierung der Gesellschaft" geschaffen. Telematik beschreibt die Gesamtheit der Sach- und Dienstleistungen, die durch *Tele*kommunikation und Infor*matik* verknüpft werden. Im deutschsprachigen Raum wird von Telematik vor allem bei rechner- und kommunikationsgestützten Anwendungen im Verkehrswesen gesprochen.

Telnet (*Teletype Network*)
Telnet ermöglicht die Benutzung räumlich entfernter Datenverarbeitungsanlagen über ein Netzwerk. Der lokale Arbeitsplatzrechner wird hier als reines Terminal betrieben. Rückmeldungen der fremden Anlage werden am lokalen Bildschirm angezeigt. Jede Aktion auf der lokalen Tastatur wird zu dem entfernten Rechner übertragen.

TIME (*Telekommunikation, Informationstechnologie, Medien, Elektronik*)
Der Begriff TIME steht für das Zusammenwachsen der Telekommunikation, Informatik, Unterhaltungselektronik und Medienindustrie. Ausgehend von der Digitaltechnik ermöglichen TIME-Produkte den Aufbau einer globalen Kommunikationsinfrastruktur für elektronischen Geschäftsverkehr.

Toolbook

Toolbook ist ein Multimedia-Entwicklungswerkzeug bzw. Autorensystem, das eine strikte Trennung zwischen Entwickler (Autor) und Anwender ermöglicht. Eine Programmiersprache namens *Open-Script* erlaubt es, attraktive und frei gestaltbare Hypertexte zu entwickeln. In einer einfachen Version werden formatierte Texte und Grafiken unterstützt, eine Profi-Version bietet auch die Integration von Video und Sound. Zur Ausführung benötigt der Anwender ein sogenanntes "Runtime-Modul". Dieses Modul dürfen Autoren, die eine lizenzierte Version von Toolbook besitzen, mit ihren Produkten frei ausliefern.

TOP (*Technical and **O**ffice **P**rotocol*)

TOP ist ein Kommunikationsstandard, der sowohl *Ethernet* (CSMA/CD) als auch *Token-Ring* unterstützt. Er findet vor allem im Bürobereich Anwendung und ist konsistent zum OSI-Referenzmodell. Maschinen verschiedener Hersteller lassen sich damit mit einer homogenen Kommunikationsinfrastruktur betreiben.

UNIX (***Uni**plexed Information and Computing System*)

Professionelles Betriebssystem, das sich durch Multitasking/Multiusing-Fähigkeiten sowie hohe Flexibilität und Sicherheit auszeichnet. UNIX dominiert bei Workstations und Internet-Servern. Im PC-Bereich etabliert sich zunehmend der abgeleitete und frei verfügbare Standard LINUX.

URL (***U**niform **R**esource **L**ocator*)

URL ist ein allgemeines Adreßformat im Internet. Eine URL setzt sich aus dem Zugriffsprotokoll (Access Mode), dem Namen des Servers, den Subdirectories (Unterverzeichnissen) und den Dateinamen zusammen.

VoD (***V**ideo **o**n **D**emand*)

Wird von Fernsehdiensten angeboten und ist eine Technik, bei der das Fernsehprogramm – ergänzt um die Videofunktionen Vor- und Zurückspulen – selbst gestaltet werden kann. Die Bezahlung ist abhängig von der Nutzung. Das VoD-System ist technisch sehr aufwendig und stellt hohe Anforderungen an Kommunikationsnetze und Hardware.

WAN (***W**ide **A**rea **N**etwork*)

Weitverkehrsnetz. Bezeichnung für ein Netzwerk, das mehrere kleinere Kommunikationsnetze über größere Entfernungen miteinander verbindet.

WWW oder W3 (***W**orld **W**ide **W**eb*)

Verteiltes Hypertext-Informationssystem. Dokumente im WWW sind durch Hyperlinks miteinander verknüpft. Diese können Texte, Bilder, Video- oder Audio-Daten und auch ausführbare Programme enthalten. WWW beruht auf dem Client/Server-Modell, wobei die Daten über das HTTP-Protokoll abgerufen werden. Die Dokumentenbeschreibungssprache (HTML) läßt es zu, daß sich Dokumente unabhängig vom verwendeten Anzeigesystem logisch untergliedern lassen und gleich angezeigt werden. Als Client wird zur Anzeige der WWW-Informationen ein Browser verwendet.

1. Unveröffentlichte Schriften

ALTGELD, J. (1996): Arthur D. Little: Multimedia: Risiko ohne Markt oder Markt ohne Risiko, in: Internet im Business – Business im Internet, World Online Forum, Systems 96, Tagungsunterlagen, München 24.10.1996

DEUSS, J. (1996): Kienbaum Unternehmensberatung GmbH: Electronic Commerce – Chancen und Gefahren für traditionelle Handelsunternehmen, in: Internet im Business – Business im Internet, World Online Forum, Systems 96, München 24.10.1996

GEUEN, W. (1995): Offline-Produkte, in: Tagungsband der ZVEI Arbeitsgruppe Multimedia – Presseforum Multimedia, München 24.01.1995

HÄRTING, R. (1992): Ein strategischer Planungsansatz für Unternehmenskooperationen, Diplomarbeit am Institut für Organisation, Universität München, 1992

KÜRBLE, P. (1995): Multimedia im Privathaushalt - schauen und kaufen - ohne zu laufen, in: Stiftung DER PRIVATE HAUSHALT (Hrsg.): Im Netz der Technik – Vernetzte Systeme für private Haushalte, Tagungsheft, 16.11.1995

MICHELBACH, M. (1999): Teleshopping in der Lebensmittelbranche – Eine sozioökonomische Analyse aus Konsumentensicht, Diplomarbeit am Institut für Sozialökonomik des Haushaltes, Technische Universität München, Freising 1999

PFEIFFER, E. (1996): Die Compaq Vision – Der PC als Motor der digitalen Revolution, in: Compaq-Informationspapier, 5.1.1996

RIEDER, C. (1999): Homeservice und elektronischer Vertrieb im Lebensmitteleinzelhandel – Eine empirische Studie, Diplomarbeit am Institut für Sozialökonomik des Haushaltes, Technische Universität München, Freising 1999

STEIN, H. (1995): Online-Produkte – aus technischer Sicht, in: Tagungsband der ZVEI Arbeitsgruppe Multimedia – Presseforum Multimedia, München 24.01.1995

STIEFEL, C. (1997): Neue Medien im Unterricht – Probleme aus pädagogischer Sicht und praktischer Einsatz am Beispiel Internet an der Berufsschule, Zulassungsarbeit (Lehramt) am Institut für Sozialökonomik des Haushaltes, Technische Universität München, Freising 1997

ULMERICH, A. (1997): Telearbeit im privaten Haushalt – Möglichkeiten einer sozialverträglichen Gestaltung von alternierender Teleheimarbeit im privaten Haushalt, Diplomarbeit am Institut für Sozialökonomik des Haushaltes, Technische Universität München, Freising 1997

2. Veröffentlichte Schriften

AHLERT, D. (1993): Distribution, in: Wittmann, W. u. a. (Hrsg.): Handwörterbuch der Betriebswirtschaft, Teilband 1, 5. Aufl., Stuttgart 1993, Sp. 787 - 806

AKERLOF, G.A. (1970): The Market for Lemons: Quality, Uncertainty and the Market Mechanism, in: Quaterly Journal of Economics 84, 1970, S. 488 - 500

ALPAR, P. (1996): Onlinepräsenz deutscher Unternehmen, in: http://.alpar.uni-marburg.de/main/2teil.htm, 10/1996

ALTVATER, E. / MAHNKOPF, B. (1996): Grenzen der Globalisierung, Münster 1996

AMERICA ONLINE (Hrsg.) (1999): AOL: Homepage, in: http://www.aol.de, 05/1999

ANDREAS, R. (1995): Aufschwung mit der langen Welle – Führen neue Technologien zu einem neuen Wirtschaftswunder, in: SZ, Nr. 19, 24.1.1995, S. 33

APEL, P. (1996):Valide Information über die Online-Nutzer, in: Blick durch die Wirtschaft, Nr. 101, 28.5.1996, S. 11

ASTRA (Hrsg.) (1999): Programme auf ASTRA – in digital, in: http://www.astra.lu, 05/1999

AUTZEN, H. (1994): Pilotprojekt: Multimedia-Baden-Württemberg, Baden-Württemberg 1994

BACKHAUS, J. (1994): Haushalten als Komplement zum Wirtschaften, in: Richarz, I. (Hrsg.): Haushalten in Geschichte und Gegenwart, Göttingen 1994, S. 231 - 236

BACKHAUS, H. / GLOMB, H. J. (1994): Interaktive Absatzsysteme – Multi-Media im Marketing – Arbeitspapiere des Fachbereiches Wirtschaftswissenschaft, Nr. 166, Wuppertal 3/1994

BAKOS, Y. (1991): A Strategic Analysis of Electronic Market Places, in: MIS Quarterly, September 1991, S. 295 - 310

BALIGH, H.-H. / RICHARTZ, L.-E. (1967): Vertical Market Structures, Boston 1967

BARTH, H. (1995): Informationsüberflutung, in: SZ , Nr. 165, 20.7.1995, S. 17

BAUR, C. (1990): Make-or-Buy-Entscheidungen in einem Unternehmen der Automobilindustrie: Empirische Analyse und Gestaltung der Fertigungstiefe aus transaktionskostentheoretischer Sicht, München 1990

BAYERISCHE STAATSKANZLEI (Hrsg.) (1995a): Multimedia – Pilotprojekt Bayern, Bericht des Themenarbeitskreises, München 1995

BAYERISCHE STAATSKANZLEI (Hrsg.) (1995b): Bayern Online – Themenarbeitskreis Behördennetz, München 1995

BAYERISCHE STAATSKANZLEI (Hrsg.) (1996): Bayern Online - Das Konzept, München 1996

BEAUMONT, J. (1995): Im Mobiltelefon-Rausch - Ein Erfolg, den niemand erwartet hat, in: SZ (Beilage, Neue Medien), Nr. 45, 23.2.1995, S. XII

BECKER, G. S. (1976): The Economic Approach to Human Behaviour, Chicago 1976

BERKE, J. / FUCHS, H. (1994): Datenautobahn - Der PC verdrängt den Farbfernseher, in: Wirtschaftswoche, 14.10.1994, Nr. 42, S. 132

BERNDT, H. (1983): Konsumentscheidung und Informationsüberlastung, München 1983

BERTALANFFY, L. v. (1972): Vorläufer und Begründer der Systemtheorie, in: Kurzrock, R. (Hrsg.): Systemtheorie, Berlin 1972, S. 17 - 28

BLEICHER, K. (1989): Organisation, in: Bea, F.X. / Dichtl, E. / Schweitzer, M. (Hrsg.): Allgemeine Betriebswirtschaftslehre, Bd. 2, 4. Aufl., Stuttgart 1989, S. 73 - 152

BOEHM, B. W. (1988): A Spiral Model of Software Development and Enhancement, in: Computer, 05/1988, S. 61 -72

BOOZ · ALLEN & HAMILTON (Hrsg.) (1995): Zukunft Multimedia – Grundlagen, Märkte und Perspektiven in Deutschland, Frankfurt am Main 1995

BOOZ · ALLEN & HAMILTON (Hrsg.) (1997a): Telekommunikation in der Welt von morgen – Marktstrategien, Konzepte und Kompetenzen für das 21. Jahrhundert, Frankfurt am Main 1997

BOOZ · ALLEN & HAMILTON (Hrsg.) (1997b): Zukunft Multimedia – Grundlagen, Märkte und Perspektiven in Deutschland, 4. Aufl., Frankfurt am Main 1997

BÖSSMANN, E. (1983): Unternehmungen, Märkte, Transaktionskosten – Die Koordination ökonomischer Aktivitäten, in: WiSt, Nr. 12, 1983, S. 105 - 111

BOTTLER, J. (1982): Wirtschaftslehre des Großhaushalts, Bd. 1: Großhaushaltsführung, Stuttgart 1982

BRAUN, H. / HUSMANN, N. / KAHLEN, R. (1999): Homebanking, Banken-Test, in: Capital, 1/1999, S. 138 - 157

BRÜNNE, M. / ESCH, F.-R. / RUGE, H.-D. (1987): Berechnung der Informationsüber lastung in der Bundesrepublik Deutschland, Saarbrücken 1987

BRUHN, M. (1997): Multimedia-Kommunikation, München 1997

BRYCHCY, U. (1996): Der Gugelhupf im Internet, in: SZ, Nr. 28, 3./4.2.1996, S. 21

BÜCHS, M. J. (1991): Zwischen Markt und Hierarchie: Kooperationen als alternative Koordinationsformen, in: ZfB, Ergänzungsheft 1 (Joint-Ventures), 1991, S. 3 - 38

BUNDESMINISTERIUM FÜR WIRTSCHAFT (Hrsg.) (1996): Info 2000 – Deutschlands Weg in die Informationsgesellschaft, Bonn 1996

BUNDESMINISTERIUM FÜR WIRTSCHAFT (Hrsg.) (1997): Elektronischer Geschäftsverkehr – Initiative der Bundesregierung, Bonn 1997

BUNDESVERBAND VIDEO (Hrsg.) (1997): Die Haushaltsausstattung mit Videorecordern in Deutschland, in: http://www.bv-video.de/zahlen, 12/1997

BURKART, R. (1983): Kommunikationswissenschaft – Grundlagen und Problemfelder, Graz 1983

BUSCH, C. / HESSE, K. / MÜLLER, R. (1997): Informations- und Kommunikationstechnologien in privaten Haushalten aus haushaltswirtschaftlicher Sicht, in: Hauswirtschaft und Wissenschaft, 5/1997, S. 195 - 201

COASE, R. (1937): The Nature of the Firm, in: Economica, Volume 4, 1937, S. 386 - 405

COASE, R. (1991): Funken im Kornfeld, in: Wirtschafts-Woche, Nr. 44, 10/1991, S. 120 - 127

COLE, T. (1996): Interne Netze, Intranet, in: Capital, 10/1996, S. 298 - 300

COMMONS, J. R. (1934): Institutional Economics, Madison 1934

COMPUSERVE (Hrsg.) (1999): Homepage, in: http://world.compuserve.de, 05/1999

DAB- PLATTFORM e. V. (Hrsg.) (1997): DAB in aller Welt, in: http://www.dab-plattform.de, 06/1997

DAHLHOFF, D. (1997): Effizienz und Kundenzufriedenheit – ein Widerspruch? in: Blick durch die Wirtschaft, Nr. 54, 18.3.1997, S. 11

DATZER, R. (1983): Informationsverhalten von Urlaubsreisenden, München 1983

DEUTSCHE TELEKOM AG (Hrsg.) (1996): ISDN – Der Katalog '96, Ausgabe 1/1996

DEUTSCHE TELEKOM AG (Hrsg.) (1997): ISDN – Der Katalog '97, Ausgabe 1/1997

DEUTSCHE TELEKOM AG (Hrsg.) (1999): T-Online: Homepage, in: http://www.t-online.de, 05/1999

DIW / PROGNOS (Hrsg.) (1995): Künftige Entwicklung des Mediensektors, in: http://www.diw-berlin.de/Studien/deutsch, Dezember 1995

EGNER, E. (1976): Der Haushalt – Eine Darstellung seiner volkswirtschaftlichen Gestalt, 2. Aufl., Berlin 1976

EVANS, P.B. / WURSTER, T.S. (1997): Strategy and the New Economics of Information, in: Harvard Business Review, 5/1997, S. 70 - 82

FACHVERBAND INFORMATIONSTECHNIK IM VDMA UND ZVEI (Hrsg.) (1998a): Wege in die Informationsgesellschaft – Update 1998, Frankfurt am Main 1998

FACHVERBAND INFORMATIONSTECHNIK IM VDMA UND ZVEI (Hrsg.) (1998b): Electronic commerce – Chancen für den Mittelstand, Frankfurt am Main 1998

FACHVERBAND INFORMATIONSTECHNIK IM VDMA UND ZVEI (Hrsg.) (1999): Wege in die Informationsgesellschaft – Update 1999, in: http://www.zvei.de, 05/1999

FEGEBANK, B. (1994): Der private Haushalt in systemtheoretisch-ökologischer Betrachtung, Frankfurt am Main 1994

FESTINGER, L. (1957): A Theory of Cognitive Dissonance, Stanford 1957

FINK, D. (1997): Interview zur Zukunft von Multimedia im Marketing, in: Marktforschung & Management, 1/1997, S. 5 - 8

FISCHER, M. (1993): Make-or-Buy-Entscheidungen im Marketing: Neue Institutionenlehre und Distributionspolitik, Wiesbaden 1993

FOURNIER, G. (1994): Informationstechnologien in Wirtschaft und Gesellschaft, Berlin 1994

FRAMBACH, H. A. (1993): Die Evolution moderner ökonomischer Kategorien, Berlin 1993

FRANKE, N. / KISSLING, V. / SCHNEIDER, M. (1995): Teleshopping – Wie stehen die Chancen heute? in: Marketing Journal 3/1995, S. 198 - 201

FREEMAN, C. / PEREZ, C. (1988): Structural crises of adjustment, business cycles and investment behaviour, in: Dosi, G. / Freeman, C. / Nelson, R. / Silverberg, R. / Soete, L. (Hrsg.): Technological Change in Economic Theory, London / New York 1988, S. 39 - 66

FRETER, H. (1983): Marktsegmentierung, Stuttgart 1983

FRETER, H. (1995): Marktsegmentierung, in: Tietz, B. (Hrsg.): Handwörterbuch des Marketing, 2. Aufl., Stuttgart 1995, Sp. 1803 - 1814

FREY, S. / KEMPTER, G. / FRENZ, H.-G. (1996): Theoretische Grundlagen der multimedialen Kommunikation, in: Spektrum der Wissenschaft, Heft 8/1996, S. 32 - 42

GAMM, C. v. / KUNZE, M. (1994): Wunschprogramm – Video on Demand in Vision und Realität, in: c't, Nr. 10, 1994, S. 144 - 150

GERTZ, W. (1994): Hartnäckige Fragen nach dem Sinn einer flimmernden Zukunft, in: SZ (Beilage, Orgatec), Nr. 241, 19.10.1994, S. V

GERTZ, W. (1995a): Wunderwelt der Prognosen, in: SZ (Beilage, Technik), Nr. 114, 18.5.1995, S. VI

GERTZ, W. (1995b): Keine Vereinsamung durch den PC, in: SZ, Nr. 165, 20.5.1995, S. 18

GIERL, H. (1995): Marketing, Stuttgart 1995

GLANZ, A. (1995): Multimedia: Ein Modethema gewinnt Kontur, in: Diebold Management Report Nr. 8/9, 1995, S. 11 - 16

GRAUER, M. / MERTEN, U. (1997): Multimedia, Heidelberg 1997

GREEN E.-N. / BLUESTEIN W.-M. / KLEIN A.-M. / NURSE J. (1996): Online Unravels, in: http://www.forrester.com, 01/1996

GROCHLA, E. (1982): Grundlagen der organisatorischen Gestaltung, Stuttgart 1982

GROSSMANN, K. (1996): Telekommunikationsgesetz, in: Blick durch die Wirtschaft, Nr. 150, 6.8.1996, S. 10

GRUBER, U. / KLEBER, M. (1992): Grundlagen der Volkswirtschaftslehre, München 1992

GRÜN, O. (1992): Projektorganisation, in: Frese, E. (Hrsg.): Handwörterbuch der Organisation, 3. Aufl., Stuttgart 1992, Sp. 2102 - 2116

HAGGE, K. (1994): Informations-Design, Heidelberg 1994

HAHN, D. (1989): Strategische Unternehmensführung: Stand und Entwicklungstendenzen, in: zfo, 3/1989, S. 160

HANSEN, H. R. (1996): Wirtschaftsinformatik I, 7. Aufl., Stuttgart 1996

HAURY, S. (1989): Laterale Kooperation zwischen Unternehmen – Erfolgskriterien und Klippen, Grüsch 1989

HEINEN, E. (1991): Industriebetriebslehre als entscheidungsorientierte Unternehmensführung, in: Heinen, E. (Hrsg.): Industriebetriebslehre, 9. Aufl., Wiesbaden 1991, S. 1 - 72

HENDRICKS, B. (1994): Einkaufen mit digitalem Geld, in: TeleCom 12/1994, S. 46

HENNES, W. (1995): Informationsbeschaffung Online – Wettbewerbsvorteile durch weltweite Kommunikation, Frankfurt am Main 1995

HENRY, W. (1980): The Effect of Information-Processing Ability on Processing Accuracy, in: Journal of Consumer Research, 7/1980, S. 42 - 48

HERRNLEBEN, G. (1996): CD-ROM-Markt entwickelt sich langsamer, in: Entertainment Markt, 9/1996, S. 4

HESS, W. (1989): Grundstruktur der Thematik "Make or Buy", in: Hess, W. / Tschirky, H. / Lang, P. (Hrsg.): Make or Buy, Zürich 1989, S. 1 - 20

HIGHTEXT (Hrsg.) (1994): Weltweite Beteiligungen und Allianzen im Markt der interaktiven Medien, Sonderausgabe der MultiMEDIA Zeitschrift, München 1994

HIGHTEXT (Hrsg.) (1997): Ende der Online-Dienste in Sicht, in: MultiMEDIA Zeitschrift, 12/97, S. 1 - 25

HIELLE, I. (1996): Kommt 1997 der Siegeszug des Network-Computing? in: Blick durch die Wirtschaft, Nr. 190, 1.10.1996, S. 10

HILDENBRAND, W. (1983): Informationsmarketing in der Kommunikation zwischen Hersteller und Handelsvertreter, Frankfurt am Main 1983

HINNER, K. (1996): Lexikon der Telekommunikation, in: Patschorke, W. / Spitzner, C. (Hrsg.): Beck EDV-Berater im dtv, München 1996

HINTERHUBER, H. H. (1989): Strategische Unternehmensführung I – Strategisches Denken, Bd. 1, 4. Aufl., Berlin 1989

HINTERHUBER, H. H. / HANDLBAUER, G. (1997): Kundenzufriedenheit durch Kernkompetenzen: Eigene Potentiale erkennen – entwickeln – umsetzen, München 1997

HOCH, A. (1994): Unsichere Aussichten – Anmerkungen zum Wandel in den Medien, in: SZ (Beilage, Orgatec), Nr. 241, 19.10.1994, S. I

HOFFMANN, H.-J. (1995): Der private Kunde mit dem sensiblen Budget, in: SZ (Beilage, Technik), Nr. 114, 18.5.1995, S. XI

HÖFLING, S. (1996): Informationszeitalter, Informationsgesellschaft, Wissensgesellschaft, in: Hanns-Seidel-Stiftung e.V. (Hrsg.): Aktuelle Analysen 6, München 1996

HOMBURG, C. / DAUM, D. (1996): Marktorientiertes Kostenmanagement – Kosteneffizienz und Kundennähe verbinden, Frankfurt am Main 1996

HOPFENBECK, W. (1995): Allgemeine Betriebswirtschafts- und Managementlehre, Landsberg/Lech 1995

IRES GESELLSCHAFT FÜR UNTERNEHMENS-, MARKETING- UND KOMMUNIKATIONSFORSCHUNG (Hrsg.) (1995a): Multimedia '95 – Expertenband, Düsseldorf 1995

IRES GESELLSCHAFT FÜR UNTERNEHMENS-, MARKETING- UND KOMMUNIKATIONSFORSCHUNG (Hrsg.) (1995b): Multimedia '95 – Tabellenband, Düsseldorf 1995

iwd (Hrsg.) (1995a): Private Haushalte, Nr. 17, 27.4.1995, S. 8

iwd (Hrsg.) (1995b): Telekommunikation - Markt, Nr. 28, 1.6.1995, S. 4

iwd (Hrsg.) (1995c): Multimedia , Nr. 28, 13.7.1995, S. 6 - 7

iwd (Hrsg.) (1997a): Stiefkinder des Arbeitsmarktes, Nr. 11, 13.3.1997, S. 6

iwd (Hrsg.) (1997b): Firmen investieren Milliarden, Nr. 41, 9.10.1997, S. 8

JACOBY, J. / SPELLER, D. E. / KOHN, C. A. (1974): Brand Choice Behavior as a Function of Information Load, in: Journal of Marketing Research, 11/1974, S. 63 - 69

JENSEN, M. / MECKLING, W. (1976): Theory of the firm: Managerial behavior, agency costs and capital structure, in: Journal of financial economics, 1976, S. 305 - 360

LITTKEMANN, J. (1998): Projektmanagement und Projektcontrolling: Gestaltungsansätze in der Praxis, in: zfo, 2/1998, S. 68 - 73

JUDEX, O. (1996): Digitales, in: Wirtschaftswoche, Nr. 12, 14.3.96, S. 64 - 71

KARG, G. (1993): Nutzung von Informationen im privaten Haushalt, in: Zeitschrift für Agrarinformatik, 3/1993, S. 66 - 71

KARG, G. (1999): Wirtschaftslehre des Haushalts, in: Karg, G. / Wolfram, G. (Hrsg.): Ökotrophologie – Wissenschaft für die Menschen, Frankfurt am Main 1999, S. 137 - 164

KATZ, R. (1983): Informationsquellen der Konsumenten, Wiesbaden 1983

KERN, H. / SCHUMANN, M. (1984): Das Ende der Arbeitsteilung – Rationalisierung in der industriellen Produktion, München 1984

KIRCHLER, E. (1989): Kaufentscheidungen im privaten Haushalt, Göttingen 1989

KLAUDER, W. (1990): Zur Entwicklung von Produktivität und Beschäftigungsschwelle, in: Mitteilungen aus der Arbeitsmarkt- und Berufsforschung – Arbeitslandschaft bis 2010, Nr. 1, 1990, S. 86 - 99

KLODT, H. (1990): Technologietransfer und internationale Wettbewerbsfähigkeit, in: Außenwirtschaft, Heft 1, 45. Jahrgang, 1990, S. 57 - 79.

KOLLMANN, K. (1995): Verbraucher und neue Kommunikationstechnologien, in: Hauswirtschaft und Wissenschaft, 5/1995, S. 227 - 231

KORNE, W. (1995): Teures Homebanking – Die Kontoführung per BTX ist bequem und könnte sehr viel billiger sein, wenn die Banken nur wollten, in: Connect, Nr. 8, 1995, S. 80 - 83

KRCMAR, H. (1997): Informationsmanagement, Stuttgart 1997

KRCMAR, H. / BURESCH, A. (1994): IV-Controlling – Ein Rahmenkonzept für die Praxis, in: Controlling, Nr. 5, 10/1994, S. 294 - 304

KROEBER-RIEL, W. (1987): Informationsüberlastung durch Massenmedien und Werbung in Deutschland, in: DBW, Nr. 47, 3/1987, S. 257 - 264

KROEBER-RIEL, W. / WEINBERG, P. (1996): Konsumentenverhalten, 6. Aufl., München 1996

KÜPPER, H.-U. (1997): Controlling, 2. Aufl., Stuttgart 1997

KÜRBLE, P. (1996): Multimedia – Interaktive Dienste für private Haushalte, in: Gräbe, S.: Vernetzte Technik für private Haushalte, Frankfurt am Main / New York 1996, S. 101 - 114

KUHLEN, R. (1995): Informationsmarkt: Chancen und Risiken der Kommerzialisierung von Wissen, Schriftenreihe zur Informationswirtschaft, Bd. 15, Konstanz 1995

KUPSCH, P. U. / MARR, R. / PICOT, A. (1991): Innovationswirtschaft, in: Heinen, E. (Hrsg.): Industriebetriebslehre, 9. Aufl., Wiesbaden 1991, S. 1069 - 1156

KUTSCH, T. (1997): Haushaltssoziologie, in: Kutsch, T. / Piorkowsky, M.-B. / Schätzke, M. (Hrsg.): Einführung in die Haushaltswissenschaft, Stuttgart 1997, S. 185 - 318

KURZ, E. / ALTGELD, J. (1995): Informations- und Kommunikationstechnologien, in: Office Management, 11/1995, S. 29 - 36

LANGENOHL, T. (1994): Systemarchitekturen elektronischer Märkte, Hallstadt 1994

LAUTZ, A. (1995): Videoconferencing – Theorie und Praxis für den erfolgreichen Einsatz im Unternehmen, Frankfurt am Main 1995

LEIPOLD, H. (1978): Theorie der Property Rights – Forschungsziele und Anwendungsbereiche, in: WiSt, Nr. 11, 1978, S. 518 - 525

LENK, T. (1989): Telearbeit, Berlin 1989

MAHLER, A. (1996): Homebanking im Privatkundengeschäft – Marktüberblick und Zukunftsaussichten, in: Gräbe, S. (Hrsg.): Vernetzte Technik für private Haushalte, Frankfurt am Main 1996, S. 115 - 128

MALONE, T. W. / YATES, J. A. / BENJAMIN, R. I. (1987): Electronic Markets and Electronic Hierarchies, in: Communications of the ACM (Association for Computing Machinery), Nr. 6, 1987, S. 485 - 497

MARX, K. (1969): Das Kapital – Der Produktionsprozeß des Kapitals, 5. Aufl. (Original: 1872), Bd. 1, Frankfurt am Main / Berlin / Wien 1969

MEFFERT, H. (1980): Marketing, Wiesbaden 1980

MEFFERT, H. (1983): Bildschirmtext als Kommunikationsinstrument, Stuttgart 1983

MEFFERT, H. (1992): Marketingforschung und Käuferverhalten, Wiesbaden 1992

MEYER, B. (1990): Objektorientierte Softwareentwicklung, München 1990

MEYER, P. (1992): Der integrative Marketingansatz und seine Konsequenzen für das Marketing, in: Integrierte Marketingfunktionen, 3. Aufl., Stuttgart et al 1992, S. 13 - 30

MEYER, S. / SCHULZE, E. (1996): Ein neuer Sprung der technischen Entwicklung, in: Gräbe, S. (Hrsg.): Vernetzte Technik für private Haushalte, Frankfurt am Main 1996, S. 35 - 64

MILES, I. (1990): Mapping and Measuring the Information Economy – A report produced for the economic and social research council's programme on information and communication technologies, Library and Information Research Report, Nr. 77, London 1990

MILLER, G. (1967): The Magical Number Seven, Plus or Minus Two – Some Limits on our Capacity for Processing Information, in: Alexis, M. / Wilson, C. (Hrsg.): Organizational Decision Making, New Jersey 1967, S. 107 - 121

MINNIG, C. (1991): Einfluß der computergestützten Informations- und Kommunikationstechnologie auf das menschliche Informationsverhalten, Bern 1991

MORITZ, P. (1994): Autobahn-Baustelle – Die Daten-Highways der Telekom, in: c't, Nr. 10, 1994, S. 102 - 109

MOSER, H. (1995): Einführung in die Medienpädagogik, Opladen 1995

MÜLLER, G. / KOHL, U. / SCHODER, D. (1997): Unternehmenskommunikation: Telematiksysteme für vernetzte Unternehmen, Bonn 1997

MÜLLER-MICHAELIS, W. (1996): Die Informationsgesellschaft im Aufbruch – Perspektiven für Wachstum, Beschäftigung und Kommunikation, Frankfurt am Main 1996

NAGLER-SPRINGMANN, S. (1997): "Viel lesen, viel sehen und viel aufnehmen", in: Sonderheft „Wissensmanagement" der SZ, München 1997, S. 24 - 25

NEFIODOW, L. (1990): Der fünfte Kondratieff – Strategien zum Strukturwandel in Wirtschaft und Gesellschaft, Frankfurt am Main 1990

NEFIODOW, L. (1997): Der sechste Kondratieff – Wege zur Produktivität und Vollbeschäftigung im Zeitalter der Information, 2. Aufl., Sankt Augustin 1997

NEIDHART, T. (1995): Fernbedienung statt Einkaufswagen – Teleshopping in Deutschland – Rechtliche Hürden – Milliardenumsätze in Amerika, in: Blick durch die Wirtschaft, Nr. 92, 12.5.1995, S. 7

NETWORKS WIZARDS (Hrsg.) (1999): Internet Hosts, in: http://www.nw.com, 05/1999

NÜRNBERGER, C. (1996): Die Desinformationsgesellschaft, in: SZ, Nr. 212, 12.9.1996, S. 13

O.V. (1992): Informationsökonomik, in: Gabler Wirtschaftslexikon, 13. Aufl., Wiesbaden 1992, S. 1612 - 1613

O.V. (1995a): Auf dem Weg in eine neue Gesellschaft – Entwicklung des Multimediamarktes verläuft in drei Phasen, in: Blick durch die Wirtschaft, Nr. 107, 6.6.1995, S. 1

O.V. (1995b): CD-I – Spaß und Spannung Digital, in: DM, 4/1995, S. 54 - 57

O.V. (1995c): Die Industriegesellschaft wandelt sich zur Informationsgesellschaft – Den Wandel nicht blockieren – Menschen brauchen "Medienkompetenz", in: Blick durch die Wirtschaft, Nr. 51, 13.3.1995, S. 12

O.V. (1995d): Beschäftigung, in: Der Spiegel, Nr. 3, 1995, S. 86 - 98

O.V. (1996a): Das entfesselte Fernsehen, in: Der Spiegel, Nr. 29, 1996, S. 22 - 37

O.V. (1996b): Die zweite Computerrevolution durch Internet-PC – Sun präsentiert "Java Device", in: Entertainment Markt, 7/96, S. 8

O.V. (1996c): Neues Computer-Konzept: Intranet- und Internet-PCs – Zurück in die Zukunft, in: MACup (Zeitschrift), 5/1996, S. 118 - 126

O.V. (1996d): Ein Schlag ins Gesicht, in: Der Spiegel, Nr. 39, 1996, S. 99 - 105

O.V. (1996e): Kommt das Ende der Online-Dienste?, in: Entertainment Markt 10/1996, S. 4

O.V. (1996f): Globalisierung, in: Der Spiegel, Nr. 40, 1996, S. 130 - 146

O.V. (1996g): ISDN, in: Blick durch die Wirtschaft, Nr. 97, 21.5.1996, S. 10

O.V. (1996h): Telearbeit, in: Presse- und Informationsamt der Bundesregierung (Hrsg.): Sozialpolitische Umschau, Nr. 43, Bonn 1996, S. 3 - 20

O.V. (1996i): Online-Datendienste, in: Stiftung Warentest (Hrsg.): test 2/1996, S. 27 - 30

O.V. (1996j): Telebanking, in: Stiftung Warentest (Hrsg.): Finanztest 6/1996, S. 14 - 21

O.V. (1997a): Digital-TV, in: Der Spiegel, Nr. 12, 1997, S. 107 - 108

O.V. (1997b): Industrie gegen Multimedia-Gesetz, in: Der Spiegel, Nr. 28, 1997, S. 83

O.V. (1997c): Kraftlose Tiger, in: Der Spiegel, Nr. 2, 1997, S. 60 - 63

O.V. (1997d): Das Konto mit der Maus, in: Stiftung Warentest (Hrsg.): Finanztest 12/1997, S. 21 - 25

O.V. (1998): Direktbanking – nicht für jeden Bankkunden geeignet, in: AgV (Hrsg.): Verbraucherpolitische Korrespondenz, Nr. 10, 12.5.1998, S. 2 - 4

OECD (Hrsg.) (1997a): OECD Communications Outlook, Volume 1, Paris 1997

OECD (Hrsg.) (1997b): OECD Information Technology Outlook, Paris 1997

OECD (Hrsg.) (1997c): Electronic Commerce – Opportunities and Challenges for Government, in: STI Science Technology Industry, Paris 1997

OECD (Hrsg.) (1999): The Economic and Social Impact of Electronic Commerce, Paris 1999

OPASCHOWSKI, H. (1995): Medienkonsum: Analysen und Prognosen aus dem BAT-Freizeit-Forschungsinstitut, Hamburg 1995

OPASCHOWSKI, H. (1997): Die multimediale Zukunft: Analysen und Prognosen aus dem BAT-Freizeit-Forschungsinstitut, Hamburg 1997

PALASS, B. / PREISSNER-POLTE, A. (1994): Odyssee 2001, in: Manager Magazin 7/1994, S. 107 - 113

PARSONS, T. / BALES, R. F. (1955): Family, Socialization and Interaction Process, New York 1955

PFEIFER, T. (1993): Qualitätsmanagement, Strategien, Methoden, Techniken, München / Wien 1993

PICARD, R. W. (1997): Affective Computing, New York 1997

PICOT, A. (1982): Transaktionskosten in der Organisationstheorie – Stand der Diskussion und Aussagewert, in: DBW 1982, S. 267 - 284

PICOT, A. (1989): Der Produktionsfaktor Information in der Unternehmensführung, in: Thexis 4/1989, S. 3 - 9

PICOT, A. (1991): Ökonomische Theorien der Organisation, in: Ordelheide, D. / Rudolph, B. / Büsselmann, E. (Hrsg.): Betriebswirtschaftslehre und ökonomische Theorie, Stuttgart 1991, S. 143 - 170

PICOT, A. (1992): Ronald Coase – Nobelpreisträger 1991, in: WiSt, Nr. 2, 1992, S. 79 - 83

PICOT, A. / DIETL, H. (1990): Transaktionskostentheorie, in: WiSt, Nr. 4, 1990, S. 178 - 184

PICOT, A. / REICHWALD, R. (1991): Informationswirtschaft, in: Heinen, H.: Industriebetriebslehre, 9. Aufl., Wiesbaden 1991, S. 241 - 394

PICOT, A. / WOLFF, B. (1994): Zur ökonomischen Organisation öffentlicher Leistungen – "Lean Management" im öffentlichen Sektor, in: Naschold, F. / Pröhl, M. (Hrsg.): Produktivität öffentlicher Dienstleistungen, Bd. 1, Dokumentation eines wissenschaftlichen Diskurses zum Produktivitätsbegriff, Gütersloh 1994, S. 511 - 581

PICOT, A. / WOLFF, B (1997): Informationsökonomik, in: Gabler Wirtschaftslexikon, Wiesbaden 1997, S. 1870 - 1878

PICOT, A. / SCHNEIDER, D. / LAUB, U. (1989): Transaktionskosten und innovative Unternehmensgründung, in: zfbf, Nr. 41, 5/1989, S. 358 - 387

PICOT, A. / REICHWALD, R. / WIGAND T. (1998): Die grenzenlose Unternehmung – Information, Organisation und Management, 3. Aufl., Wiesbaden 1998

PIORKOWSKY, M.-B. (1997): Haushaltsökonomie, in: Kutsch, T. / Piorkowsky, M.-B. / Schätzke, M. (Hrsg.): Einführung in die Haushaltswissenschaft, Stuttgart 1997, S. 13 - 184

PORTER, M. E. (1988): Wettbewerbsstrategie: Methoden zur Analyse von Branchen und Konkurrenten, 5. Aufl., Frankfurt am Main 1988

PORTER, M. E. / MILLAR, V. E. (1985): How information gives you competitive advantages, in: Havard Business Review, 4/1985, S. 149 - 160

POSTMAN, N. (1992): Technopoly – The surrender of culture to technology, New York 1992

PRAHALAD, C. K. / HAMEL, G. (1991): Kernkompetenzen, in: HARVARDmanager, 2/1991, S. 66 - 78

PREUSSE, H. (1990): Ist die Frage nach der internationalen Wettbewerbsfähigkeit einer Volkswirtschaft überholt? in: Außenwirtschaft, Heft 1, 1990, S. 81 - 103

PROBST, G. / RAUB, S. (1998): Kompetenzorientiertes Wissensmanagements, in: zfo, 3/1998, S. 132 - 138

RAFFÉE, H. (1969): Konsumenteninformation und Beschaffungsentscheidung des privaten Haushalts, Stuttgart 1969

RAFFÉE, H. / FRITZ, W. / JUGEL, S. (1988): Neue Medien und Konsumentenverhalten – Forschungsergebnisse und offene Fragen, Arbeitspapier, Nr. 56, Mannheim 1988

REICHWALD, R. u.a. (1998): Telekooperation, Berlin 1998

REINMANN-ROTHMEIER G. / MANDL, H. (1997): Mehr als ein intellektuelles Unterfangen, in: Sonderheft „Wissensmanagement" der SZ, München 1997, S. 32 - 34

RENGELSHAUSEN, O. (1995): Multimedia-Management. Zur Planung, Realisierung und Kontrolle von Multimedia-Applikationen, in: Silberer, G. (Hrsg.), Marketing mit Multimedia, Stuttgart 1995, S. 221 - 255

ROHRBACH, P. (1997): Interaktives Teleshopping – Elektronisches Einkaufen auf dem Informationhighway, Wiesbaden 1997

ROLAND BERGER&PARTNER (Hrsg.) (1999): Studie - Erfolgsfaktoren im E-Commerce, Frankfurt am Main 1999

ROMINSKI, D. (1997): Electronic Commerce, in: Absatzwirtschaft, 12/97, S. 105 - 107

ROSENSTIEL, L. v./ NEUMANN, P. (1992): Einführung in die Markt- und Werbepsychologie, Darmstadt 1992

ROTH, E. (Hrsg.) (1995): Sozialwissenschaftliche Methoden, 4. Aufl., München 1995

ROYCE, W. W. (1970): Managing the development of large software systems: Concepts and Techniques, Proceedings of IEEE WESCON, 1970

SALOP, S. / STIGLITZ, J. (1976): Bargains and Ripoffs, in: Review of Economic Studies 44, 1976, S. 493 - 510

SCHMID, B. (1993): Elektronische Märkte, in: Wirtschaftsinformatik, Nr. 5, 1993, S. 465 - 480

SCHMID, B. (1995): Infrastrukturen für die Informationsgesellschaft, in: Thommen, J.-P. (Hrsg.): Management-Kompetenz, Wiesbaden 1995, S. 402 - 416

SCHMUCK, W. (1997): Auf dem Datenhighway zum Kunden, in: Thexis, Nr. 1, 1997, S. 35 - 39

SCHNEIDER, D. / ZIERINGER, C. (1991): Make-or-Buy-Strategien für F & E: transaktionskostenorientierte Überlegungen, Wiesbaden 1991

SCHNELL, R. / HILL, P. / ESSER, E. (1992): Methoden der empirischen Sozialforschung, 3. Aufl., München 1992

SCHOLL, W. (1992): Informationspathalogien, in: Frese, E. (Hrsg.): Handwörterbuch der Organisation, 3. Aufl., Stuttgart 1992, Sp. 900 - 912

SCHREYÖGG, G. (1992): Organisationskultur, in: Frese, E. (Hrsg.): Handwörterbuch der Organisation, 3. Aufl., Stuttgart 1992, Sp. 1526 - 1535

SCHRODER, H. M. / DRIVER, M. J. / STREUFERT, S. (1975): Menschliche Informationsverarbeitung. Die Strukturen der Informationsverarbeitung bei Einzelpersonen und Gruppen in komplexen sozialen Situationen, Weinheim 1975

SCHROEDER, K. T. / ECKERT, U. / GEORGIEFF, P. / HARMSEN, D.-M. (1989): Die BRD auf dem Weg zur Informationsgesellschaft, in: Beilage zur Wochenzeitung "Das Parlament", Nr. 15, 7.4.1989, S. 17 - 24

SCHUMACHER, W. (1997): Deutschland digital – Wachstumsmarkt Telekommunikation, Berlin 1997

SCHUMPETER, J. (1961): Konjunkturzyklen – Eine theoretische, historische und statistische Analyse des kapitalistischen Prozesses, Bd. 1, Göttingen 1961

SCHWEITZER, M. (1989): Planung und Kontrolle, in: Bea, F. X. / Dichtl, E. / Schweitzer, M. (Hrsg.): Allgemeine Betriebswirtschaftslehre, Bd. 2, 4. Aufl., Stuttgart 1989, S. 9 - 72

SCHWEITZER, R. v. (1991): Einführung in die Wirtschaftslehre des privaten Haushalts, München 1991

SCHWEITZER, M. / KÜPPER, H.-U. (1986): Systeme der Kostenrechnung, 4. Aufl., München 1986

SHANNON, C. E. / WEAVER, W. (1949): The mathematical theory of communication, Urbana 1949

SEESER, G. (1990): Strategische Planung von Technologien zur Unterstützung des Entwicklungsprozesses: Entwicklung einer Konzeption und Anwendung am Beispiel des CAE-Verbundes im Automobilbau, München 1990

SIEBERT, H. (1990): Technologische Entwicklung und Vorproduktbeschaffung, Frankfurt am Main 1990

SILBERER, G. (1979): Die Verwendung von Gütertestinformation im Konsumentenbereich, in: Meffert, H. / Steffenhagen, H. / Freter, H. (Hrsg.): Konsumentenverhalten und Information, Wiesbaden 1979, S. 85 - 111

SIMON, H. A. (1955): A behavioral model of rational choice, in: Quarterly Journal of Economics 69, 1955, S. 99 - 118

SIMON, H. A. (1957): Models of Man, New York 1957

SOLIMAN, P. / JUSTUS, G. / ARENA, G. (1997): Wie Hersteller ihren Vertrieb auf Kundengruppen ausrichten, in: Harvard Business Manager, 2/1997, S. 19 - 30

SPREMANN, K. (1988): Reputation, Garantie, Information, in: ZfB, 58. Jg., 1988, S. 613 - 629

STAEHLE, W. (1991): Management – Eine verhaltenswissenschaftliche Perspektive, 6. Aufl., München 1991

STAHLKNECHT, P. (1995): Einführung in die Wirtschaftsinformatik, 7. Aufl., Heidelberg 1995

STATISTISCHES BUNDESAMT (Hrsg.) (1994): Statistisches Jahrbuch 1994, Stuttgart 1994

STATISTISCHES BUNDESAMT (Hrsg.) (1996): Statistisches Jahrbuch 1996, Stuttgart 1996

STATISTISCHES BUNDESAMT (Hrsg.) (1997): Bevölkerung und Erwerbstätigkeit, Fachserie 1, Reihe 3, Haushalte und Familien 1996 (Ergebnisse des Mikrozensus), Stuttgart 1997

STEINBRINK, B. (1997): Gebremster Fortschritt – Der unaufhaltsame Weg der DVD, in: c't, Nr. 1, 1997, S. 94 - 97

STEINLE, C. / HEIKE, B. / BÖTTCHER, K. (1996): Qualitätsmanagment in Dienstleistungsunternehmen, in: zfo, 5/1996, S. 308 - 313

STEINMÜLLER, H. (1985): Bedeutung und Strukturwandel des Haushalts – Aufgabe der Sicherung im privaten Haushalt als Entscheidungsproblem, in: Remmel, L. (Hrsg.): Hauswirtschaftliche Bildung als Voraussetzung für Professionalisierung – Schriftenreihe zur Lehrerbildung im berufsbildenden Schulwesen, Wien 1985, S. 75 - 88

STEINMÜLLER, H. (1991): Versicherung als Dienstleistung für den Haushalt, in: Eisen, R. / Helten, E. (Hrsg.): Die Dienstleistung Versicherungsschutz in Wissenschaft und Berufsbildung, Karlsruhe 1991, S. 53 - 62

STEINMÜLLER, H. (1994): Vom Haushalten zum Wirtschaften, von der Ökonomik für das Haus zur Marktökonomik, in: Richarz, I. (Hrsg.): Haushalten in Geschichte und Gegenwart, Göttingen 1994, S. 139 - 143

STEINMÜLLER, H. (1998): Paradigmen über Haushalt und Wirtschaft in der Postmoderne auf dem Prüfstand, in: Richarz, I. (Hrsg.): Der Haushalt – Neubewertung in der Postmoderne, Göttingen 1998, S. 169 - 173

STRAUTMANN, H.-D. (1993): Ein Ansatz zur strategischen Kooperationsplanung, München 1993

STREISSLER, M. (1974): Theorie des Haushalts, Stuttgart 1974

SUN MICROSYSTEMS GMBH (Hrsg.) (1996): JAVA im Detail, Darmstadt 1996

SZYPERSKI, N. / KLEIN, S. (1993): Informationslogistik und virtuelle Organisationen, in: DBW, Nr. 53, 1993, S. 187 - 203

TESLER, L. (1995): Das Vordringen vernetzter Computer, in: Spektrum der Wissenschaft, Dossier 1, 1995, S. 32 - 40

TETZNER, K. (1997): Fernsehen allein genügt bald nicht mehr – Zahlreiche Mehrzweckgeräte kommen auf den Markt, in: Blick durch die Wirtschaft, Nr. 68, 9.4.1997, S. 12

THIERBACH, D. (1995): Die Datenautobahn schlingt ihre Netze um den Globus – Verteiltes Arbeiten und multimediale Dienstleistungen dringen immer mehr in das alltägliche Leben vor, in: Spektrum der Wissenschaft, Dossier 1, 1995, S. 12 - 19

THUROW, L.C. (1996): The Future of Capitalism, New York 1996

TÖPFER, A. / MEHDORN, H. (1994): Total Quality Management: Anforderung und Umsetzung im Unternehmen, Berlin 1994

TOLLE, E. (1994): Informationsökonomische Erkenntnisse für das Marketing bei Qualitätsunsicherheit der Konsumenten, in: zfbf, Nr. 46, 11/1994, S. 926 - 938

TSCHAMMER-OSTEN, B. (1979): Haushaltswissenschaft, Stuttgart 1979

UHRIG, M. (1995): Technik als Selbstzweck? – Die Grenzen der Informationstechnologien, in: Blick durch die Wirtschaft, Nr. 58, 22.3.1995, S. 7

URBATSCH, R.-C. (1985): Chancen und Nutzen des Einsatzes neuer Kommunikationstechniken für die private Haushaltsführung, in: Wissenschaftliche Tagung, Heft Nr. 6, 1985, S. 217 - 238

VARIAN, R. (1994): Mikroökonomie, 3. Aufl., München 1994

VETTER, R. / WIESENBAUER, L. (1994): Teamarbeit – Kritischer Erfolgsfaktor im Projekt, in: zfo, 4/1994, S. 226 - 231

VOIGT, E. (1995): Die Konzentration auf die Kundenbedürfnisse entscheidet über den Erfolg, in: Blick durch die Wirtschaft, Nr. 166, 28.8.1995, S. 7

WAGNER, H.-P. (1987): Computergestützte Informationssysteme in der Unternehmensplanung, München 1987

WAGNER, M. (1995): Interaktive Hypertext-Anwendungen in Vertrieb und Marketing, Aachen 1995

WATZLAWICK, P. / BEAVIN, J. / JACKSON, D. (1990): Menschliche Kommunikation, 8. Aufl., Bern 1990

WEBER, L. (1996): Wer erhält die Regelungskompetenz für Multimedia, in: Blick durch die Wirtschaft, Nr. 16, 23.1.96, S. 4

WEBSTER, N. (1970): New world dictionary of the American language, in: Guralnik, D. B. (Hrsg.): Encyclopedic - 2. college edition, Cleveland 1970

WEIBER, R. (1992): Diffusion von Telekommunikation, Wiesbaden 1992

WEINBERG, P. (1981): Das Entscheidungsverhalten der Konsumenten, Paderborn 1981

WEIZSÄCKER, E. v. (1974): Erstmaligkeit und Bestätigung als Komponenten der pragmatischen Information, Stuttgart 1974

WESSLING, E. (1991): Individuum und Information – die Erfassung von Information und Wissen in ökonomischen Handlungstheorien, Tübingen 1991

WILLENSKY, H. (1967): Organizational Intelligence, Knowledge and Policy in Government and Industry, New York 1967

WILLIAMSON, O. E. (1975): Markets and Hierarchies – Analysis and Antitrust Implications, New York 1975

WILLIAMSON, O. E. (1981): The Economics of Organizations – The Transaction Cost Approach, in: American Journal of Sociology, Nr. 87, 1981, S. 548 - 577

WILLIAMSON, O. E. (1983): Organizational Innovation – The Transaction-cost Approach, in: Entrepreneurship, 1983, S. 101 - 133

WILLIAMSON, O. E. (1990): Die ökonomischen Institutionen des Kapitalismus – Unternehmen, Märkte und Kooperationen, Tübingen 1990

WIßMANN, T. (1997): Erbschaftsplanung als Teil eines ganzheitlichen Finanzmanagementkonzepts privater Haushalte, Frankfurt am Main 1997

WITTE, E. (1972): Das Informationsverhalten in Entscheidungsprozessen, Tübingen 1972

WITTE, E. (1978): Strukturwandel des Kommunikationssystems der Bundesrepublik Deutschland, in: Ortlieb, H.-D.; Molitor, B.; Krone, W. (Hrsg.): Hamburger Jahrbuch für Wirtschafts- und Gesellschaftspolitik, 23. Jahrgang, Tübingen 1978, S. 167 - 181

WITTE, E. (1995): Die Akzeptanz von Tele-Shopping (Methodenpraktikum), Berichtsband des Instituts für Organisation, Universität München 1995

WOLFF, B. / NEUBURGER, R. (1995): Zur theoretischen Begründung von Netzwerken aus der Sicht der neuen Institutionenökonomik, in: Jansen, D. / Schubert, K. (Hrsg.): Netzwerke und Produktpolitik, Marburg 1995, S. 74 - 94

WOLLNIK, M. (1988): Ein Referenzmodell für Informations-Management, in: Informations-Management, 3/1988, S. 34 - 43

ZIMMERMANN, H.-D. / KUHN, C. (1995): Grundlegende Konzepte einer Electronic Mall, in: Schmid, B. / Dratva, R. / Mausberg, P. / Meli, H. / Zimmermann, H.-D.

(Hrsg.): Electronic Mall: Banking und Shopping in globalen Netzen, Stuttgart 1995, S. 33 - 94

ZORN, W. (1997): Telearbeit – eine neue Arbeitskultur, in: zfo, 3/1997, S. 173 - 176